Stella Junker-Mielke

Verborgene Gärten
in Rheinland-Pfalz

Gefördert von

Bibliografische Information
der Deutschen Bibliothek

Die Deutsche Bibliothek verzeichnet diese Publikation in der
Deutschen Nationalbibliografie; detaillierte Daten sind im Internet
über <http:dnb.de> abrufbar.

ISBN-10: 3-89870-311-8
ISBN-13: 978-3-89870-311-6

1. Auflage 2006
© Kunstverlag Josef Fink
Lindenberg im Allgäu
Internet: www.kunstverlag-fink.de

Gestaltung: werbeatelier brandner, Leutkirch im Allgäu
Reproarbeiten: Holzer Druck und Medien, Weiler im Allgäu
Druck: Kessler Druck + Medien, Bobingen

Stella Junker-Mielke

Verborgene Gärten
in Rheinland-Pfalz

Einleitung oder „Warum verborgene Gärten?"	8

**Leben im Verborgenen
– Die Ökologie historischer Gärten** — 10
Dipl.-Biologe Thomas Merz

1. Barocke oder geometrische Gärten — 12

Der Runde und der Eiserne Garten zu Schloss Malberg bei Kyllburg i. d. Eifel	14
St. Florin, der ehemalige Fronhof des Stiftes St. Florin in Obermendig	20
Schloss Bürresheim und seine geometrischen Gärten in Bürresheim/Eifel	24

2. Gärten an Burgen — 28

Der Schaugarten der Marksburg in Braubach/Rhein	30
Der Renaissancegarten der Philippsburg in Braubach/Rhein	32
Die frühen Gärten von Burg Rheinfels in St. Goar am Rhein	34

3. Gärten an Kirchen und Klöstern — 36

Zisterzienserinnenkloster St. Thomas in der Eifel	38
Kloster Springiersbach in Bengel an der Mosel	42
Prämonstratenserabtei Rommersdorf Neuwied	44
Der verwunschene Landschaftsgarten des Klosters Marienberg in Boppard	48
Propsteigarten in Hirzenach am Rhein	52
Der Pfarrgarten der Martinskirche in Oberwesel	54
Der einstige Kirchhof der Katharinenkirche in Oppenheim	58

4. Vom Barock zum Landschaftsgarten — 62

Schloss Dodenburg bei Wittlich	64
Barocker Schlosspark in Föhren	68
Schloss Bekond im Moseltal	70
Schloss Ahrenthal in Sinzig	72
Schloss Liebeneck in Osterspai	74
Schloss Oranienstein in Diez an der Lahn	78
Die Parkanlage Tschifflick/Fasanerie in Zweibrücken	80
Der Landschaftspark am Karlsberg	88

5. Englische Landschaftsgärten — 92

Der Landschaftsgarten der Schaumburg bei Diez an der Lahn	94
Schlosspark Molsberg im Westerwald	100
Schlosspark Worms-Herrnsheim	104
Der Central-Park/Pfrimmpark des Karl Bittel in Worms/Rhein	110
Der Sckell'sche Kellergarten in Dirmstein/Pfalz	118

6. Ruinengärten — 124

**Die Gärten des Gartenbaudirektors
Johann Ludwig Metzger aus Heidelberg** — 126

Die Klosterruine des Disibodenbergs bei Bad Kreuznach	126
Die Klosterruine Limburg bei Bad Dürkheim	134

**Die Ruinengärten der Preußen-Prinzen
am Rhein** — 140

Burg Stolzenfels bei Koblenz	140
Burg Sooneck in Niederheimbach	146
Burg Rheinstein mit Schweizerhaus oberhalb von Trechtingshausen	148

Die ersten Industriellen und ihre Gärten à la mode	152	**10. Vom Kirchhof zum Friedhof**	**228**
Burg Klopp in Bingen/Rhein	152	Der Burgkirchhof in Oberingelheim	230
Villa Lindner in St. Goar	154	Der Landschaftspark des Hauptfriedhofs Worms	233
Moriartys Burg Lahneck bei Lahnstein	158	Die geometrische Anlage des neuen Jüdischen Friedhofs in Worms	240
Felsengärten	**162**		
Die Elfenley an der Schönburg in Oberwesel	162	Die geometrische Anlage des Hauptfriedhofs Mainz	242
Ravenés Landschaftsgarten in Cochem/Mosel	166	Der Neue Jüdische Friedhof Mainz	247
7. Gärten an Zechen und Eisenwerken	**170**	**11. Jüdische Friedhöfe – Ewige Ruhe**	**248**
Die älteste Zeche mit Barockgarten Schloss Weilerbach bei Bollendorf	172	Der Jüdische Friedhof in Bingen	250
Der Landschaftspark Friedrich von Gienanth in Eisenberg/Pfalz	176	Der Jüdische Friedhof in Bendorf	252
Die Sayner Hütte mit Schlosspark in Bendorf-Sayn	184	**Die Gartenkünstler**	**254**
		Peter Joseph Lenné (1789–1866)	256
Im Saarland – St. Ingbert: der Englische Landschaftsgarten der Alten Schmelz – korrespondierendes Gesamtkunstwerk	186	Gartendirektor Johann Metzger (1789–1852)	257
		Johann Ludwig Petri (1714–1794)	258
		Friedrich Ludwig von Sckell (1750–1823)	258
		Franz Heinrich Siesmayer (1817–1900)	259
8. Villengärten	**194**	Architekt Jonas Erickson Sundahl (1678–1762)	260
Der Garten der Villa Liebrecht in Bodenheim bei Mainz	196	Karl Friedrich Thelemann (1811–1889)	260
		Johann Michael Zeyher (1770–1843)	261
Das von Heyl'sche Weingut in Nierstein	200	**Anhang**	**262**
Schloss Weingut Lüll in Wachenheim/ Rheinhessen	206	Glossar	264
		Literaturverzeichnis	267
Die Villa Sachsen in Bingen	210	Abbildungsnachweis	270
Villa Huesgen in Traben-Trarbach an der Mosel	216		
9. Rheinanlagen	**218**		
Bingen	220		
Bacharach	222		
Boppard	224		
Koblenz	225		

Statt eines Vorworts – Danke!

Der visuelle, wissenschaftliche und interessante Spaziergang durch verborgene Gärten von Rheinland-Pfalz, zu dem wir sie jetzt einladen, konnte nur mit tatkräftiger Unterstützung vieler helfender Hände verwirklicht werden. Das Ergebnis habe ich als Autorin zusammengefügt in der Hoffnung, mit Hilfe der Leser wiederum noch viele Hinweise auf weitere verborgene Schönheiten zu erhalten.

Wesentliche Unterstützung habe ich vom Landesamt für Denkmalpflege in Rheinland-Pfalz erhalten. Diese Hilfe betraf nicht nur die Suche und Bereitstellung von Fotomaterial der Fotoabteilung mit Frau Eckert, Herrn Fitting und Herrn Straeter, sondern auch die uneigennützige Weitergabe gartenhistorischen Wissens einzelner Gebietsreferenten. In der von ihnen betreuten Region unterstützten mich insbesondere Frau Dipl.-Ing. Enders, Herr Dr. Karn, Herr Dipl.-Ing. Müller, Herr Fritz von Preuschen, Herr Dr. Stanzl und Herr Dr. Wegner nachhaltig. Mein besonderer Dank gilt Herrn Dr. Glatz, der die ehrgeizige Aufgabe nicht nur maßgeblich gefördert, sondern auch inhaltlich begleitet hat.
„Last, not least" verdient die Bibliothekarin Frau Kummert ein dickes Lob für ihre tatkräftige Unterstützung in der Literaturrecherche.

Nicht an nächster Stelle, sondern an gleicher Stelle gilt mein ganz besonderer Dank meiner Mitarbeiterin Frau Dipl.-Ing. Anke Elsner, die mich unermüdlich in Wissen, Wort, Bild, Technik und einem immensen Zeitreservoir rückhaltlos unterstützt hat.

Auch Herrn Michael Schardt, der mit seinen Fotos genau wie Herr Gerd Fischer es stets schaffte, die „Seele" des Gartens zu erfassen, danke ich sehr. Die „Seele" des Textes oblag redaktionell Herrn Andreas Heerwig, der fachlichem Wissen zu Leben verhalf.

Weitere Helfer auf dieser langen Strecke zur „Geburt" des Buches waren das Europäische Burgeninstitut in Braubach, vertreten durch Frau Martina Holdorf, Frau Dipl.-Ing. Eva Haderer, Herr Dr. Bernhard Gies, Herr Michael Berens und Wolfgang Bischer, der für unser Wohlbefinden sorgte.

Die Entstehung dieses Werkes wurde gefördert durch die Kulturstiftung Rheinland-Pfalz.

Ich danke allen, die sich entschlossen haben, mit einer Abnahme des Buches sein Erscheinen zu unterstützen und meinem Verleger, Herrn Josef Fink, der sich aus Interesse an den Gärten entschlossen hat, das unternehmerische Risiko des Buches zu tragen.

Diese Liste wäre beliebig fortsetzbar, denn auch die Gartenbesitzer, Archivare, Vermesser und alle Gartenkunstinteressierten tragen letztendlich zum Erscheinen eines solchen Werkes bei.

Danke, Gerd.

Aber denjenigen, denen es das meiste abverlangt hat, sei es gewidmet:

meinen Töchtern Anna und Sara-Lina
– 6 und 8 Jahre alt.

Einleitung

Seit jeher ist Rheinland-Pfalz ein Land der Gärten. Schon im Mittelalter waren die Burgen von Rhein, Mosel und Lahn mit Burggärten geschmückt. Die präferierte Lage dieser Region begünstigte auch die Ansiedlung zahlreicher Kirchen und Klöster mit den dazugehörigen großzügigen Gartenanlagen.

Bis zu 350 Jahre alte Gärten mit ihren axialen Strukturen sind auch heute noch in der Eifel und am Rhein zu finden. Im 18. und 19. Jahrhundert entstanden zahlreiche Landschaftsgärten in privater und öffentlicher Hand. Neben den Schlossparkanlagen und den Gärten der Frühindustriellen bauten Städte und Gemeinden Volks- und Kurparks im landschaftlichen Stil.

Weit weniger bekannt sind die Anlagen von Ruinengärten und Felsengärten im 19. Jahrhundert im Zusammenhang mit der aufkommenden Romantik, für die der Rhein die ideale Kulisse lieferte. Die durch kriegerische Übergriffe zumeist im 17. Jahrhundert zerstörten ruinösen Burgenbauten wurden zum romantisch verklärten Mittelpunkt einer aufwendigen Gartenkultur. Im Zuge des Ausbaus zu stattlichen Wohnburgen umgab man diese mit einer zeitgemäßen Gartengestaltung und bediente sich dabei bedeutender Gartenkünstler.

Diesem Vorbild folgten alsbald Weingutsbesitzer und Industrielle. Sie ließen sich ihre prachtvollen Villen mit der passenden Gartenanlage verschönern. Hierzu scheute man keine Kosten und Mühen. Etliche Kleinode verbergen sich bis heute hinter hohen Weingutsmauern.

Auch Friedhöfe und Kirchhöfe geben Zeugnis vergangener Gartenkultur und spiegeln den jeweiligen Zeitgeist wider. Die axiale Anordnung der Begräbnisfelder wich Ende des 19. Jahrhunderts den auch zu Erholungszwecken parkartig angelegten Friedhöfen, wie beispielsweise dem Wormser Hauptfriedhof. Einige wenige Jüdische Friedhöfe mit der ihnen eigenen ewigen Ruhezeit, die dem Besucher als stimmungsvoller Ort der Ruhe dienen können, werden ebenfalls beschrieben.

Trotz der großen Anzahl verschiedenster Gärten in Rheinland-Pfalz sind nur wenige bis heute bekannt. Dieses Buch möchte helfen, den Interessierten die „Augen zu öffnen" für solche Kleinode der Gartenkunst und Inseln der Ruhe in einer immer unruhigeren Zeit.

Warum „verborgene" Gärten?

Bei der Vielfalt und Vielzahl der in unserem Bundesland vorkommenden Gärten fällt natürlich die Auswahl einzelner Gartenanlagen schwer. Jede ist auf ihre Art unwiederbringlich einzigartig. Wir haben uns daher bemüht, einen Querschnitt durch die verschiedenen Gartentypen zu verbinden mit einer regionalen Aufteilung quer durch ganz Rheinland-Pfalz.

Das besondere Augenmerk hierbei lag auf den Gärten in der Nachbarschaft eines jeden und in der nächsten Umgebung, die wir gar nicht als solche erkennen und wahrnehmen.
Häufig werden gerade öffentliche Parks und Gärten, wie beispielsweise die Fasanerie/Tschifflick in Zweibrücken für Freizeitaktivitäten genutzt, ohne dass die Besonderheiten dieses 300 Jahre alten Ortes bekannt sind. Daher ist es vorteilhaft, sensible Bereiche der Parkanlage zu kennen und heutige Nutzungen daran zu orientieren. Etliche Parkpflegewerke wurden seit 1983 in Rheinland-Pfalz erstellt. Sie dokumentieren die Entwicklung der Parkanlage seit der Entstehung und geben Empfehlungen für die Weiterentwicklung und Nutzung. Sie sind ein ganz wesentliches Instrument, die „verborgenen Gärten" zu schützen und zu erhalten.

Weitere Gärten, wie der des Weinguts Liebrecht in Bodenheim am Rhein, der Park des Frühindustriellen Friedrich von Gienanth in Eisenberg/Pfalz und auch die vielen Gärten in der Eifel wie Malberg, Weilerbach oder auch der Landschaftspark des Schlosses Molsberg im Westerwald und der Schaumburg bei Diez an der Lahn liegen im Verborgenen.

Ganz offensichtlich wird dies, wenn man an die vielgenutzten Rheinanlagen von Bingen bis Koblenz denkt. Kaum einem Besucher ist es gewahr, dass er in Koblenz auf den Spuren einer Anlage des bedeutenden Gartenkünstlers Peter Joseph Lenné's wandert. Die wahre Schönheit der gestalteten Natur zu begreifen, gelingt häufig nur mittels sachkundiger Führungen vor Ort, die stets größtes Erstaunen und Begeisterung hervorrufen.

Dieses Buch möchte Sie begleiten, die geheimnisvollen Schönheiten dieser Gärten zu erkennen, und sich dann vielleicht selber auf Spurensuche zu begeben. Viel Erfolg dabei!

Die Öffnungszeiten der Gärten erfahren Sie von den zuständigen Tourismus-Informationen.

Leben im Verborgenen – Die Ökologie historischer Gärten
Dipl.-Biologe Thomas Merz

Vor langer Zeit zur Freude und Erbauung der Menschen angelegt, haben sich viele der historischen Garten- und Parkanlagen zu einem beachtenswerten Lebensraum für Tiere und Pflanzen entwickelt. Manche Arten haben sich mit der ordnenden und pflegenden Hand des Gärtners arrangiert, Rasen und Beete zu ihrer neuen Heimat gemacht. Andere finden in nicht mehr oder weniger intensiv gepflegten Bereichen der Gärten und Parks ein Refugium für ein ungestörtes Dasein. Die alten Bäume der historischen Anlagen sind Lebensraum für manche Tierart geworden, die eigentlich in Wäldern zu Hause sind. Viele Gärten und Parks haben sich somit, weitgehend unbemerkt von der Öffentlichkeit, im Lauf der Generationen zu einem Paradies für wildlebende Tiere und Pflanzen entwickelt, sie zählen heute zu den artenreichsten Biotopen im Siedlungsbereich. Bereits mit dem Schotter der Wege und den Fugen des Pflasters begnügen sich manche Pflanzen als Lebensraum. Bei genauer Betrachtung kann man hier die winzigen Blütchen des Niederliegenden Mastkrautes (*Sagina procumbens*) und des Kahlen Bruchkrautes (*Herniaria glabra*) erkennen, auch die auffälligere Rote Schuppenmiere (*Spergularia rubra*) ist hier zu finden.

An den Mauern wachsen oft in großer Anzahl Kleinfarne wie Mauerraute (*Asplenium ruta-muraria*) und Schwarzstieliger Streifenfarn (*Asplenium trichomanes*). Auch aus Burg- und Klostergärten verwilderte Zierpflanzen wie Zimbelkraut (*Cymbalaria muralis*), Gelber Lerchensporn (*Pseudofumaria lutea*), Großes Löwenmäulchen (*Antirrhinum majus*) und Goldlack (*Erysimum cheiri*) haben sich oft an den Mauern angesiedelt. Der Mauerfuß wird gerne von dem seltenen Mauer-Glaskraut (*Parietaria judaica*) besiedelt. In den kurzgeschorenen Rasenflächen manches Parks kann man mit etwas Glück und Aufmerksamkeit ebenfalls seltene Gäste entdecken, beispielsweise die Ackerröte (*Sherardia arvensis*) oder den Kleinen Vogelfuß (*Ornithopus perpusillus*). Diese entfalten ihre hübschen Blüten so nah am Boden, dass ihnen das Messer des Rasenmähers nichts anhaben kann. Die Zierbeete der Gärten und Parks sind mit ihren bunten, blütenreichen Stauden ein viel besuchter Nahrungsplatz für Bienen, Hummeln und Schmetterlinge. Zu den auffälligsten Arten zählt zweifellos das Taubenschwänzchen (*Macroglossum stellatarum*), welches wie ein Kolibri vor den Blüten schwebend mit seinem langen Rüssel Nektar saugt. Auch für manche wildwachsende Pflanzenart bilden die Beete einen geeigneten Lebensraum. Hier kann man beispielsweise den stark giftigen Stechapfel (*Datura stramonium*) finden, der einst selbst als Heilpflanze in den Gärten kultiviert wurde.

Ein besonderes Kennzeichen zahlreicher historischer Parkanlagen sind die zeitig im Frühjahr blühenden Zwiebelpflanzen, die gerne an weniger intensiv gepflegten Stellen, beispielsweise an Wegrändern und unter Bäumen, wachsen. Die oft in Massen auftretenden Arten Fester Lerchensporn (*Corydalis solida*) und Bär-Lauch (*Allium ursinum*) sowie der Aronstab (*Arum maculatum*) sind sicherlich die häufigsten und bekanntesten, doch auch Zweiblättriger Blaustern (*Scilla bifolia*), Wald-Gelbstern (*Gagea lutea*) und Dolden-Milchstern (*Ornithogalum umbellatum*) kann man regelmäßig in den Parks beobachten. Mancherorts blüht im Frühjahr auch die eigenartige Schuppenwurz (*Lathraea squamaria*), die als Parasit auf den Wurzeln der Parkbäume wächst.

Häufig sind die etwas verwahrlost wirkenden Ecken in den historischen Gärten und Parks ein Refugium für selten gewordene Wildkräuter wie den Wilden Garten-Kerbel (*Anthriscus cerefolium ssp. trichosperma*). Auch viele traditionelle, heute unmodern gewordene Heilkräuter der mittelalterlichen Burg- und Klostergärten wie Katzenminze (*Nepeta cataria*), Herzgespann (*Leonurus cardiaca*), Osterluzei (*Aristolochia clematitis*) und Blasenkirsche (*Physalis alkekengi*) haben mancherorts in den „vergessenen" Ecken der historischen Gärten einen Rückzugsplatz gefunden.

Die Pflanze, die vielen „Verborgenen Gärten" einen ganz besonderen Charakter verleiht, ist der sicherlich jedem bekannte Efeu (*Hedera helix*). Nicht immer gern gesehen, ergreift der Kletterstrauch rasch Besitz von den Flächen, aus denen sich die Gärtner verabschiedet haben. In einigen Gärten am Mittelrhein und an der Mosel ist nahezu unbemerkt dem Efeu eine Pflanze gefolgt, die ihr Leben wirklich im Verborgenen führt: die Efeu-Sommerwurz (*Orobanche hederae*). Wie ein Pilz lebt sie viele Jahre im Boden, sie dringt dabei in die Wurzeln von Efeupflanzen ein und raubt diesen das Wasser und die Nährstoffe, die sie zum Leben braucht. Erst wenn sie kräftig genug ist, erscheint sie oberirdisch mit an abgeblühte Orchideen erinnernden Blütentrieben. Das Nebeneinander von Rasenflächen, Staudenbeeten, Sträuchern und Bäumen bietet vielen Tieren ein reichhaltiges Angebot an Nist-, Nahrungs-, Balz- und Ruheplätzen. Die Zauneidechse (*Lacerta agilis*) beispielsweise ist kein seltener Gast in alten Parks und Gärten. Wenn nachts Ruhe in den Anlagen einkehrt, gehen Igel (*Erinaceus europaeus*) und Steinmarder (*Martes foina*) auf die Jagd. Typische Vogelarten sind Gartenrotschwanz (*Phoenicurus phoenicurus*), Kleiber (*Sitta europaea*) und Waldbaumläufer (*Certhia familiaris*), in größeren Grünanlagen leben auch Sperber (*Accipiter nisus*) und Waldkauz (*Strix aluco*). Der alte höhlen- und spaltenreiche Baumbestand historischer Parks bietet Fledermäusen wie dem Braunen Langohr (*Plecotus auritus*) und dem Großen Abendsegler (*Nyctalus noctula*) Quartier und Revier.

Unbeabsichtigt haben somit die Erbauer und Gestalter der Grünanlagen einen wertvollen Lebensraum für viele wildlebende Tiere und Pflanzen geschaffen, die heute ihrerseits zu einem bereichernden und unverzichtbaren Teil der historischen Gärten und Parks geworden sind.

1. Barocke oder geometrische Gärten

Der Runde und der Eiserne Garten zu Schloss Malberg bei Kyllburg i. d. Eifel

Schloss Malberg in der Kyllburger Waldeifel, Kreis Bitburg-Prüm, liegt auf einem langgestreckten Bergrücken, der von der Kyll umflossen wird.
Die frühere Burganlage bestand aus zwei dicht nebeneinander liegenden Burgen, die im Laufe des Mittelalters im Besitz verschiedener Familien waren. 1678 erwarben die Brüder Johann Christoph von

Abb. 1   Das hochherrschaftliche Schloss Malberg (ohne Jahr, etwa 1720)

Veyder und Johann Werner von Veyder, damals Weihbischof von Köln, die gesamte Herrschaft Malberg.
Während der Französischen Revolution verloren die Veyders ihr Herrschaftsrecht, behielten aber Schloss Malberg als Wohnsitz. Bis zum Anfang des 19. Jahrhunderts blieb das Schloss im Besitz der männlichen Nachkommen der Familie von Veyder. 1823 ging es durch die bürgerliche Heirat von Ernestine von Veyder und Oberförster Franz Gerhard Schmitz aus Trier in den Besitz der Familie Schmitz-Malberg über, die im 20. Jahrhundert dort eine Pension betrieb. 1990 verkaufte die Familie Schmitz-Malberg das Schloss an die Verbandsgemeinde Kyllburg.

Das heutige Schloss (das so genannte Neue Haus) wurde in den Jahren 1707–1715 von Weihbischof Johann Werner von Veyder auf dem Areal der mittelalterlichen Burganlage errichtet. Von der einstigen Burg ist bis heute noch der Altbau erhalten (das sogenannte Alte Haus).

Die barocke Schlossanlage entstammt den Plänen des kurpfälzischen Hofarchitekten Graf Matteo Alberti (1647/48–1735) aus Venedig, der in Düsseldorf tätig war. Er ließ sich bei der Gestaltung des Neuen Hauses stark von der Villa Valmarana des italienischen Architekten Andrea Palladio (1563) in Lisiera (Veneto) beeinflussen. Schloss Malberg ist eines der wenigen Zeugnisse palladianischen Baustils in Deutschland.

Die Gärten auf Schloss Malberg wurden im Zuge des Schlossumbaus in der 1. Hälfte des 18. Jahrhunderts angelegt, wie auf dem Ölgemälde eines unbekannten Künstlers gut ersichtlich ist (Abb. 1). Die streng geometrische Gliederung der terrassierten Gärten mündet in den rechteckigen „Eisernen Garten", dessen Mitte mit einem Brunnen geziert wird.
Die Wegekreuzungen waren bei allen Gärten betont mit kegelförmig geschnittenen Buchs- oder Eibenpflanzen. Mit diesem Gestaltungsmittel wurde die geometrische Grundform der formalen Gärten hervorgehoben. Ein schmiedeeiserner Zaun durchbricht die hohe Umfassungsmauer und gewährt so von der Schlosszufahrt aus Einblick in den Garten und in die umgebende Landschaft. Während der Eiserne Garten um 1713 im Zusammenhang mit den barocken Neubauten angelegt wurde, entstand der nach seinem halbkreisförmigen Grundriss benannte „Runde Garten" erst um 1730 im Auftrag von Franz Moritz von Veyder.

Durch die zurückgezogene Lage des Landschaftsraumes der Eifel haben sich die Gärten in den drei zurückliegenden Jahrhunderten in ihrer Grundstruktur kaum verändert. Beide Gärten sind daher in ihren barocken Formen bis heute gut erhalten. Ein Lageplan des Schlosses mit seinen Gärten von 1927 zeigt diese Strukturen sehr anschaulich (Abb. 2).

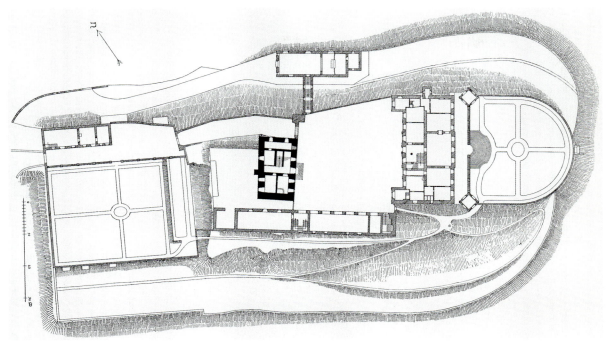

Abb. 2   Lageplan Schloss Malberg, aus E. Wackenroder „Die Kunstdenkmäler des Kreises Bitburg", Düsseldorf 1927

Der Eiserne Garten

Die Erstanlage des Eisernen Gartens folgte dem Stil des italienischen Villengartens der Spätrenaissance. Das Hauptwegekreuz wurde in der Mitte zumeist mit einem Zierbrunnen in Kleeblattform oder Varianten dieser Form betont. Die rechteckigen Beete werden als Kompartimente bezeichnet und waren mit niedrigen Buchs- oder auch Lavendelhecken eingefasst. Als Bepflanzung wurden blühende und wohlriechende Pflanzen wie Lavendel, Vergissmeinnicht, Rosen und viele andere verwendet.

Die Einteilung in vier Kompartimente und der Brunnen zur Betonung des Wegekreuzes prägen noch heute den Garten am Standort der früheren Unterburg (Abb. 6). Aus den Handwerkerrechnungen geht hervor, dass 1713 Meister Maßem das Mauerwerk „der kleiner Maur im garten worauf die pilaren [Pfeiler]" stehen, errichtet hat, und im Jahr 1714 hat wieder „Meister Mahsem Undt Conhorten Meürer: Die garten Maur Und Somer Haußgen [Sommerhäuschen, Standort ist unbekannt] ... Denen bronnen behalter [Brunnenbehälter] im garten zu machen und die Belaren [Pfeiler] auf zurichten, wie auch Eine Sug [Entwässerungsgerinne] zum abläuf machen ...". Die oben erwähnte kleine Mauer mit acht Pfeilern aus rotem Sandstein ist noch heute vorhanden, und das ornamentreiche schmiedeeiserne Tor erläutert sichtbar den Namen des Gartens (Abb. 3). Auf den Sandsteinpfeilern, zwischen denen der Zaun befestigt war, thront je ein Sandsteinkorb mit Blumenschmuck.

Der in den Baurechnungen von 1714 erwähnte Brunnenbehälter wurde vermutlich in der 2. Hälfte des 18. Jahrhunderts durch einen Springbrunnen ersetzt. Der Gartenhistoriker Prof. J. Gamer hatte die Stilelemente des verzierten elliptischen Trogs aus rotem Sandstein mit der Mittelsäule, an der vier kleine Meereswesen als Wasserspeier (Abb. 7) angebracht sind, auf die 2. Hälfte des 18. Jahrhunderts datiert.

Der geometrische Grundriss des Gartens lässt den Schluss zu, dass er gemäß dem Vorbild frühklösterlicher Gärten als Nutzgarten angelegt wurde. Üblicherweise wurden dort Gemüse, Heilpflanzen und Stauden zum eigenen Verbrauch angezogen. Während Gemüse und Heilkräuter in der Küche

Schloss Malberg

Abb. 3　Haupteingang zum Eisernen Garten um 1900

Abb. 3a　Nebeneingang zum Eisernen Garten

Verwendung fanden, dienten die Stauden nicht der Zierde des Gartens, sondern lieferten den Blumenschmuck für das Schloss. Durch die Verbindung von Schönem mit dem Nützlichen boten diese Gärten dem Betrachter ein angenehmes Bild. Noch reizvoller wurde der Aufenthalt im Garten durch die Verwendung wohlriechender Kräuter, die als Heilpflanzen oder Küchengewürze Verwendung fanden. Interessanterweise sind auch genau für diesen Zeitraum enge Beziehungen zu dem in direkter Nähe liegenden klösterlichen Garten des Zisterzienserinnenklosters St. Thomas nachweisbar.

Abb. 4　Obere Terrasse

Schloss Malberg

Abb. 5   Eiserner Garten im Nebel

Abb. 6   Brunnen im Eisernen Garten

Im Südosten Richtung Altbau liegt leicht erhöht eine Terrasse mit alten Obststräuchern und Blumenschmuck (Abb. 4). Besonders sehenswert sind sehr alte dunkelrote Pfingstrosen, die in einer Reihe oberhalb der Mauer gepflanzt wurden und im Juni ein prachtvolles Bild bieten. Dahinter erhebt sich eine steile Böschung, die zum oberen Schlosshof führt. Erst im 20. Jahrhundert hat man hier die Verbindung zum Schlosshof mit einer kleinen, seitlich verlaufenden Treppenanlage geschaffen. Ganz versteckt liegt in dieser Ecke zwischen Brüstungsmauer und Treppe der Nebeneingang zum Eisernen Garten, der ebenfalls mit einem prächtigen schmiedeeisernen Tor geziert wird (Abb. 3a). Die Abgeschlossenheit des Gartens trägt die charakteristischen Züge eines geschützten Raumes, auch „hortus conclusus" genannt, in dem man ungestört Ruhe fand (Abb. 5).

Heute noch ist die Grundstruktur des Eisernen Gartens gut erkennbar. Die Einfassung der Beete aus Buchsbaum, auf Fotos von 1900 noch etwa 10 cm hoch, ist inzwischen etwa kniehoch gewachsen. Zwei besonders schöne alte Buchsbaum-Einzelexemplare, in Form von Pyramidenstümpfen geschnitten, flankieren das Eingangstor des Gartens.

Barocke oder geometrische Gärten   **17**

Abb. 7 Der Runde Garten

Der Runde Garten

Der Runde Garten wurde 1730 im Zuge weiterer Bautätigkeit des bedeutenden Architekten Christian Kretschmar ergänzt. Der Gartenbereich wurde über eine beeindruckende, halbkreisförmig verlaufende Freitreppe erschlossen und zunächst aufwendig mit Broderieparterres, geometrischen französischen Zierbeeten, angelegt.

Der frühere Wandbrunnen vom Fensterpfeiler des einstigen Speisezimmers wurde 1777 in die Mitte des halbkreisförmigen Gartens versetzt. Erst 1844 wurden, wie ein grob skizzierter Plan belegt, innerhalb der früheren Schmuckbeete Obstgehölze gepflanzt (Abb. 8).

Die Einebnung der Beete und Umwandlung in eine Rasenfläche erfolgte erst im 20. Jahrhundert, als die Rasenfläche zur Erholung von Pensionsgästen diente.

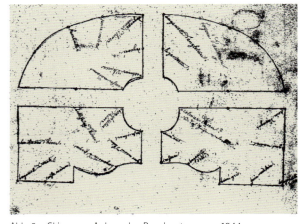

Abb. 8 Skizze zur Anlage des Rundgartens von 1844

Schloss Malberg

Abb. 9　Freitreppe zum Schloss

Abb. 10　Skulptur auf der Brüstung am Runden Garten

Beeindruckend an diesem Garten ist hier nicht nur die ungewöhnliche Form und grandiose Aussicht (Abb. 7), sondern auch die Einfassung der Rundtreppe mit zwei Pavillons mit Mansardendächern (Abb. 9). Die Terrasse war geschmückt mit Figuren des bedeutenden Bildhauers Adam Ferdinand Tietz (1708–1777). Diese tänzerisch schwerelosen Figuren wurden in den letzten Jahren sorgfältig restauriert und fanden einen geschützten Platz in der restaurierten Schlosskapelle. Trotzdem wollte man nicht auf den Skulpturenschmuck verzichten und hat Repliken an ihrem früheren Standort aufgestellt (Abb. 10). Wie der Eiserne Garten besitzt auch der Runde Garten im Zentrum einen ovalen, fein verzierten Sandsteinbrunnen. Fast verborgen im Gehölz steht eine schön geformte, moosbewachsene Sonnenuhr aus Sandstein (Abb. 11).

Ähnlich dem Eisernen Garten, der dieses Jahr restauriert wurde, sollte auch hier die Möglichkeit genutzt werden, diesen wertvollen Garten wieder mit der entsprechenden Gartengestaltung zu versehen.

Abb. 11　Sonnenuhr im Runden Garten

Abb. 1 Blick auf Buchshecken und Ruinen

St. Florin, der ehemalige Fronhof des Stiftes St. Florin in Obermendig

Abb. 2 Efeubewachsene Ruinen

Der Obermendiger Fronhof St. Florin war vermutlich ursprünglich pfalzgräflicher Besitz. Er gehörte spätestens ab dem 12. Jahrhundert zum Koblenzer Stift St. Florin. Seine größte Bedeutung hatte dieses Kloster im 14. und 15. Jahrhundert. Bereits seit dem späten Mittelalter pflegte das Stift den Fronhof mit dem dazugehörenden Grundbesitz zu verpachten, wie noch erhaltene Lehensbriefe von 1421 und 1500 zeigen.

Bei der Auflösung des Klosters im Jahre 1802 wurde der gesamte Hof- und Grundbesitz des Stiftes versteigert. Den ehemaligen Fronhof Obermendig ereilte dieses Schicksal am 16. Februar 1804. Erworben wurde das Haus mit Bering, die Stiftsmühle von 1723 und der Garten, 45 ha Land und 4 ha Wiesen von Leonhard Hirschbrunn aus Montabauer. Seitdem wurde der Besitz auch als „Hirschbrunnshof"

St. Florin

Abb. 3 Tor und Kapelle

bezeichnet und als landwirtschaftliches Gut bis 1932 bewirtschaftet. Bis heute wird der Hof von Nachkommen dieser Familie liebevoll restauriert und gepflegt.

Das gesamte Ensemble steht heute unter Denkmalschutz. Die Hofanlage besteht aus dem etwa 300 Jahre alten Herrenhaus, der inzwischen sanierten spätgotischen Laurentius-Kapelle und den efeubewachsenen Ruinen der im Krieg 1945 zerstörten Wirtschaftsgebäude (Abb. 1 und 2). Den Eingang zum Hof bildet ein „Fränkisches Hoftor". Es ist etwa 300 Jahre alt und besteht aus gemauertem Basaltstein mit einem wuchtigen Holztor (Abb. 3). Seitlich an dieses Tor anschließend, stand bis zu ihrem Abriss im Jahr 1951 die alte Stiftsmühle von 1723. Von ihrer Existenz zeugt heute noch der Mühlbach, der in seinem gemauerten Bett den Hof durchfließt (Abb. 4).

Ruinen und Herrenhaus verbindet ein gepflasterter Innenhof, der heute farbenprächtig begrünt und mit modernen Skulpturen verziert ist (Abb. 5). Vor der Laurentius-Kapelle liegt ein etwa 100 m^2 großer Kapellengarten, der zur Straße und zum Hof hin mit einer Basaltsteinmauer abgegrenzt wird. Er ist durch ein kleines, mit einem schmiedeeisernen Gitter verschlossenes Tor vom Hof aus zugänglich.

Der eigentliche Garten des Hofes, vermutlich der ehemalige Nutzgarten, liegt oberhalb der Gebäude und ist über einen Treppenzugang vom gepflasterten Hof aus zu erreichen. Er ist allseits mit einer hohen Basaltmauer umgeben. Von den an den Längsseiten eingelassenen Toren ist nur noch das östliche zu durchschreiten. Das westliche führte ehemals auf den als Viehweide genutzten Baumgarten, der in den letzten Jahren dem Neubau eines Kindergartens weichen musste.

Der Garten ist geprägt durch die heute noch im Gelände erkennbare geradlinige Wegeführung. Besonders auffällig sind die etwa 80- bis 100-jährigen Buchsbaumhecken, die heute 1 m hoch gewachsen sind (Abb. 6). Auf historischen Aufnahmen sind sie noch als niedrige Hecken zu sehen, die als Beeteinfassung dienten (Abb. 7). Weitere historische Aufnahmen zeigen außerdem einen fein gearbeiteten hölzernen Pavillon, der mit Pfeifenwinde, auch Osterluzei genannt, bewachsen ist.

Nach Vorbild dieses Pavillons, von dem nur noch einzelne Fundamente erhalten waren, wurde 2004 im Zusammenhang mit umfangreichen Sanierungsmaßnahmen des Gartens eine neue Gartenlaube errichtet (Abb. 8).

Abb. 4 Mühlgraben

Barocke oder geometrische Gärten

Abb. 5 Innenhof

Abb. 6 Wegeachsen mit Buchshecken

Abb. 7 Historisches Foto um 1920

St. Florin

Abb. 8 Blick auf den Pavillon

Das Gesamtbild des Gartens entspricht der traditionellen Anlage eines Bauerngartens mit einer großen Vielfalt an Nutzpflanzen, Blumen und Heilkräutern. Dieser Gartenraum hatte jedoch nicht nur große Qualitäten als Nutzgarten, sondern war an exponierten Stellen mit Schatten spendenden Ruheplätzen versehen. Schon die heute noch erkennbare Gesamtkomposition früherer Jahre lässt die kundige Hand eines versierten Gärtners erahnen.

Die heutigen Besitzer und Nachfahren der Familie Hirschbrunn haben in den letzten Jahren mit viel Mühe den Garten rekonstruiert. Mit den schon vorhandenen Stauden konnten neue Rahmenbeete eingefasst und bestückt werden. Die Sanierung und Ergänzung der 100-jährigen Buchshecken stand ebenso im Vordergrund wie die Wiederherstellung der historischen Wege in wasserdurchlässiger Form (wassergebundener Weg). Hiermit kommt das frühere Wegekreuz wieder zur Geltung. Auch entdeckt und freigelegt wurden zwei kleine Tore in der Mauer und verborgene Pfade. Die bestehenden Obstbäume runden das Bild des Bauerngartens ab (Abb. 9 und 10).

Innerhalb des Ensembles mit den gepflegten Ruinen der Wirtschaftsgebäude und der kleinen Kapelle präsentiert sich hier ein romantisches Ensemble, in dem wahrhaft das Schöne mit dem Nützlichen verbunden wird.

Abb. 9 Staudenbeete

Abb. 10 Sitzplatz

Barocke oder geometrische Gärten

Abb. 1　Blick auf Schloss Bürresheim

Schloss Bürresheim und seine geometrischen Gärten in Bürresheim/Eifel

Schloss Bürresheim liegt verborgen inmitten von Wäldern und Tälern oberhalb des Nettetals. Die abgeschiedene Lage hat es davor bewahrt, in kriegerische Auseinandersetzungen verwickelt zu werden. Nur wenige Minuten von Mayen entfernt eröffnet sich an einer Straßenbiegung plötzlich der Blick auf eine gut erhaltene Schlossanlage, der ein im hängigen Gelände liegender, streng geometrisch strukturierter Garten vorgelagert ist (Abb. 1).
Die Schlossanlage geht zurück auf eine Burg des 12. Jahrhunderts und veranschaulicht eindrucksvoll die Entwicklung einer mittelalterlichen Burg zu einem Schloss im 18. Jahrhundert. Auch innerhalb des Schlosses können bis heute wertvolle Möbel und Ausstattungselemente, die bis ins Mittelalter zurückreichen, besichtigt werden.
Während der gegenüber dem Parkplatz liegende, barock anmutende Garten erst 1952 von dem renommierten Gartenarchitekten Herrmann Mattern geschaffen wurde, reichen die geometrischen Strukturen des versteckt unter dem Schloss liegenden Küchengartens noch bis ins 17. Jahrhundert zurück (Abb. 2). Im Zuge der Umbauarbeiten des Schlosses zu einer Wohnburg 1683 wurde auch der Küchengarten neu angelegt. Zentrales Element des Gartens ist die bewachsene Brunnenlaube mit dem vorgelagerten Springbrunnen.

Der zentrale Brunnenplatz ist eingefasst mit großen Buchskugeln. Die anderen Kompartimente (im Parterre liegende Beetflächen) werden an den Ecken betont mit pyramidenförmig geschnittenen Eiben (Abb. 3).
Die Gestaltung des „modernen" Parterregartens an der Schlossauffahrt orientierte sich an der Gestaltung des Küchengartens. Der Standort liegt an dem des früheren Terrassengartens, der leider nicht mehr erhalten ist. Ein im Schloss hängendes Ölgemälde von 1711 zeigt noch eine genaue Ansicht des Schlosses mit seinen Gärten.
Ergänzt wurde die Gartenanlage 2003 um die Anlage eines mittelalterlichen Schaugartens neben dem Zwinger an der heutigen Eintrittspforte zu den Schlossgebäuden. Die Anlage des Gartens orientierte sich hierbei unter anderem an einer im Schloss vorhandenen Rundscheibe von 1490, die einen Mann und eine Frau auf einer im Mittelalter gern verwendeten Rasenbank darstellt.

Abb. 2 Barockgärten – erhalten und rekonstruiert

Abb. 3 Detail mit Brunnen und Laube

Schloss Bürresheim

Der Charme und die Komplexität mittelalterlicher Gärten beruhen vor allem auf ihrer Schlichtheit und den vielfältigen Möglichkeiten, ihre charakteristischen Gestaltungselemente einzusetzen.

Die Anlage des Schaugartens von Schloss Bürresheim folgt der mittelalterlichen Formensprache, die häufig quadratische oder längliche Gärten vorsah. Spalierartige Holzkonstruktionen, die an Mauer oder Felswand der früheren Burg befestigt und mit Reben, Obst oder blühenden und duftenden Rankpflanzen versehen wurden, grenzten den Garten von der Baulichkeit ab. So entstand ein geschützter, intimer Raum, der den Bewohnern Rückzugsmöglichkeiten zur Beschäftigung mit der Natur bot. Nicht zu vergessen ist in diesem Zusammenhang die besondere Funktion des Burggärtchens als geheimer Ort verborgener Liebe, dessen Ausstattung ausschließlich mit symbolträchtigen Pflanzen erfolgte. Im Gegensatz zum Klostergarten fehlen geometrische Entwurfsprinzipien ganz, und auch die Bepflanzung folgte keinem starren Schema. Vielmehr wurden Blütenpflanzen, Kräuter und Sträucher bunt gemischt, um eine dekorative Wirkung zu erzielen. Die verwendeten Pflanzen sollten alle Sinne anregen und wurden deshalb bevorzugt nach Geruch, Farbe, Gestalt und Symbolwert ausgewählt. Neben ihrem Zierwert spielten auch kulinarische oder medizinische Kriterien bei der Pflanzenauswahl eine bedeutende Rolle.

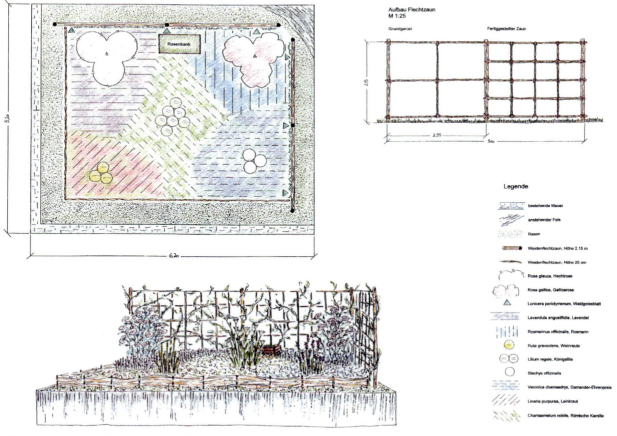

Abb. 4   Plan und Ansicht des mittelalterlichen Schaugartens

Abb. 5 Mittelalterlicher Schaugarten

In dem hier vorgestellten Mustergarten wird im hinteren Mauerbereich das Stilelement der Flechtzäune aufgenommen, die im Mittelalter aus zusammengebundenen Weidenruten oder lebenden Schösslingen errichtet und mit Kletterpflanzen wie Rosen oder Geißblatt berankt wurden.
Davor sollen zwei Rosengruppen in Kombination mit Lavendel und Rosmarin die oben beschriebene Verbindung von Nutz-, Zier- und „Sinnespflanzen" repräsentieren.
Die Lilien wurden zusammen mit den Rosen nicht nur wegen ihres Heilwertes, ihres Duftes, ihrer Schönheit und ihrer magischen Kräfte gepflanzt, sondern auch als Symbol unschuldiger Liebe; sie stellen inhaltlich den zentralen Mittelpunkt des Gartens dar.

Heilziest und Weinraute erweitern als althergebrachte Heil- und Gewürzpflanzen das Pflanzenrepertoire um das gesundheitliche und kulinarische Element. Die bodendeckende Unterpflanzung setzt sich aus Leinkraut, Gamander-Ehrenpreis und Römischer Kamille, die beim Betreten einen „betörenden Geruch" verströmt, zusammen.
Ein „Teppich" aus Kamille führt zu einer so genannten „Rasenbank", einer mit Erde gefüllten, ca. 60 cm hohen Holzverschalung, in die Rasen eingesät wurde und die so den langberockten Damen ein bequemes Sitzen ermöglichte. Sie bildete den romantischen Rückzugspunkt, an dem die Poesie des Ortes erlebbar wurde.
An diesem Beispielgarten auf kleinster Fläche werden komprimiert die wesentlichen Gestaltungsprinzipien eines mittelalterlichen Gartens erlebbar (Abb. 4 und 5).

2. Gärten an Burgen

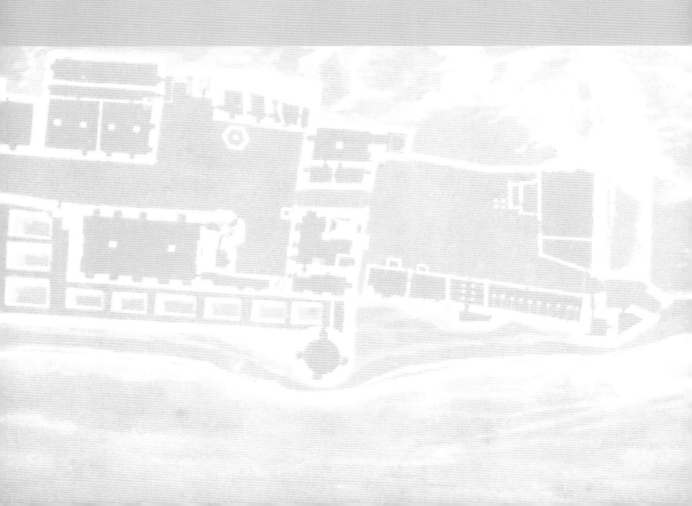

Der Schaugarten der Marksburg in Braubach/Rhein

Die Marksburg ist die einzige nicht zerstörte Höhenburg am Mittelrhein. Sie entstand in den Jahren um 1100. 1231 wird die „Burg zu Braubach" erstmals urkundlich erwähnt. Im Laufe der Jahrhunderte erfuhr sie unter ihren wechselnden Besitzern zahlreiche Um- und Erweiterungsbauten. Ihr heutiges Erscheinungsbild dokumentiert die verschiedenen Epochen des mittelrheinischen Burgenbaus und veranschaulicht die Entwicklung des Verteidigungswesens vom hochmittelalterlichen Wehrbau zur bastionierten Befestigung der frühen Neuzeit (Abb. 1). Im Jahre 1899 ging die Marksburg in den Besitz der „Vereinigung zur Erhaltung deutscher Burgen" (heute „Deutsche Burgenvereinigung e. V.") über.

Obwohl ihre Geschichte gut erforscht und dokumentiert ist, finden sich in den Überlieferungen keine Informationen über die Anlage eines mittelalterlichen Burggartens auf der Marksburg. Die räumliche Enge innerhalb der mittelalterlichen Burgareale lässt jedoch meist nur die Möglichkeit zur Anlage eines Burggartens innerhalb der Zwingerflächen als Heilkräuter- und Gemüsegarten zu.

Die ersten Aufzeichnungen über die Anlage eines Gartens auf der Marksburg stammen von Wilhelm Dilich aus dem 17. Jahrhundert. Danach lagen im Bereich des oberen und unteren Zwingers einige Beete, auf denen vermutlich Nutzpflanzen angebaut wurden.

Abb. 1 Ansicht der Marksburg vom Rhein aus

1768 ließ schließlich der Burgkommandant Georg Ludwig Rohr im oberen Zwingerbereich einen barocken Garten anlegen. Eine Geländeaufnahme von 1835 durch den Festungskommandanten Heinrich Hill zeigt die axiale Form des „Blumenzwingers" mit Mittelweg, Rasenbeeten und zwei Blumenrondellen.

1899 erwarb die Vereinigung zur Erhaltung deutscher Burgen die Marksburg von der königlich preußischen Regierung. Für die derzeit „in hohem Grade verwahrloste" Gesamtanlage wurde ein umfassendes Ausbau- und Nutzungsprogramm durch den Berliner Architekten Professor Bodo Ebhardt entwickelt. Es sollte der Marksburg ihr spätmittelalterliches Aussehen gemäß den Plänen von Wilhelm Dilich wiedergeben. In diesem Zusammenhang sind auch die Pläne des bekannten Gartenbaudirektors Ludwig Lesser aus Berlin zu sehen, der Entwürfe für Rasenbänke, Rosenlauben, Flechtzäune, „Blumengärtlein" und „Kraut- und Würzgarten" vorlegte. Allerdings wurde diese Planung nicht umgesetzt.

Doch legte Bodo Ebhardt um 1930 im oberen Rheinzwinger einen Garten mit Blumen- und Gemüsebeeten, Rosenlauben und einem überdachten Sitzplatz an. An gleicher Stelle entstand 1969 ein mittelalterlicher Schaugarten (Abb. 2), der beim Brand der Gastronomie 2002 beschädigt wurde und sich heute in neuer Formation präsentiert.

Abb. 2 Burggarten

Der Renaissancegarten der Philippsburg in Braubach/Rhein

Die Philippsburg wurde zwischen 1568 und 1571 von Landgraf Philipp II. d. J. von Hessen-Rheinfels auf einem niedrigen Felsplateau unterhalb der Marksburg erbaut. Das ursprüngliche, imposante Bauwerk hatte einen dreiflügeligen Grundriss und eine geometrisch gegliederte Gartenanlage (Abb. 1).

Nachdem die Burg als Witwensitz und ab dem Jahr 1643 erneut als Residenz gedient hatte, verfiel der Hauptbau im Laufe des 18. Jahrhunderts so weit, dass er 1804–1805 umgebaut werden musste.

Die ursprüngliche Gartenanlage wurde 1861 beim Bau der Eisenbahnlinie zerschnitten. Drei der rechteckigen Beetformationen gingen verloren, wodurch die Gesamtanlage in ihrer Einheit nicht mehr erleb-

Abb. 1   Ansicht vom Rhein

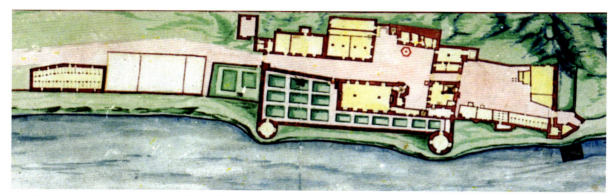

Abb. 2   Historischer Lageplan von W. Dilich 1607

bar ist. Der tiefer liegende Gartenhof ist so zugewachsen, dass die einstigen Wegestrukturen nur mit Mühe zu erkennen sind (Abb. 2 und 3).

Im Jahr 2001 wurde ein Konzept erstellt, das aus der ursprünglichen Anlage entwickelt ist. Ein dem Zeitgeschmack entsprechendes Parterre wird die Grundzüge der Renaissanceanlage aufnehmen und dem Garten sein würdiges Aussehen in Bezug auf umgebende Baulichkeiten zurückgeben.

Abb. 3   Ansicht der Burg vom Rhein von W. Dilich 1607

Abb. 4   Garten im Jahr 2003

Die frühen Gärten von Burg Rheinfels in St. Goar am Rhein

Unter der Herrschaft des Grafen Dieter V. von Katzenellenbogen wurde die Kernanlage der Burg Rheinfels im Jahre 1245 errichtet. Landgraf Philipp II. von Hessen-Rheinfels baute im 16. Jahrhundert die ursprünglich rein militärisch genutzte Burg zu einer standesgemäßen Residenz im Stile der Renaissance um. Späterhin erfolgte der weitere Ausbau zu einer der bedeutendsten Festungsanlagen des Rheintals (Abb. 1).

Mehrere Gärten, die innerhalb der bis dahin vorhandenen Festungswerke angelegt wurden, dienten nicht ausschließlich der Verschönerung, sondern sollten vor allem auch die Friedfertigkeit des Fürsten zum Ausdruck bringen.

An der äußersten, dem Feind zugewandten Seite wurde zur Anlage eines Lustgartens ein in den anstehenden Fels gehauenes Plateau geschaffen. Einen noch größeren Effekt bei dem Bemühen, ebene Flächen zu schaffen, erzielte man jedoch mit dem Bau von Stützmauern, die den „großen Lustgarten" und den nördlich anschließenden „Schneckengarten" abfingen. Die heute noch etwa zur Hälfte erhaltene Mauer mit tiefen Rundbogennischen ist eine nachträgliche Stützkonstruktion, die jedoch mit der ursprünglichen Mauer nicht verbunden ist. Dieser Konstruktionsfehler führte dazu, dass der südliche Abschnitt der gesamten Stützmauer 1926 einstürzte.

Abb. 1   Historische Ansicht nach W. Dilich 1608

Abb. 2   Historischer Lageplan von W. Dilich 1608

Wie aus dem Grundriss von Wilhelm Dilich 1608 (Abb. 2) hervorgeht, ergab sich die Beeteinteilung des geometrischen Gartens durch ein axiales Wegesystem. Im Schnittpunkt der Achse sind auf dem Plan zwei pflanzliche oder bauliche Gestaltungselemente erkennbar. Jedes Kompartiment entlang dieser Wege zeigt ein anderes geometrisches Gestaltungsmuster. Hier ist ein besonders kunstvolles Arrangement eines herrschaftlichen Renaissancegartens verlorengegangen.

Man durchschreitet hier einen Gartenbereich nach dem anderen, wie auf den historischen Plänen noch ersichtlich ist. Jeder Gartenbereich hatte sein ganz eigenes, im Schutz der Umfassungsmauer sich entwickelndes Aussehen herausgebildet (Abb. 3 und 4) Die hier gezeigten Fotos vom Frühjahr 2003 sind leider Bilder der Vergangenheit. 2003 wurde ein bestehender Parkplatz in diesem Bereich erweitert. Es gibt dort heute nur noch eine asphaltierte Parkplatzfläche.

Burg Rheinfels

Abb. 3   Verwilderter Obstgarten 2003

Oberhalb der verlorenen Gärten liegt ein weiteres Gartendenkmal, das der Sicherung und Pflege bedarf – die Villa Reusch. Hier kann sich der werte Leser noch selbst auf Spurensuche begeben.
Der unterhalb der Burg Rheinfels anschließende Landschaftsgarten der Villa Lindner, der heutigen Jugendherberge, ist hingegen erst in den letzten Jahren wiederhergestellt worden (s. auch Kapitel 8).

Hiermit wird deutlich, dass die Stadt St. Goar über einen großen Reichtum an Gärten verfügte, die es auch heute noch zu finden, zu schützen und instand zu setzen gilt.

Abb. 4   Gartenhaus 2003

Gärten an Burgen

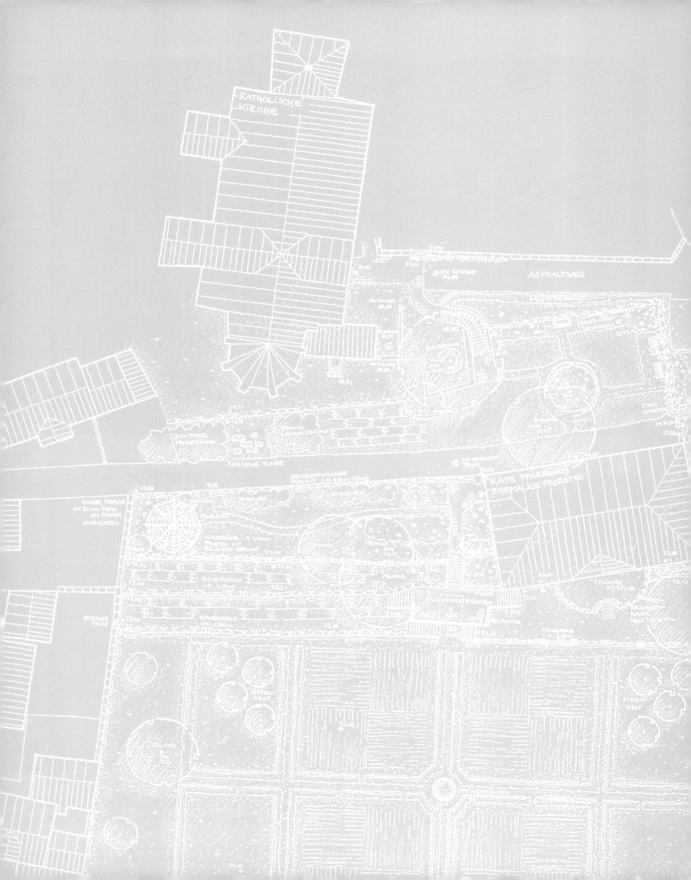

3. Gärten an Kirchen und Klöstern

Zisterzienserinnenkloster St. Thomas in der Eifel

Nicht unweit von dem kleinen Eifelstädtchen Kyllburg entfernt liegt im malerischen Tal der Kyll das ehemalige Zisterzienserinnenkloster St. Thomas (Abb. 1). Die Abtei ist umgeben von einer rundum laufenden Sandsteinmauer. Über ein schmuckes Torhäuschen betritt man den Klosterbezirk (Abb. 2 und 2a). Von dem Haupteingang aus gelangt man in einen Vorhof, um den sich die ehemaligen Wirtschaftsgebäude gruppieren. Im Zentrum des Klosterberings erheben sich die einschiffige Saalkirche und die barocken Klostergebäude.

Der Gartenraum des Klosters wird von geradlinig geführten Wegen erschlossen. In westlicher Richtung schließt eine mit Obstbäumen bepflanzte Wiesenfläche an, die heute umzäunt ist und als Kleintiergehege genutzt wird. Im Anschluss liegen drei Fischteiche. An den Fischteichen errichtete man 1948 um einen mittelalterlichen Bildstock eine Kapelle. Die umgebende, stimmungsvolle Bepflanzung setzt sich aus mehreren sehr alten Fichten und Erlen zusammen und verleiht diesem Ort einen besonderen Charme (Abb. 3).

Wasser spielt in Klostergärten immer eine große Rolle. Schon die zisterziensischen Statuten schrieben vor, ein Kloster stets in der Nähe von Wasser zu gründen, da Wasser für das alltägliche Leben dringend benötigt wurde, aber auch „Wasser als Quell des Lebens" verstanden wurde. Im Kernbereich der Zisterzienserklöster, so auch in St. Thomas, finden wir daher zahlreiche Brunnen und Teiche. In der näheren Umgebung wurden Schleusen und Mühlen errichtet.

Im Zentrum des Kreuzganges des Klosters liegt eine Brunnenanlage. Der Brunnen war die Wasserstelle des gesamten Klosters. Der ursprüngliche, 700 Jahre alte Brunnen wurde saniert und an anderer Stelle verwahrt. Stattdessen steht im Zentrum des Kreuzganges ein modernes, rundes Brunnenbecken. Ein weiterer Laufbrunnen befindet sich an der nördlichen Klostermauer. Das „Härenbrünnchen" wird aus einer jodhaltigen Quelle gespeist, die seit der Klostergründung eine Heilquelle war.

Im Jahre 1185 wurde der Grundstein des Zisterzienserinnenklosters St. Thomas zu Ehren der heiligen Jungfrau Maria und des heiligen Thomas Becket gelegt. Eine der großen Schenkungen war das Vermächtnis der Dynastie der Agnes von Malberg und ihres Gatten Dietrich im Jahre 1224. Durch zahlreiche Schenkungen in den folgenden Jahrhunderten konnte die materielle Existenz des Klosters sichergestellt werden.
Nachdem 1742 ein Brand das mittelalterliche Kloster teilweise zerstört hatte, begann man 1744 mit dem Wiederaufbau. Die Klostergebäude wurden im Stil des Barock errichtet. Der Architekt des barocken Klostergebäudes ist nicht bekannt. Er dürfte jedoch ein Vertreter des trierischen Barock der 1. Hälfte des 18. Jahrhunderts gewesen sein. Die Ecken des Gebäudes sind durch eine regelmäßige Verquaderung betont. Das Innere des Klostergebäudes wurde schlicht gestaltet.

Abb. 1 Ansicht des Klosters 1984

St. Thomas

Abb. 2 Torhäuschen

Abb. 2a Inschrift am Torhäuschen

1802 wurde das adlige Zisterzienserinnenkloster St. Thomas an der Kyll aufgehoben, und am 27. Januar 1804 wurden mit Ausnahme der Kirche die Gebäude des Klosters, die Gärten, das Pächterhaus mit Stallung und die Ländereien von der französischen Regierung versteigert. Der Eigentümer von Schloss Malberg, Baron Veyder zu Malberg, erwarb die Ländereien und das Klostergebäude. In den folgenden Jahren wurde der Klostergarten überwiegend zum Hopfenanbau genutzt.

Im Jahre 1853 oder 1854 kaufte ein Kaufmann das Kloster und veräußerte es an den preußischen Staat. Die preußische Regierung hatte als Rechtsnachfolgerin der französischen Regierung nach Maßgabe des Konkordates mit Napoleon I. die Pflicht, eine Demeriten- und Emeritenanstalt zu schaffen. Sie überließ das Kloster daher dem Bischof von Trier als „refugium demeritorum".

1909 übernahmen Franziskaner das Kloster, die es seit 1942 als bischöfliches Priesterhaus nutzen.

Die Auswahl des Standortes von Zisterzienserklöstern geschah nicht willkürlich oder zufällig, sondern nach Ordensregeln und Beschlüssen. Spezielle Aussagen zum Standort der Klöster finden sich in der

Abb. 3   Teiche mit neuer Kapelle

„Charta Caritatis" und der Sammlung der Generalkapitelbeschlüsse aus dem Jahre 1134. Sie bestimmen, dass die Zisterzienserklöster nur in einsamen Gegenden angelegt werden durften, nicht aber in oder nahe bei Städten, Burgen und Dörfern. Die Wahl des Standortes des Zisterzienserinnenklosters St. Thomas in der Eifel im Tal der Kyll mit seinen bewaldeten Berghängen und der Nähe zum Wasser entsprach somit ganz dem Ideal der wirtschaftlichen und räumlichen Isolation.

Der Kernbereich des Zisterzienserinnenklosters St. Thomas besteht aus der Klosterklausur, der Klosteranlage und dem Klostergarten innerhalb einer Ummauerung. Über den mittelalterlichen Klostergarten von St. Thomas, seine innere Aufteilung, seine Pflanzen, Einrichtungen und Gegenstände ist nichts bekannt.

Es kann jedoch davon ausgegangen werden, dass schon kurze Zeit nach der Klostergründung auch ein Garten angelegt worden ist, um Gemüse und Obst für den eigenen Bedarf zu erzeugen. In Analogie zum Plan des Klosters St. Gallen ist es sehr wahrscheinlich, dass auch in St. Thomas seit dem frühen Mittelalter die überlieferte Pflanzenauswahl eines Kräutergartens und eines Gemüse- und Obstgartens anzutreffen war. Auch wird der Blumengarten des Messners zur Anzucht von Blumenschmuck für die Kirche nicht gefehlt haben.

Erste Hinweise über die Gestaltung des Klosterareals im 19. Jahrhundert geben Auskunft zur Errichtung eines Gartenhäuschens. In einem Rücksprung der südlichen Umfassungsmauer des Klostergrundstücks steht noch heute der schmucke barocke Pavillon (Abb. 4). Er wurde 1787 von der vorletzten Äbtissin Maria Victoria von St. Ignon erbaut. Über der Tür des Gartenpavillons befindet sich das einzige unzerstörte Wappen des Klosters.

Von 1803 liegt ein Bericht zum Klostergarten vor: „Das Kloster, größtenteils 1744 neu gebaut, fand sich im guten Stand, ein schöner Garten, großer Hof, Gaßthaus, viele Stallungen, Scheune, Schreinerhaus, Haus des Herrn Kaplan ..."

Abb. 4   Früheres Abtshaus

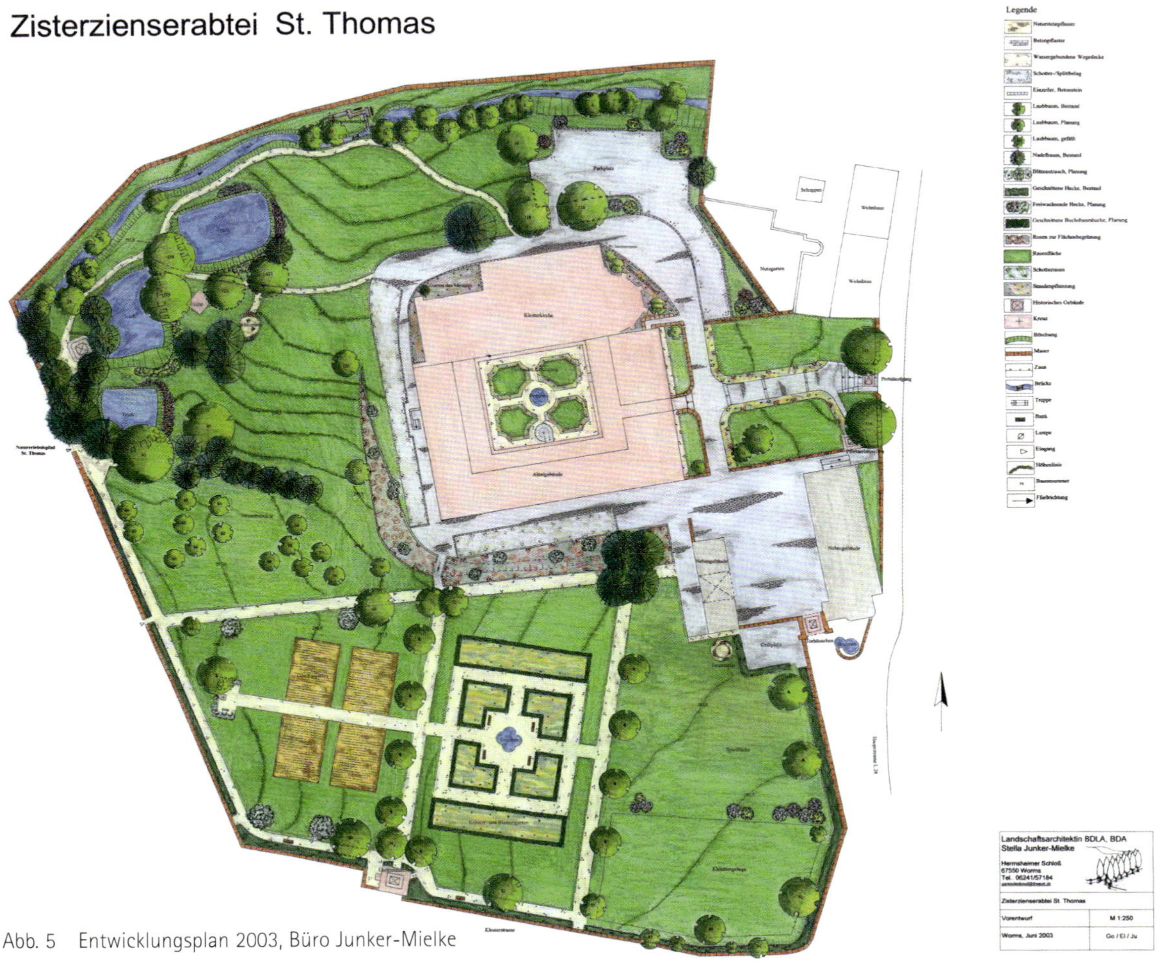

Zisterzienserabtei St. Thomas

Abb. 5 Entwicklungsplan 2003, Büro Junker-Mielke

Der Vergleich mit einem Grundriss von 1912/13 zeigt erhebliche Veränderungen, die sich nicht nur auf den Gebäudekomplex beschränken, sondern die gesamte Freifläche mit einbeziehen.

Eine Fotografie aus dieser Zeit gibt Eindrücke einzelner Bereiche des Klostergartens wieder (Abb. 1). Sie zeigt den von den Franziskanermönchen angelegten Nutzgarten. Die Beete sind mit zwiebelartigen Gewächsen, Kohl und weiteren Pflanzen, die an Kräuter erinnern, bestückt. Am Rand der Beete, entlang der Klostermauer, wachsen Obstbäume. Der Nutzgarten präsentierte sich in gepflegtem Zustand. Ein 2003 erstellter Entwicklungsplan (Abb. 5) wird seither in einzelnen kleineren Schritten umgesetzt. Als eine der ersten Maßnahmen erfolgte die Erneuerung des Eingangsbereiches mit seitlichen Pflanzbeeten (Abb. 6).

Abb. 6 Eingangsbereich mit Staudenbeeten und Pförtnerhäuschen

Kloster Springiersbach in Bengel an der Mosel

Nach der Weihe der Klosterzelle Thermut durch den Trierer Erzbischof zog die klösterliche Gemeinschaft im 12. Jahrhundert an ihren heutigen Standort am Springiersbach. Dort war bereits 1121 der Grundstein zum Bau einer dreischiffigen Basilika gelegt worden (Abb. 1). Ein Abtshaus und mehrere Erweiterungen folgten im 17. und 18. Jahrhundert, noch vor dem Neubau der Kirche in der Mitte des 18. Jahrhunderts. Der Karmeliterorden erwarb Mitte des 20. Jahrhunderts die Kirche mit Pfarrhaus und ergänzte sie um eine Kapelle.

Im Gegensatz zu Kloster Maria Laach liegt der frühere Klostergarten in Springiersbach brach. Die Flächen sind zwar vorhanden, werden aber nicht mehr entsprechend der althergebrachten klösterlichen Kultur bewirtschaftet. Die Klosteranlage zählt auch heute noch zu den viel besuchten Sehenswürdigkeiten an der Mosel, wenngleich aus gartenhistorischer Sicht lediglich Relikte der früheren Anlage auffindbar sind. Der Obstgarten des ehemaligen Klostergartens ist nur noch durch vereinzelte Obstbäume als Streuobstwiese erkennbar. Der anschließende Bauerngarten dient einzig Demonstrationszwecken, gleichwohl die Unterteilung mit sehr altem Buchsbaumbestand zum Teil noch nachvollziehbar ist.

Die Standortwahl für die Anlage eines Klosters orientierte sich wie in St. Thomas an den Faktoren Wasser, Wald und Wiese mit dem Hintergrund der Selbstversorgung der Klostergemeinschaft. Daraus resultiert die zumeist idyllische Lage in der Nähe eines kleinen Bachlaufs, der von Brücken gekreuzt wird.

Abb. 1 Ansicht der Kirche

Kloster Springiersbach

Die Klosterbrüder verbrachten ihr Leben in der Abgeschlossenheit der Klosteranlage und wurden dort auch bestattet. Daher finden sich in direkter Nähe zum Kloster eigene Friedhöfe, die auch ein Spiegelbild des klösterlichen Lebens der Vergangenheit sind (Abb. 2).

Über eine kleine Brücke gelangt man zu den Nebengebäuden des Klosters. Dieses Ensemble hat sich den Charme früherer Zeiten bewahrt. Ein weiterer Obstgarten und Reste des einstigen Weinbergs lassen sich nur noch von einem Fachmann erkennen. Eine weitere „Perle" der Gartenanlage ist ein Freiraum, der durch einen Sandsteinbogen betreten werden kann und mit alten Kastanien bepflanzt ist (Abb. 3). Die Klosteranlage bietet mit ihren herausragenden Baulichkeiten und den deutlich erkennbaren Flächen früherer Klostergärten die Möglichkeit zum geistigen Rückzug in einer paradiesischen Kulturlandschaft.

Abb. 2 Klösterlicher Friedhof

Abb. 3 Torbogen mit Kastanienbäumen

Prämonstratenserabtei Rommersdorf, Rhein

Die 1117 gegründete, zunächst mit Benediktinern besetzte, aber bald wieder verlassene Abtei Rommersdorf wurde auf Veranlassung des Erzbischofs Albero von Trier um 1135 mit Prämonstratensern neu besetzt. 1803 wurde das Kloster aufgehoben und säkularisiert (Abb. 1).
Nach dem Auszug des letzten Prämonstratenserabtes 1820 ging auch die wertvolle Ausstattung und Bibliothek des Klosters verloren. Es wurde als Hochzeitsgeschenk an den Grafen von Stolzenberg übertragen, der einen Großteil der Gebäude abreißen ließ. Schon 1875 wechselte es abermals den Besitzer und blieb bis 1976 im Eigentum verschiedener Immobiliengesellschaften.
Sie stellt mit Maria Laach und Himmerod eine der besterhaltensten und wiederhergestellten Klosteranlagen in Rheinland-Pfalz dar. Wenn man den jahrhundertealten, holprigen Vorhof vom Stadtteil Heimbach-Weis kommend betritt, hat man allerdings diesen Eindruck nicht.
Der heutige Eigentümer ist die Stiftung Abtei Rommersdorf, die sich zur Aufgabe gemacht hat, das ehemalige Kloster als kulturhistorisches Denkmal zu erhalten.
Von dem mittelalterlichen Aussehen des Klostergartens der Abtei Rommersdorf ist heute nichts mehr zu erkennen. 1976 rekonstruierte die Stiftung den Französischen Garten nach der barocken Vorlage (Abb. 2).
Das ursprüngliche Konzept der Anlage stammt aus dem 18. Jahrhundert und verteilt sich über drei Terrassen, die durch ein schmiedeeisernes Tor vom Vorhof aus betreten werden können. Entsprechend der barocken Formensprache gliedert sich der einstige Abtsgarten in buchsgefasste Rasenkompartimente mit jeweils an den Eckpunkten gepflanzten, plastisch geformten Eiben sowie in eine Haupt- und zwei Querachsen. In ihrem Schnittpunkt ist der restaurierte Springbrunnen zu bewundern. Die mittlere Terrasse war ursprünglich als Gemüsegarten und die südlichste als Obstgarten angelegt. Zur barocken Ausstattung des Klostergartens gehörten einst drei Gartenhäuschen, die nicht mehr existieren.

Neben der barocken Gartenanlage befindet sich noch ein aus dem 19. Jahrhundert stammender Englischer Landschaftsgarten auf dem Anwesen des ehemaligen Klosters (Abb. 3). 3500 m² dieses Gartens und das gesamte alte Wegenetz konnten bisher im Auftrag der Stiftung restauriert werden. Erhalten geblieben sind die zwei größten der ehemals vier Teiche, die den landschaftlichen Charakter des Gartens noch verstärken. Den Übergang von den Klostergebäuden in den Landschaftspark betont ein großer Baumsaal – eine regelmäßige Pflanzung aus Linden (Abb. 4). Zahlreiche wertvolle und zum Teil exotische Gehölze prägen das Bild des Landschaftsgartens durch ihre unterschiedlichen Grüntöne und Wuchsformen entscheidend mit.

Der nach einem verheerenden Brand 1912 eingestürzte Gotische Chor der Kirche wurde von der Abtei Rommersdorf-Stiftung vorbildlich saniert. Der

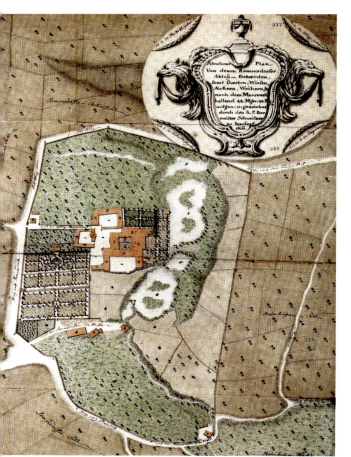

Abb. 3 „Rommersdorf aus der Vogelperspektive", Plan von 1816

Rommersdorf

Abb. 2   Barockgarten

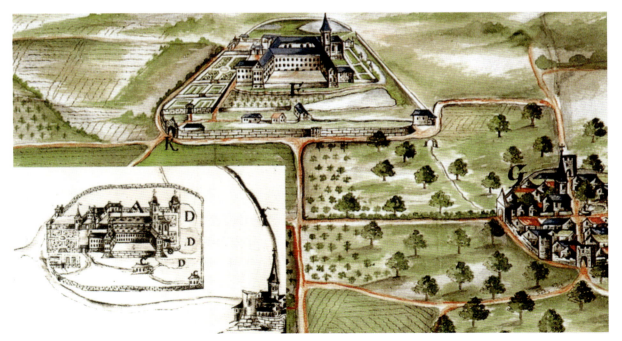

Abb. 1   Rommersdorf im Kartenbild mit Heimbach, 1719

Gärten an Kirchen und Klöstern

Rommersdorf

Abb. 4   Baumsaal aus Linden

Abb. 5   Blick vom Landschaftspark auf den gotischen Chor

Abb. 6   Gotischer Chor nach der Sanierung

Abb. 7 Kreuzgang mit Klostergarten

Gotische Chor ist jetzt wieder zum Mittler zwischen dem Kirchenbau und der angrenzenden naturnahen Gestaltung des Landschaftsparks geworden. Der Lichteinfall durch die tiefgezogenen gotischen Fenster und der Blick auf das Blattwerk der direkt angrenzenden alten Bäume hebt die Grenzen zwischen Innen und Außen auf (Abb. 5 und 6).

Durch den südlichen, vom Englischen Garten eingefassten Konventstrakt betritt man das Klostergebäude. Dieser enthält zwei schöne Refektorien, von denen das Sommerrefektorium auch für private und kulturelle Veranstaltungen genutzt werden kann. Das danebenliegende Winterrefektorium mit gut erhaltener Bandelwerkbemalung vermittelt noch immer die spätbarocke Konventsatmosphäre. Der sich anschließende südliche Kreuzgang eröffnet einen reizvollen Blick auf den neu angelegten Innenhof mit Kräutergarten und mehr als 100 Heil- und Küchenkräutern und die ehemalige Klosterkirche (Abb. 7).

Über Rommersdorf als Baudenkmal könnte man noch ausführlichst berichten. Bedauerlicherweise sind die Baulichkeiten jedoch nicht Gegenstand der Betrachtungen zu den umgebenden Gartenanlagen, obwohl sie gleichermaßen interessant wie vielfältig sind. Wir erlauben uns daher aber den Verweis auf die von der Rommersdorf-Stiftung herausgegebene Broschüre zur Prämonstratenserabtei Rommersdorf und legen sie unseren Lesern wärmstens ans Herz.

Der verwunschene Landschaftsgarten des Klosters Marienberg in Boppard

Die Benediktinerinnenabtei wurde 1123 auf dem Gelände des heutigen Klosters Marienberg an der Marienberger Hohl gegründet. Nach dem Brand des Klosters erfolgte ein Umbau der Klosteranlagen unter dem Architekten Thomas Neurohr aus Tirol. Zeitgleich wurden gegenüber der Gartenseite des Klosters Wirtschaftsgebäude im barocken Stil als Zweiflügelanlage mit mittiger Haupttoranlage an-

Abb. 1   Ansicht des Klosters vom Rhein

gelegt. Sie bildete den Abschluss des früheren Ziergartens. Das Kloster als barocke Vierflügelanlage mit Mansardendach und die Wirtschaftsgebäude sind heute noch an gleicher Stelle erhalten (Abb. 1).

Die Topografie des hängigen Geländes sah mehrere Gartenzonen vor, die alle einen unterschiedlichen Charakter besitzen und sich auf verschiedenen Höhenebenen verteilen.
Von diesem wundervollen Park sind auch heute noch so viele signifikante Bestandteile erhalten, dass er einer intensiveren Betrachtung bedarf. Die Vielzahl der noch vorhandenen Gartenelemente aus verschiedenen Epochen der Gartenkunst machen seinen besonders hohen Stellenwert aus.

Der Obergarten, auch „Rosomaringarten" genannt, lag an höchster Stelle zwischen den heute noch bewohnten Wirtschaftsgebäuden und dem Seitentrakt des Klostergebäudes (Abb. 2 und 2a). Er wurde auf der Längsseite von der alten Klostermauer begrenzt und soll 1733, als man den Obstgarten im geometrischen Stil neu anlegte, mit einem Brun-

nen versehen worden sein. Die direkte Nähe zu den Wirtschaftsgebäuden und die heute noch erkennbare axiale Wegestruktur lassen vermuten, dass es sich um einen für Klostergärten des 18. Jahrhunderts typischen Nutz- und Ziergarten gehandelt haben könnte. Sicherlich weist der Name „Rosomaringarten" auch auf einen Heilkräutergarten hin, der wesentlicher Bestandteil der Klostergärten war. Die Reste des Brunnens von 1733 bis 1734, der vermutlich die Mittelachse zierte, sind auch heute noch, allerdings an einem anderen Standort, erhalten. Er wird inzwischen als Blumenschale genutzt (Abb. 3).

Ein besonders wertvoller Bestandteil des Gartens sind die in der rechten Ecke des Wirtschaftsgebäudes gelegenen und unter einer Eibe versteckten Sandsteingrabplatten. In diesem Bereich liegt heute

Abb. 2   Seitentrakt

Abb. 2a   Detail Sonnenuhr

Abb. 3   Bepflanzter Brunnen

Abb. 5   Gewächshaus

der Hauptzugang in den früheren Klostergarten von der Marienberger Hohl. Nur ein Schild an dem schmiedeeisernen Tor mit der Aufschrift „Naturpark Marienberg" verweist auf die Gartenanlage (Abb. 4). Durch eine hohe Stützmauer abgetrennt, liegt direkt unterhalb des geometrischen Gartens ein Gewächshaus inmitten eines verwilderten Terrassenabschnitts (Abb. 5). In diesen Bereich gelangt man durch einen Torbogen, der schon 1733 den unteren Garten erschloss. Am Fuße des Geländes erstreckt sich von Nord nach Süd der 2 ha große Landschaftspark, der an seiner breitesten Stelle 70 m misst. Er wird auf der gesamten Länge von 400 m vom Orgelbornbach durchflossen und ist 1839 mit exotischen Bäumen neu angelegt worden.

Das Gelände überwindet zusätzlich in seiner Längsachse eine Höhe von 30 bis 40 m. Allein die topografischen und naturräumlichen Gegebenheiten bieten eine einzigartige Kulisse für die Inszenierungen des Landschaftsparks.

Auch heute noch sind sämtliche Elemente auffindbar und in einem guten Zustand. Alte Buchseinfassungen, die auf 120–150 Jahre geschätzt werden können, wechseln sich ab mit frei stehenden Einzelgehölzen, wie Magnolia soulangiana (Magnolie, 120–150 Jahre alt), Thuja plicata (Lebensbaum, 180 Jahre alt, Abb. 6), Sophora japonica (Schnurbaum, 150 Jahre alt), Hainbuchen (150 Jahre alt, Abb. 7), und mehreren Platanen, Buchen und Nadelgehölzen (Kiefern, Douglasien, Fichten), die noch aus der Zeit vor der Umgestaltung erhalten sein dürften (um 250 Jahre alt). Diese ungewöhnlich alten und vitalen Gehölze stammen sicherlich aus der Zeit der Erstanlage zwischen 1750 und 1800 und sind daher unvergleichliche Baumdenkmale und Raritäten in der Parklandschaft des Mittelrheins.

Entlang des nördlich gelegenen Wiesentälchens zieht sich ein schmaler Weg zum höher gelegenen südlichen Ende. Die Wege sind mit Vulkanschlacke gebaut. Der begleitende Bachlauf wird am südlichen Ende zu einem kleinen Teich aufgestaut (Abb. 8), von wo aus sich das Wasser 10 m tief über eine Wassertreppe in die Tiefe ergießt. Um dieses Schauspiel genießen zu können, wurden drei kleine Betonbrücken mit kunstvoll gestalteten schmiedeeisernen Geländern zur Bachüberquerung installiert. Die oberste Brücke zwischen Weiher und Wasser-

Abb. 4   Schmiedeeisernes Tor

Kloster Marienberg

treppe erhielt zusätzlich eine kunstvolle Aussichtsplattform und ist rechts und links flankiert von zwei 150 Jahre alten Haselnusssträuchern. Aus dem Wiesental kommend, verläuft rechter Hand des Weihers eine etwa 200 Jahre alte Fichtenallee, die am äußersten Südende zu einem interessanten Baumveteranen, einer vitalen Buche, führt. Von hier aus führt der Weg in Form eines Rundweges zurück in den tiefer liegenden Nordteil der Anlage, der seit 1918 als Sportplatz genutzt wird.

Dieser Landschaftspark verfügt sicher über einen in jeder Hinsicht wertvollen Bestand, der sowohl als Ensemble, aber auch in seiner Gesamtausstattung in jedem Fall besonderen Schutz genießen sollte. Im Gegensatz zu der Baulichkeit des Klosters, die seit vielen Jahren keine Pflege mehr erfährt, wird die Parkanlage schon jahrelang von einem ehemaligen Landwirt gepflegt. Über mögliche Neunutzungspläne

Abb. 6   Lebensbaum (Thuja plicata)

Abb. 7   Hainbuche

Kloster Marienberg

der Klosteranlage ist zum heutigen Zeitpunkt nichts bekannt. Es bleibt zu hoffen, dass sowohl dieses hochrangige Gartendenkmal als auch das leer stehende Gebäude geschützt und genutzt werden können. Das Gartendenkmal ist auch als Ensemble mit dem dazugehörigen Obergarten von besonderer Einmaligkeit.

Die Freifläche vor der dem Rhein zugewandten Seite des Klosters ist ebenfalls ein Teil der Gartenanlage. Dieser Bereich ist derzeit nur schwer zugänglich, obwohl er der frühere Hauptzugang zur Klosteranlage ist. Über den steilen Weg erreicht man den Vorhof des Klosters mit einer alten Linde hinter einem rundbogenförmig angelegten Mauerwerk. Die Platzfläche ist heute asphaltiert und war vermutlich früher bekiest. Ein kleiner halbrunder Platz schließt sich oberhalb des früheren Haupttores an. Er ist mit fünf alten, kreisbogenförmig angeordneten Platanen bestückt. Diese beiden Plätze – mit Linde und Platanen – waren sicherlich als Aussichtsplätze (Belvedere) mit Blick auf Boppard und den Rhein konzipiert.

Das Ensemble von Bauwerken mit den vier verschiedenen Gartenräumen ist in seiner Vielfalt und dem guten Erhaltungszustand – seit immerhin 250 Jahren – in jedem Fall zu schützen, zu sanieren.

Abb. 8   Teich

Propsteigarten in Hirzenach am Rhein

Die Propstei Hirzenach war eine Außenstelle der Siegburger Benediktinerabtei. Erwähnt wurde sie erstmals 1105. Zunächst entstand eine einfache Pfeilerbasilika mit Querschiff und Turm. 1716 wurde am Hang unterhalb der Kirche auf älteren Fundamenten das Propsteigebäude errichtet, dem ein zum Rhein hin großer und regelmäßiger, ummauerter Garten zugeordnet war. Zum Gebäude besteht allerdings keinerlei axiale Beziehung, da dieses auf der Gartenseite keinen repräsentativen Eingang besitzt, sondern seitlich über eine doppelläufige Treppe erschlossen wird (Abb. 1).

Der tiefer liegende Garten reichte vor dem Ausbau von Straße und Bahnlinie im 19. Jahrhundert ursprünglich bis an den Rhein. Eine Postkarte aus dem Jahr 1843 zeigt sehr deutlich das Propsteigebäude mit dem zum Rhein hin vorgelagerten Garten (Abb. 2). Er war als Rechteck mit zwei Querachsen angelegt, die das Gelände in zwei Teile und acht Kompartimente teilen (Abb. 3). Jedes dieser Kompartimente ist heute noch mit einer Buchs-

Abb. 2   Historische Postkarte von 1843

baumpflanzung, die aus der Mitte des 19. Jahrhunderts stammen dürfte, eingefasst (Abb. 4). Die Beete sind teilweise mit Blumen, Obst und Gemüse bepflanzt und beinhalten auch einen klassischen Heilkräutergarten, der im Herbst 2002 angelegt wurde.

Abb. 1   Ansicht Pfarrhaus und Garten

Hirzenach

Abb. 3   Nutz- und Heilkräutergarten

Abb. 4   Entwicklungsplan Büro Junker-Mielke

Der Eingang von der Rheinstraße führt über den Hauptweg auf einen in der Mitte liegenden Springbrunnen mit barocker Einfassung zu.
Am Ende dieser Achse erhebt sich am Hang über einem großen Rundbogen eine Aussichtsterrasse, die einen wunderbaren Blick auf den alten Garten mit dem Rhein im Hintergrund gewährt. Die terrassierten Hänge linker Hand sind in den letzten zwei Jahren nach historischem Vorbild wieder mit Rebpflanzungen versehen worden.

Ein ortsansässiger Förderverein bemüht sich, den früheren Propsteigarten in seiner ganzen Schönheit wiederherzustellen und zu pflegen. Hierzu gehört auch die Bewirtschaftung mit historisch verbürgten Zier- und Gemüsepflanzen.
Der Garten besitzt sehr viel überkommene Substanz im Sinne der Gartenkunst und kann als Musterexemplar für andere Pfarr- und Klostergärten gelten.

Gärten an Kirchen und Klöstern

Der Pfarrgarten der Martinskirche in Oberwesel

Abb. 2 Blick auf Oberwesel mit historischer Stadtmauer

Die Gründung des 1303 errichteten Stifts St. Martin war der Anlass für den Bau der heutigen Kirche. Der mächtige Glockenturm war ursprünglich ein Teil der auch heute noch in einigen Teilbereichen vorhandenen Stadtbefestigung (Abb. 1) und weist noch heute durch schießschartenartige Fenster und sparsamen Schmuck auf seine ehemalige Wehrfunktion hin.

An der Nordseite der Martinskirche, auf einem Teil der älteren Stadtmauer erbaut und über dem steil abfallenden Niederbachtal stehend, war das Pfarrhaus fast ringsum von terrassierten Gartenanlagen umgeben. Der Haupteingang lag auf der Südseite, während die „hängenden Gärten" sich westlich und östlich erstreckten. Der in der Nordwestecke gelegene halbrunde Mauerring ist der Rest eines Gartenpavillons aus dem 18. Jahrhundert. Dieser Mauerring wurde in jüngster Zeit saniert, sodass der wildromantische Charakter dieses Ortes nicht mehr existiert. Dafür wurde aber mit der Sanierung der angrenzenden begehbaren Stadtmauer eine neue Möglichkeit geschaffen, diesen Raum zu erleben (Abb. 2).

Abb. 1 Historisches Gemälde

Oberwesel

Abb. 3   Blick auf das Buchsbaumparterre

Hinter dem heutigen Pfarrhaus, unterhalb der Pfarrkirche, sind die Strukturen des früheren Pfarrgartens klar erkennbar. Eine streng geometrische Einfassung mit 100 Jahre alten Buchsbaumhecken unterteilt die erste Terrasse (Abb. 3).

In der Literatur finden sich Hinweise, nach denen diese geometrische Gestaltung bereits 1806 unter Pfarrer Berschens erfolgt sein soll. An der Südostseite des Hauses sind barocke Sandsteinpostamente mit Vasen und ein einfacher Brunnen als Reste der ursprünglichen Gartenanlage erhalten, die zum Teil hierher versetzt wurden (Abb. 4). Das anschließende Wiesenstück ist zwar verwildert, aber dennoch sind die geometrischen Strukturen im Anschluss an den davor liegenden Gartenteil klar ersichtlich. Auch hier lag eine axiale Grundstruktur vor, die heute völlig überwachsen ist. Auf einer höher liegenden Terrasse befand sich der Obstgarten, in dem auch heute noch sehr alte Obstbäume, zum Beispiel Mirabellen, wachsen. An dieser Stelle steht heute noch als letztes nach der Sanierung der Stadtmauer erhaltenes Gartenmobiliar ein Steintisch (Abb. 5). Der Pfarrgarten verfügt über einen „modernen" Pavillon.

Abb. 4   Sandsteinsockel mit Urne

Gärten an Kirchen und Klöstern   55

Oberwesel

Abb. 6　Friedhofsgelände mit Wehrturm und gotischer Fatima-Kapelle

Möglicherweise haben Vorgängerbauten an gleicher Stelle diesen fantastischen Ausblick auf den Rhein gewährt.

Einen starken Kontrast zu dem Garten präsentiert der am Fuße der Kirche gelegene Friedhof, der mit einem grauen Splitt ohne jegliche Grüneinfassungen nur die „nackten Gräber" zeigt (Abb. 6). Hier steht unter anderen interessanten Monumenten die so genannte Fatima-Kapelle, eine neuromanische Grabkapelle aus Gelb- und Rotsandstein aus dem Jahre 1891. Sie bildet mit dem aufwendigen Torbogen am Friedhofseingang eine sehenswerte architektonische Komposition. Bis Ende 2006 werden auch vor dem Kirchenschiff noch Sitzgelegenheiten installiert werden, um den Rheinblick in aller Ruhe genießen zu können.

Auch ein um die Jahrhundertwende gebautes, von Säulenpappeln eingerahmtes Wasserhäuschen (Abb. 7) und ein restaurierter Stadtmauerturm als weitere bauliche Sehenswürdigkeiten in unmittelbarer Nähe der Kirche verleihen diesem bedeutsamen Ensemble von Kirche, Friedhof und Stadtmauer seinen ganz eigenen Charakter und besonderen Wert. Unterhalb des Pfarrhauses liegt ein weiterer Garten mit einem romanischen Taufbecken des 13. Jahrhunderts, das dort bis heute als Brunnen zweckentfremdet wurde. Es soll jedoch noch in diesem Jahr seinen angestammten Platz in der Kirche erhalten (Abb. 8). In diesem unteren, terrassierten Gartenbereich finden sich etliche Hinweise auf eine gärtnerische Ausgestaltung, obwohl eine Rasenfläche

Abb. 5　Steintisch am früheren Zugang zur Stadtmauer (2005)

heute den Großteil des Gartens einnimmt. So wachsen noch mehrere sehr alte Gehölze, wie ein 120-jähriger Buchsbaum, auf der Terrasse und lassen auf eine Anlage des 19. Jahrhunderts schließen (Abb. 9). Möglicherweise soll ein Schaugarten mit biblischen Pflanzen zukünftig auch diesen Bereich zu einem attraktiven Ort werden lassen.

Abb. 7 Wasserhäuschen

Abb. 8 Taufbecken unterhalb des Pfarrhauses

Abb. 9 Alter Buchsbaum mit Blick auf Rhein und Stadtmauer

Der einstige Kirchhof der Katharinenkirche in Oppenheim

Abb. 1   Kunstvolle Südfassade der Katharinenkirche nach der Sanierung 2006

Abb. 3   Historische Ansicht der Südfassade, 1868

Die Katharinenkirche in Oppenheim wurde zunächst als Filialkirche der älteren St. Sebastianskirche gegründet, nachdem Oppenheim im Jahre 1225/26 das Stadtrecht erhalten hatte. Der ursprüngliche Bau wich um 1300 einem Neubau. So ist an einem Strebepfeiler des Langhauses die Jahreszahl 1317 abzulesen. Sie bezeichnet das Jahr, in dem die Kirche durch den Mainzer Erzbischof Peter von Aspelt zum Kollegiatsstift erhoben wurde (Abb. 1).

Der Anbau des großen Westchors erfolgte nach 1415. Die Gründe für den Bau dieses zweiten Chores sind nicht bekannt. Die ursprüngliche Ausstattung wurde zerstört, sodass Vermutungen, dieser Chor habe einem zweiten Heiligen, Reliquien oder besonderen Gräbern gedient, wie es bei weiteren doppelchörigen Kirchen vorwiegend aus karolingischer oder romanischer Zeit der Fall war, nicht bestätigt werden können. Als Schöpfer dieses Anbaus wird der Frankfurter Dombaumeister Madern Gertener genannt. Die Weihe des Westchors fiel in das Jahr 1439. Im Jahr 1689 wurde die gesamte Stadt im Zuge der französischen Besatzung niedergebrannt, und auch die Kirche erlitt massive Schäden.

Erste Sanierungsmaßnahmen an der beschädigten Katharinenkirche begannen ab 1697 mit der Überdachung eines Seitenschiffes. Später folgten Ostchor, Querhaus und 1701 die restliche Kirche. Der Westchor verblieb ohne Überdachung, was 1703 zum Einsturz seiner Gewölbe führte. In den 1750er-Jahren erfolgten weitere Sanierungsarbeiten im barocken Stil. Aufgrund fehlender finanzieller Mittel wurden die Arbeiten jedoch zum Teil nur notdürftig ausgeführt. So führte der Bau eines vereinfachten Daches auf der Nordseite dazu, dass die Fenster des nördlichen Obergadens ohne Licht blieben.

Im frühen 19. Jahrhundert erwachte das Interesse an gotischen Bauten. Teilrestaurierungen am Vierungsturm sowie kleinere Reparaturen begannen nach 1820. Nach dem Krieg 1870/71 wurde eine umfassende Wiederherstellung in Angriff genommen. Dafür gewann man den Wiener Dombaumeister Friedrich von Schmidt, der die Ausführung seinem Sohn Heinrich übertrug. Am 31. Mai 1889 wurde der Abschluss der Arbeiten in Anwesenheit des Großherzogs von Hessen und seiner Familie gefeiert. Das Umfeld der Katharinenkirche war, wie häufig in

Abb. 4   Historische Ansicht des rückwärtigen Kirchengeländes 1868

der Nähe von Kirchen im Mittelalter, als Kirchhof angelegt. Daher findet man dort heute noch ein gut erhaltenes Beinhaus als eines der letzten in Rheinland-Pfalz. Es diente der Aufbewahrung der Gebeine, die durch ständige Bestattungen in der Enge des Kirchhofs ausgegraben wurden. Es befindet sich in einem Gewölbe im Erdgeschoss der Michaelskapelle, die wie die meisten Totenkapellen auf der Nordseite der Hauptkirche liegt (Abb. 2, s. Kap. 10).

Mit der großen Renovierung der Kirche im 19. Jahrhundert wurde vermutlich auch der Kirchhof neu gestaltet. So zeigen historische Aufnahmen von 1868 die Kirche eingerahmt von einer parkartigen Anlage mit geschwungenen Wegen, Wiesenflächen, Pflanzungen von Blütengehölzen und Baumreihen ganz im Sinne zeitgemäßer „naturnaher" Gestaltung (Abb. 3 und 4). Eine Pflanzenliste aus dem Jahr 1839 gibt Auskunft über „derjenigen Zierstauden und Gestrauche, welche vorleufig auf den vorderen

Abb. 2   Michaelskapelle mit Beinhaus

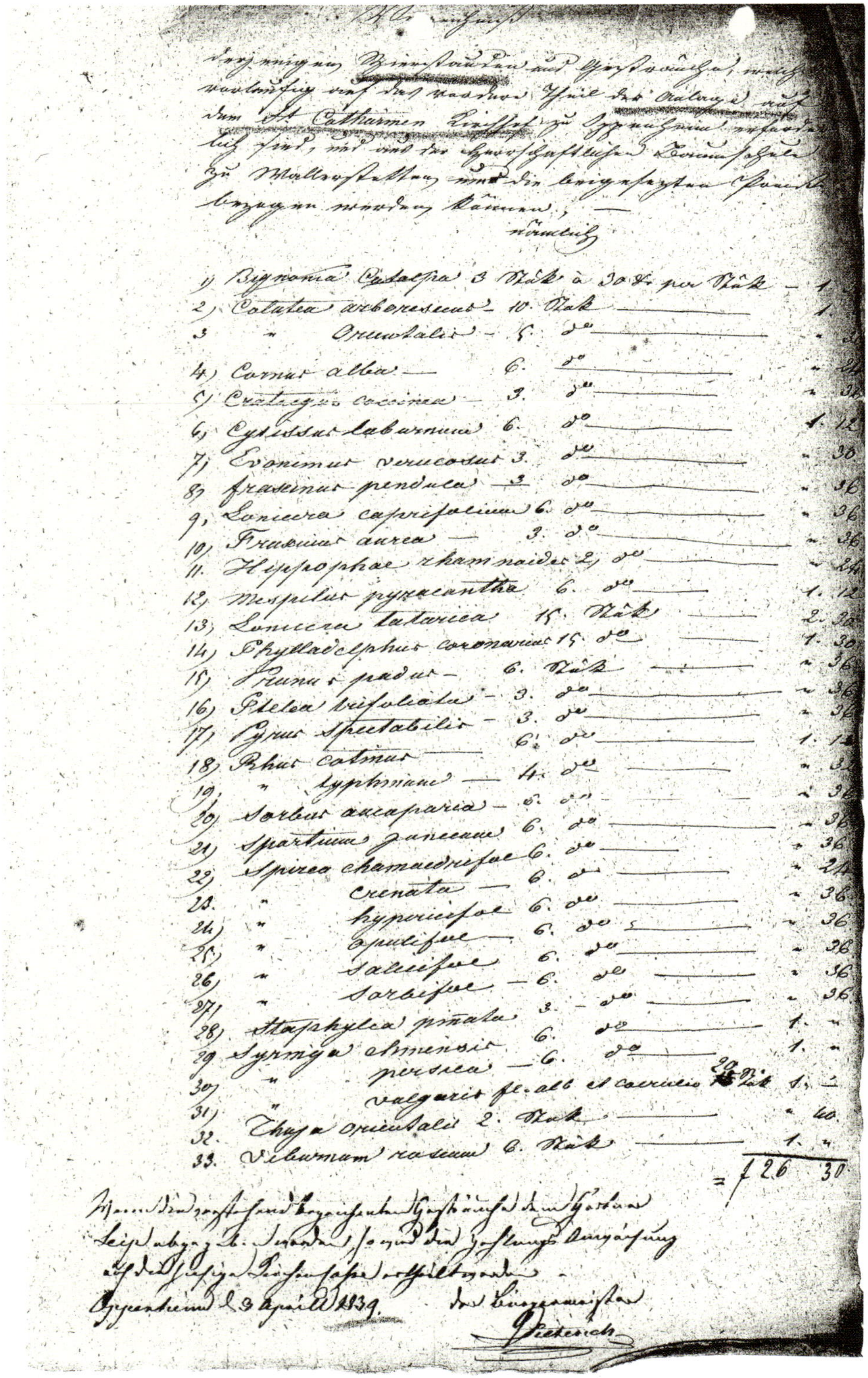

Oppenheim

[Handwritten document, 1839 — transcription of plant list:]

...nämlich

1) Bignonia Catalpa 3 Stk à 30 x per Stk — 1. —
2) Catalea arborescens 10 Stk — 1. —
3) " orientalis 6. do — . —
4) Cornus alba — 6. do — . 30
5) Crataegus coccinea — 3. do — . —
6) Cytisus laburnum 6. do — 1. 12
7) Evonimus verucosus 3. do — . 30
8) Fraxinus pendula 3. do — . 36
9) Lonicera caprifolium 6. do — . 36
10) Fraxinus aurea 3. do — . 36
11) Hyppophae rhamnoides 2. do — . 24
12) Mespilus pyracantha 6. do — 1. 12
13) Lonicera tatarica 15. Stk — 2. 30
14) Phyladelphus coronarius 15. do — 1. 30
15) Prunus padus 6. Stk — . 36
16) Ptelea trifoliata 3. do — . 36
17) Pyrus spectabilis 3. do — . 36
18) Rhus cotinus 6. do — 1. 12
19) " typhinum 4. do — . 36
20) Sorbus aucuparia 6. do — . 36
21) Spartium junceum 6. do — . 36
22) Spiraea chamaedrifolia 6. do — . 24
23) " crenata 6. do — . 36
24) " hypericifolia 6. do — . 36
25) " opulifolia 6. do — . 36
26) " salicifolia 6. do — . 36
27) " sorbifolia 6. do — . 36
28) Staphylea pinnata 3. do — 1. —
29) Syringa chinensis 6. do — 1. —
30) " persica 6. do — 20 Stk 1. —
31) " vulgaris fl. alb. et caerulea
32) Thuya orientalis 2. Stk — . 40
33) Viburnum roseum 6. Stk — 1. —

= f 26. 30

Oppenheim d. 3 April 1839. Der Bürgermeister
Dieterich

Abb. 5 „Pflanzenliste auf dem St. Catharinen Kirchhof zu Oppenheim", 1839

Abb. 6 Neuanlage des Baumsaals vor der Katharinenkirche 2006

Theil der Anlage auf dem St. Catharinen Kirchhof zu Oppenheim erforderlich sind" (Abb. 5). Die Pflanzen wurden aus der herrschaftlichen Baumschule Wallerstetten bezogen. Verwendet wurden vorwiegend duftende Blütengehölze wie Flieder, Bauernjasmin, Rotdorn oder Goldregen, aber auch Lebensbäume, die als Symbole für das ewige Leben seit jeher auf Friedhöfen Verwendung fanden (s. Kap. 10).

Im letzten Jahrzehnt wurde die Kirche innen im Stil des 19. Jahrhundert saniert. Dabei konnten auch die Außenanlagen erneuert werden. Die ehemals landschaftliche Gestaltung wurde jedoch nur im rückwärtigen Bereich annähernd übernommen, im vorderen Bereich entstand in Anlehnung an die Kirchenumfeldgestaltungen des 19. Jahrhunderts ein „Baumsaal" aus Rotdorn (Abb. 6). Ein neben der Michaelskapelle liegender Kapellengarten soll 2007 als Blumen- und Kräutergarten im Stil der frühen klösterlichen Gärten wiederbelebt werden.

In einem Gewölbe unter dem Kapellengarten, dem sogenannten Lapidarium, sind ehemalige Bestandteile der Kirche und die zum Teil sehr aufwendigen

Abb. 7 Ehemaliger Wasserspeier im Lapidarium

Steinmetzarbeiten, wie der Wasserspeier in Abb. 7, ausgestellt.

4. Vom Barock zum Landschaftsgarten

Schloss Dodenburg bei Wittlich

Die Wasserburg Dodenburg bei Wittlich wurde erstmals im Jahre 1231 durch den Erzbischof als trierisches Lehen urkundlich erwähnt und war im Besitz des Theoderich von Bruch.
Nach verschiedenen Besitzerwechseln erwarb Regierungshauptmarschall Wolfgang Heinrich Freiherr von Metternich 1661/62 die Burg und verlegte seinen Herrschaftssitz von Luxemburg nach Dodenburg. Aus dieser Zeit stammen bereits detailgetreue Ansichten der Burg und der sie umgebenden Gartenanlage (1664, Abb. 1). Auf der Südseite in unmittelbarer Burgnähe ist ein intensiv genutzter Gartenbereich erkennbar. Geometrisch angelegte Beetstrukturen deuten unterschiedliche Bepflanzungsarten an. Die rechteckige Aufteilung der Beete erfolgte mittels schmaler Wege und wurde durch begrenzende Heckenstrukturen unterstrichen. An diesen mittelalterlichen Burggarten schloss sich südwestlich eine dichte Strauchbepflanzung an, die durch einen Zaun von einer großen Wiese getrennt wird. Die Wiese und das Parkgelände werden von Wald gesäumt. Den Abschluss an der Nordseite bilden zwei Burgweiher, die in den zum Schloss gehörenden Wirtschaftsbereichen liegen.

Im Zuge der Erbfolge und durch Heirat gelangte Dodenburg im Jahre 1700 an die Familie von Kesselstatt.
Nach dem Besitzerwechsel wurden im 18. Jahrhundert beschnittene Laubengänge mit Hainbuchen und ein achtseitiges Gartenhäuschen mit vorgestrecktem Balkon, hohen Fenstern und gebrochenem Kegeldach mit Dachgauben oberhalb des Renaissancegartens angelegt (Abb. 2). Durch die vorgelagerte, zweiläufige Treppe entstand eine reizvolle Gruppe.

Über den Zustand des Gartens im 19. Jahrhundert gibt ein Aquarell, gezeichnet 1819 von Graf Edmund von Kesselstatt, Auskunft (Abb. 3): Die rechteckige Beetaufteilung des schlossnahen Renaissancegartens

Abb. 1   Federzeichnung 1664, Blick auf den geometrischen Garten

Schloss Dodenburg

Abb. 2   Barocker Pavillon

ist beibehalten und wird als „Gemüs'garten" bezeichnet. Ebenso sind der Pavillon, die zweiläufige Freitreppe und die Statue „Wilde Frau" als Point de Vue am äußersten Ende der Anlage zu erkennen. Ein Kastanienwäldchen hinter dem Pavillon mit einem barocken Wasserbecken und ein Belvedere mit einer Linde ergänzen die bisherige Gestaltung. Die Bereiche hinter dem Belvedere füllen der dreieckige Baumgarten, der Kirsch- und der große Baumgarten aus. Innerhalb des Alleensystems befinden sich kleine Plätze, die mit Hecken und Stauden bewachsen sind.

Neben den bereits bekannten Strukturen ist in einer Flurübersicht von 1829 (Abb. 4) erstmalig eine sternförmige Wegeaufteilung innerhalb des schlossfernen großen Baumgartens, der als „Schlossgarten" bezeichnet wird, erkennbar. Der „Analyseplan" von 1996 ist auf Basis der Flurkarte erstellt worden.

Abb. 3   Aquarell des Grafen Edmund von Kesselstatt 1819

Vom Barock zum Landschaftsgarten

Schloss Dodenburg

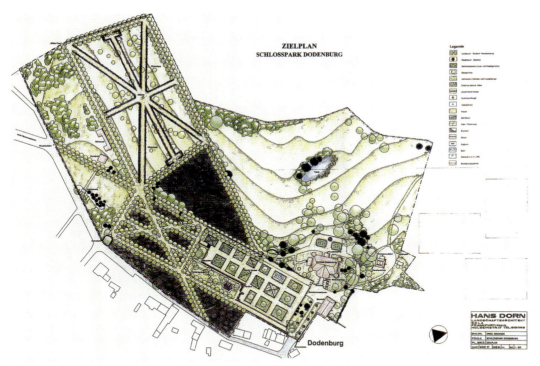

Abb. 4 Analyseplan

Abb. 5 Luftbild 1996

Vom Barock zum Landschaftsgarten

Schloss Dodenburg

Abb. 6 Zufahrt zum Schloss

Mit wenigen Veränderungen des 20. Jahrhunderts sind heute noch alle Elemente der Parkanlage zu erkennen (Abb. 5). Der tiefer liegende Schlossteich ist seit Anfang des 20. Jahrhunderts kartografisch erfasst und wird von Schwanenhäuschen und Steg geziert. Der links der Zufahrt zum Schloss (Abb. 6) liegende ehemalige Renaissancegarten wird durch eine rechteckige Beet- und Wegeeinteilung charakterisiert. Die veränderte Oberflächenstruktur im vorderen Bereich deutet auf die frühere Teilnutzung als Tennisplatz hin. In der höher liegenden Ebene des Renaissancegartens steigt der Richtung „Schlossgarten" verlaufende Weg über Treppenanlagen allmählich an. Er wird durch die für diesen Teilbereich charakteristischen Hainbuchenalleen begrenzt (Abb. 7).

Der „Schlossgarten" weist heute keine Wegestrukturen mehr auf.

1997 wurde mit finanzieller Unterstützung des Landesamtes für Denkmalpflege für die besonders gut dokumentierte und 350 Jahre alte Anlage ein Parkpflegewerk erarbeitet.

Resultate hieraus wurden bereits von den Privatbesitzern im Bereich der Kleinbauwerke und Gehölze umgesetzt. Die Anlage wird seither gepflegt. Sie ist Privatbesitz und kann nicht besichtigt werden.

Abb. 7 Hainbuchenallee

Barocker Schlosspark in Föhren

Das in der Nähe von Wittlich gelegene, als Vierflügelanlage 1663 erbaute Schloss Föhren hat bis heute weitgehend seine äußere Form bewahrt.

Im Zuge der Erweiterungen des Gebäudes wurde 1713 auch der Schlossgarten angelegt. Caspar Herwartel lieferte 1709 zwei Entwürfe, die den Garten mit Schloss und einem höher gelegenen großen Weiher zeigen.
Die ehemals symmetrische Parterreanlage wurde nach französischem und holländischem Vorbild als Rasenfläche mit innenliegendem barockem Wasserbassin gestaltet. Den Abschluss des Rasenparterres bildet eine Sandsteinmauerkonstruktion, die mit einer Balustrade abschließt. Auf diesem Plateau erstreckt sich der Teich bis zum Ende des Geländes (Abb. 1).
Heute sind insbesondere die Stützmauer mit Balustrade und das angrenzende Wasserbassin sanierungsbedürftig (Abb. 2 und 3).
Die in der Rasenfläche vertieft liegende kleeblattförmige Wasserbeckeneinfassung wurde nach Verkauf des von Kesselstatt'schen Besitzes Schloss Dodenburg dort entfernt und inmitten der dem Schloss vorgelagerten Rasenfläche in Föhren wiederverwendet (Abb. 4). Das kam häufiger vor. So steht der Pavillon aus der Fasanerie heute auf dem Karlsberg in Homburg.
Das Schloss wirkt von der Außenseite recht unscheinbar, sodass eine solche bedeutsame Gartenanlage schwerlich dahinter vermutet wird.

Einem Mitglied der Familie von Kesselstatt sind etliche genaueste Aquarelle von Landschaftsgärten im 19. Jahrhundert zu verdanken – Dodenburg, Molsberg und viele mehr.

Die Anlage befindet sich im Privatbesitz der Familie von Kesselstatt und ist möglicherweise auf Anfrage zu besichtigen.

Abb. 2 Obere Terrasse mit Blick auf das Schloss

Abb. 3 Freitreppe

Abb. 4 Barockes Wasserbassin

Schloss Föhren

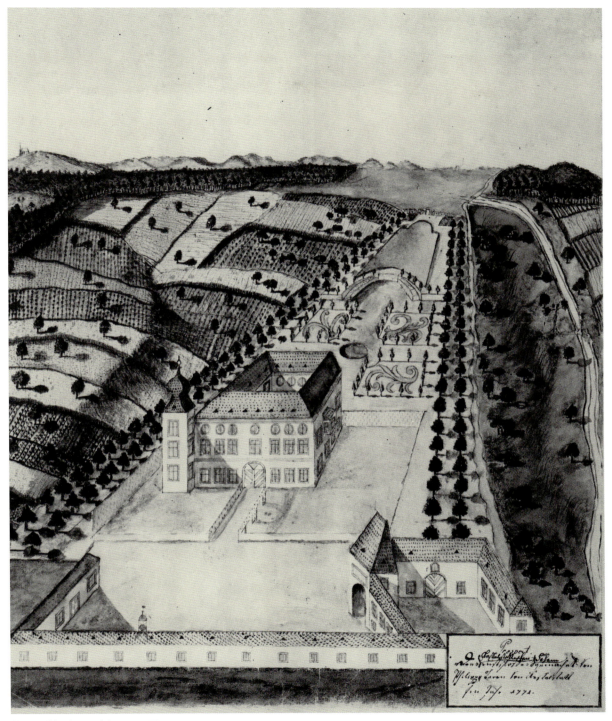

Abb. 1 Vogelperspektive von 1771

Vom Barock zum Landschaftsgarten

Schloss Bekond im Moseltal

Abb. 1 Ansicht des Schlosses

Dompropst Carl Casper von Kesselstatt legte ab 1710 mit teilweise vorhandener Bausubstanz das barocke Landschlösschen Bekond in Kurtrier an (Abb. 1). Durch Hinzufügen zweier Seitentrakte und eines gegenüberliegenden Stallgebäudes entstand ein Hof mit Brunnen, an dessen östlicher Seite sich der große, von einer Mauer umgebene Gemüsegarten anschließt.

Der Lageplan von 1732 zeigt zusätzlich einen barocken Ziergarten, der sich auf der Nordseite des Schlosses erstreckt (Abb. 2). Ein kunstvoll gestaltetes Blumenparterre entlang der Längsseite des Schlosses dehnte sich nach Norden aus und war nur durch den Zufahrtsweg vom Schlossbau getrennt. Den Schnittpunkt der kreuzförmig verlaufenden Wege

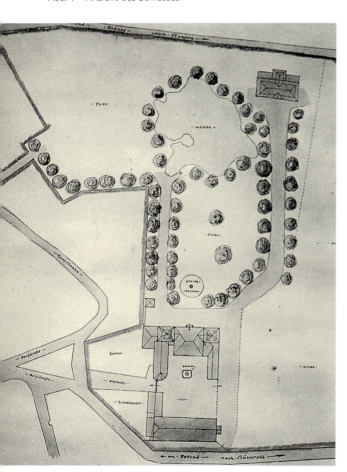

Abb. 2 Gartenplan von 1925

Abb. 3 Gesamtansicht Orangerie

Abb. 4 Stucknischen in der Orangerie

Abb. 5 Teilansicht der zu einem Landschaftsgarten umgewandelten Anlage

bildete ein Springbrunnen in Vierpassform. In Verlängerung der Achse führten Treppen in den etwas tiefer gelegenen Boskett-Garten, dessen Mitte von einem erstaunlich großen barocken Wasserbassin eingenommen wurde.
Im Norden steht der bemerkenswerte Orangeriebau von 1732, der nicht nur der Überwinterung von Zitrusgewächsen diente, sondern auch bei gesellschaftlichen Anlässen genutzt wurde (Abb. 3). Der Innenraum der Orangerie weist eine mit Rokokostuck überzogene Wandeinteilung im Wechsel von Feldern und Nischen auf, die heute nur noch in Resten erhalten ist (Abb. 4). Eine Sanierung scheint hier dringend geboten, um dieses einmalige Bauwerk auch in Zukunft zu erhalten.

Im 19. Jahrhundert wurde der barocke Garten zum Landschaftspark umgestaltet (Abb. 5). Das Wasserbassin erhielt die Form eines natürlichen Teiches und wurde mit einer Insel versehen. Als Kleinarchitektur erstellte man, unter neu entstandenen Baumgruppen versteckt, eine Steingrotte.

Schloss Ahrenthal in Sinzig

Westlich von Sinzig an der Straße nach Königsfeld liegt Schloss Ahrenthal. Es wurde auf den Grundfesten einer Wasserburg erbaut (Abb. 1).

In Plänen des Jahres 1722 sind Grundriss und eine Ansicht des Schlosses in Verbindung mit einer geplanten Erweiterung ersichtlich (Abb. 2). Der Plan zeigt eine repräsentative Schlossanlage mit einer barocken Gartenanlage, deren vier Wasserbecken in einer axial gestalteten Parterrezone liegen. Der Garten ist allseits von einer Mauer umgeben und wird an den Ecken durch kleine quadratische Pavillons gefasst.

Im 19. Jahrhundert erfolgte eine Umgestaltung der nur 2 ha großen Parkanlage. Gemäß den Prinzipien des Englischen Landschaftsgartens wurde die Umgebung in die Gestaltung so mit einbezogen, dass der Park räumlich viel größer wirkt. Der Park wird heute von einem kleinen Bachlauf durchflossen und ist mit zahlreichen wertvollen Gehölzen bewachsen. Eine Sonnenuhr und drei Pavillons, einer hiervon mit einem um 1890 angebauten Gewächshaus, belegen darüber hinaus die kostbare Gestaltung. Die geometrische Ordnung der barocken Wegeführung wurde teilweise beibehalten.

In seinen klaren Strukturen handelt es sich um ein überliefertes Zeugnis eindrucksvoller Gartenkunst. Das Anwesen mit seiner Parkanlage ist heute sehr gut besucht und wird für zahlreiche private und öffentliche Veranstaltungen genutzt.

Abb. 1   Gesamtansicht Schlossgebäude

Schloss Ahrenthal

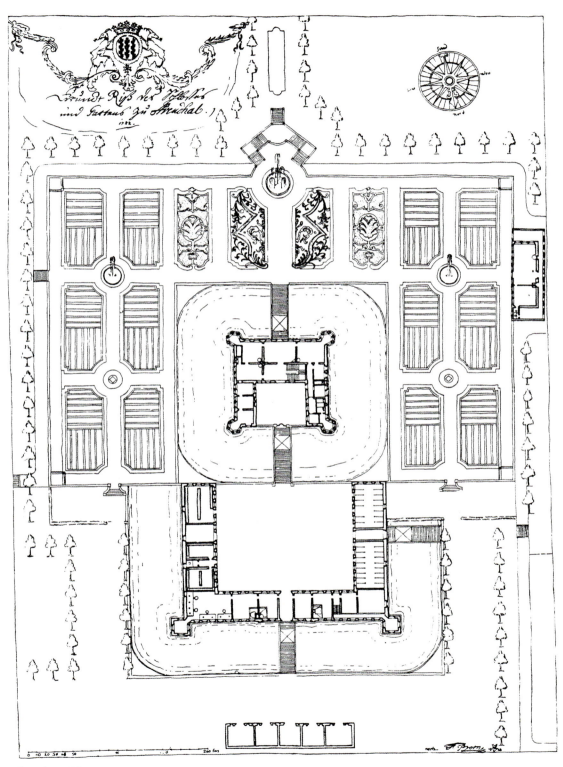

Abb. 2   Lageplan 1698

Schloss Liebeneck in Osterspai

Auf der Rheinhöhe oberhalb des Ortes Osterspai liegt das Ende des 16. Jahrhunderts als „Hof Grauborn" entstandene und 1873–1875 für den Reichsfreiherrn Franz Georg Ernst von Preuschen v. u. z. Liebenstein weitgehend neu errichtete Schloss Liebeneck (Abb. 1).
Der historische Schlossbau bildet mit dem Jägerhaus aus dem 18. Jahrhundert, einer kapellenartigen Kreuzwegstation, dem Pächterhaus und dem Mitte des 19. Jahrhunderts angelegten Familienfriedhof ein Ensemble, zu dem im 19. Jahrhundert noch ein „Lusthäuschen auf der Camper Spitze" zählte. Dieses wurde jedoch im Jahre 1872 durch Vandalismus zerstört.
Die Gartenanlage entspricht noch heute in ihrer Grundstruktur der Darstellung in einem Lageplan

Abb. 1   Ansicht des Schlosses

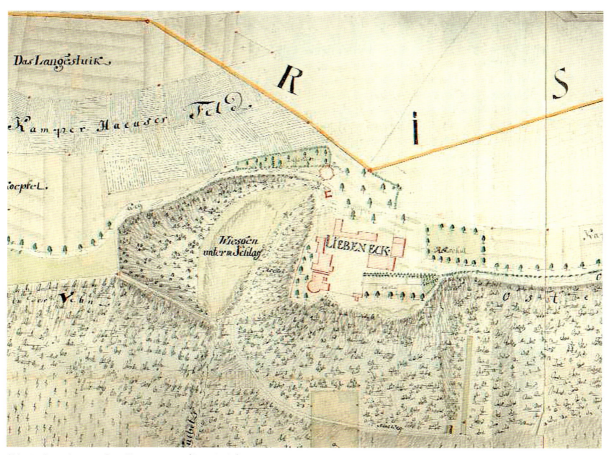

Abb. 2   Lageplan von Broullion um 1800 (Ausschnitt)

Abb. 3 Schmiedeeisernes Eingangstor

Abb. 3a Weg in den Garten

Abb. 4 Treppenanlage

Schloss Liebeneck

Abb. 5 Rosennymphe

Abb. 6 Löwe

von 1800 (Brouillonkarte, Abb. 2). Neben wertvollen Gehölzbeständen von rund 200-jährigen Eiben, einem Trompetenbaum und verschiedensten Sträuchern zeugen weitere Relikte von der ehemals bemerkenswerten Gartenanlage. Über ein kunstvoll geschmiedetes Eingangstor (Abb. 3) betritt man den Garten und gelangt über einen rasenbewachsenen Weg (Abb. 3a) in das Innere des Gartens. Eine große Freitreppe (Abb. 4) und kunstvoll gearbeitete Skulpturen (Abb. 5 und 6) zeugen noch von der aufwendigen Gestaltung der Gartenanlage.

Ein heute stark verlandetes Wasserbassin in Kleeblattform liegt in einer Achse unterhalb der Freitreppe zum gartenseitigen Eingang (Abb. 7).

Der angrenzende Familienfriedhof ist von einem gusseisernen Zaun in neugotischen Formen umgeben. Der verwunschene Charakter und die Ruhe des Ortes bieten auch heute noch der Familie eine Rückzugsmöglichkeit zu ihren Verstorbenen (Abb. 8 und

Abb. 7 Schloss mit Teich

Abb. 8 Friedhofseingang

Abb. 9 Familienfriedhof

Abb. 10 Bank

9). Während Schloss Liebeneck zwischenzeitlich den Besitzer gewechselt hat, verbleibt der Friedhof im Familienbesitz und wird auch weiterhin genutzt werden.

Ein geometrischer Garten östlich des Schlosses mit Buchsbaumeinfassungen, Rosen- und Staudenpflanzungen sowie zahlreichen exotischen Kübelpflanzen ging in den 30er-Jahren verloren. Auch ein Backhaus im Park, das späterhin zu einem Kegelhäuschen umgestaltet wurde, ist nicht mehr erhalten. Trotzdem bietet der Garten in seiner Vielfalt dem Besucher auch heute noch manch stimmungsvolles Bild (Abb. 10).

Schloss Oranienstein in Diez an der Lahn

Auf den Grundmauern des Benediktinerinnenklosters Dierstein aus dem 12. Jahrhundert wurde zwischen 1671 und 1684 das Schloss Oranienstein durch Albertine Agnes Fürstin von Nassau-Diez und Prinzessin von Oranien erbaut. Nach Umbau und Erweiterung zu Beginn des 18. Jahrhunderts diente es von 1815 bis 1866 als Jagd- und Sommersitz der Herzöge von Nassau, danach als Kadettenanstalt. Seit 1958 sind die Gebäude und Anlagen im Besitz des Bundes und beherbergen eine Kommandostelle der Bundeswehr und das Nassau-Oranien-Museum. Vor dem Schloss wurden im 17. Jahrhundert große Rasenparterres, die mit Buchskugeln und späterhin Hainbuchenkugeln verziert waren, als repräsentative Auffahrt angelegt (Abb. 1). Bereits um 1790 legte der Gartenkünstler Friedrich Ludwig von Sckell einen Entwurf zur Umgestaltung der Parkanlagen unter Einbeziehung des vorhandenen axialen Wegesystems und der umgebenden Landschaft mit Forst- und Ackerflächen vor (Abb. 2). Von Oberforstmeister Herget liegt vom Anfang des 19. Jahrhunderts ein Grundrissplan vor, der die Umsetzung des Sckell'schen Entwurfs in weiten Teilen bestätigt. Er bezog in seine Planung die gesamte Umgebung mit ein und ermöglichte damit immer wieder neue Ausblicke auf Diez, den Limburger Dom und die umgebende Landschaft.

Der Tiergarten und Flächen mit geraden, sternförmig verlaufenden Wegen waren zum Teil schon früher entstanden, wurden aber nun durch lauschige Plätze ergänzt und verschönert. „Doppelte Kastanienreihen" zeugten noch in den 30er-Jahren des 20. Jahrhunderts von der repräsentativen Gestaltung des Hauptzugangs.
Heute sind unter anderem ein 200-jähriger ostindischer Tulpenbaum im hinter dem Gebäude liegenden Parkbereich und eine gleichaltrige Säuleneiche in der einstigen Parterrezone botanische Attraktionen des Gartens.

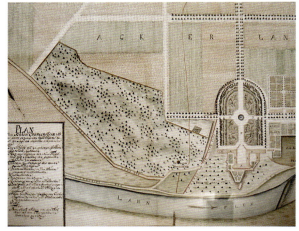

Abb. 2   Gartenplan von Schnell 1790

Abb. 1   Gesamtansicht des Schlosses

Schloss Oranienstein

Abb. 3   Pergolengarten

Der hintere Gartenbereich erschließt mit Balustraden und Pergolengängen (Abb. 3) die große Terrasse – einen Blumengarten mit Belvedere, von dem aus man wunderschöne Ausblicke auf das Lahntal und die umgebende Landschaft genießen kann. Inmitten des Gartens liegt eine Brunnenanlage (Abb. 4). Das Sckell'sche Prinzip der Einbeziehung aller wesentlichen Landschaftsbestandteile, wie Täler, Flüsse, Höhen und Monumente wird in dieser Gestaltung konsequent durchgehalten. Auch die umgebende, steil zur Lahn hin abfallende Waldfläche ist mit Eichen und Linden bewusst bepflanzt und mit kleinen Landschaftspfaden versehen worden. Eine Karte aus der Mitte des 19. Jahrhunderts dokumentiert diese weiträumige Einbeziehung der Umgebung (Abb. 5).

Abb. 4   Laubengang mit Brunnen

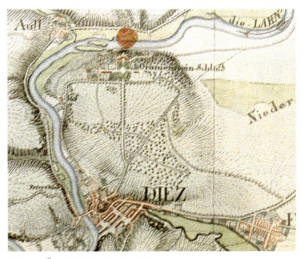

Abb. 5   Übersichtskarte um 1850

Vom Barock zum Landschaftsgarten

Die Parkanlage Tschifflik/Fasanerie in Zweibrücken

Die erste nachgewiesene Bebauung innerhalb der Umfassungsmauer der Fasanerie Zweibrücken war die salische Ehrwoogburg aus dem frühen 12. Jahrhundert.
Im Jahr 1537 erscheint das Gelände erstmals unter der Bezeichnung „Gutshof und Wald am Ehrbrunnen" in den Urkunden. Es befand sich im Besitz des Klosters Wörschweiler und wurde auf 40 Jahre an das Herzogshaus von Pfalz-Zweibrücken verpachtet. Durch die Säkularisierung des Klosters ging der Gutshof 1557 in den Besitz der Herzöge über.

Den ersten Garten ließ 1589 die Naturfreundin und Gartenliebhaberin Prinzessin Magdalena von Jülich-Kleve und Berg, Gattin des Herzogs Johann I. von Pfalz-Zweibrücken, anlegen. Der Ehrgarten war an eine Schweizerei angeschlossen, die der Viehhaltung diente. Die Gartenanlage bestand aus einem Lusthaus über dem Ehrbrunnen und einem Fischweiher, dessen Forellen für die herzogliche Tafel gezogen wurden. In einer Urkunde aus dem Jahr 1621 wurde noch ein „Thiergarten" erwähnt, der als Wildgehege zu verstehen ist. Während des Dreißigjährigen Krieges verwilderte der Garten oder wurde teilweise zerstört.

Die Begründung des barocken Landsitzes Tschifflik im Jahr 1715 geht auf den polnischen König Stanislas Leszczynski (1677–1766) zurück. Er lebte seit 1714 in Zweibrücken, wo ihm der Wittelsbacher Karl XII. (1681–1718), König von Schweden und Herzog von Pfalz-Zweibrücken, Exil gewährte. Er bezog den sogenannten Langen Bau am Wasser, die alte Residenz. 1715 ließ er im ehemaligen Ehrgarten die Anlage Tschifflik bauen.
Schon im Jahr 1717 wurde die Anlage durch den schwedischen Architekten Jonas Erickson Sundahl überplant. Sundahl stand in den Diensten Karls XII. und prägte seit 1702 die barocke Baukunst in Zweibrücken maßgeblich. Originalpläne zur Anlage von Tschifflik sind nicht erhalten. Jedoch ließ Stanislas die Pläne um 1730 durch den Architekten Duchesnois nachzeichnen und nach Nancy bringen, sodass man sich heute anhand dieser Pläne eine detaillierte Vorstellung der Anlage machen kann (Abb. 1).
1718 wurde mit den Bauarbeiten begonnen. Leszczynski hat deren Vollendung in Zweibrücken je-

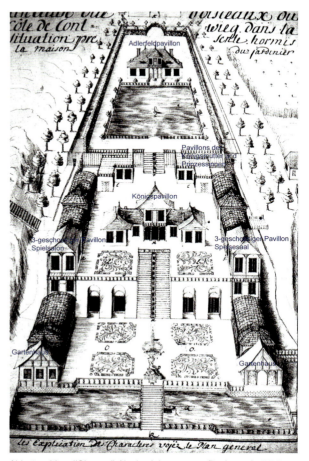

Abb. 1 „Vue d'Oiseaux", Nachzeichnung von Duchesnois 1730

doch nicht mehr erlebt, denn er musste schon im Januar 1719 nach dem Tod Karls XII. nach Weißenburg ins Elsass flüchten. Dennoch ist der Name Leszczynskis bis heute mit der Anlage fest verbunden, da er ihm den außergewöhnlichen Namen Tschifflik (von dem türkischen Wort Çiftlik = Landgut) verlieh, eine Erinnerung an sein Exil in Bessarabien.

Herzog Gustav Samuel Leopold von Pfalz-Zweibrücken-Kleeburg ließ die begonnenen Arbeiten in Tschifflik fortsetzen. Nach vorliegenden Baurechnungen wurden die meisten Gebäude 1722 fertiggestellt, jedoch sind der Garten und die Wasserkünste erst zum Ende der Bauzeit 1728 vollendet worden.

Der renommierte Pfalz-Zweibrückische Hofgärtner Johann Arndt Koellner übernahm kurz darauf die Pflege der Gartenanlage.
Beschreibungen des Gartens aus dieser Zeit sind unter anderem der Korrespondenz von Karoline von Nassau-Saarbrücken zu entnehmen. So schrieb sie am 23. Mai 1734 in einem Brief an Maria Leszczynska, die Tochter Stanislas Leszczynskis und Gemahlin des französischen Königs Ludwig XV.: „Das angenehme Denkmal, das der König von Polen, Ihr Vater, mit den charmanten Bauten von Tschifflik, die von Geschmack und außerordentlicher Erfindung zeugen, hier errichtet hat, entzücken uns immer wieder. Wir machen häufig Ausflüge dahin. Und der Herzog, mein Gemahl, hat sich vorgenommen, diesen Ort zu unterhalten und darüber hinaus zu erweitern, haltbarer und noch schöner zu machen."
Ihre gartenbegeisterten Kinder Christian IV. und die „Große Landgräfin" Karoline Henriette von Hessen-Darmstadt verbrachten dort einen Teil ihrer Jugend. Karoline Henriette verlobte sich 1740 in Tschifflik mit Ludwig IX. von Hessen-Darmstadt.

Christian IV. ließ den Park der Zeitmode entsprechend erweitern, auch um eine bessere Nutzung zu Jagdzwecken zu erreichen. Seitdem wurde die Anlage auch als Fasanerie bezeichnet. Mit der Aufsicht über die Parkanlage betraute er 1757 den bedeutenden Saarbrücker Gartendirektor und Hofgärtner Johann Ludwig Petri. Um 1767 beauftragte er ihn mit der Erstellung eines Entwurfs zur Umgestaltung und Erweiterung der Gartenanlagen.

Auch sein Thronerbe Herzog Carl II. August von Pfalz-Birkenfeld-Zweibrücken (1746–1795) schätzte Tschifflik. Am 29. Oktober 1777 feierte er dort seinen Geburtstag mit einem Feuerwerk. In seiner monumentalen Gartenanlage Karlslust auf dem Karlsberg bei Homburg ließ er die Gärten von Tschifflik als Garteninszenierung nachbauen, die jedoch in ihren Ausmaßen viel größer als das Original war. So ist auch ein Pavillon aus der Fasanerie in die Karlslust versetzt worden.

Während der Französischen Revolution wurden die herzoglichen Besitzungen verstaatlicht. Napoleon I. Bonaparte stattete das am Stadtrand gelegene Landgestüt Zweibrücken mit Ländereien aus, zu denen auch Tschifflik gehörte. In Tschifflik herrschte nun die land- und forstwirtschaftliche Nutzung vor. Der Garten wurde in die Ökonomieflächen eingebunden.

1897 konnte die Stadt Zweibrücken die Fasanerie vom Landgestüt erwerben und nutzt sie seitdem zu Naherholungszwecken. Aus diesem Anlass finden sich ab 1900 zahlreiche Fotografien der Fasanerie Tschifflik. Die ältesten Aufnahmen zeigen eine Lindenallee entlang der Fasaneriestraße (Abb. 2). Beiderseits der Allee waren Obstwiesen angelegt.

Abb. 2 Historische Lindenallee, Postkarte von 1882

Neben dem Wirtschaftsgebäude etablierte man ein Ausflugslokal, das sehr gut besucht war und sich zum beliebten Ausflugsziel der Bevölkerung Zweibrückens entwickelte.

1934 wurden bei archäologischen Grabungen am gegenüberliegenden Berghang das Fundament des Triumphbogens und im Bereich der Königsterrasse die Fundamente der Pavillons der Königsmutter und der Prinzessinnen freigelegt. Im gleichen Jahr wurde auch die unterste Parterrezone in einen Weiher umgewandelt.
In den Folgejahren fanden zahlreiche Umbaumaßnahmen an den Gebäuden und Außenanlagen statt. So wurde neben den oberen Weihern ein Spielplatz angelegt. Die rund 200-jährigen Kastanien auf den

Zweibrücken

Abb. 3   Hotelterrasse 2006

Abb. 4   Ruinen mit Bewuchs, Postkarte von 1912

Terrassen und die ebenso alte Lindenallee entlang der Straße waren nicht mehr standsicher und wurden ersetzt.
In den 70er-Jahren entstand anstelle des vorherigen Restaurants durch An- und Umbaumaßnahmen das heutige „Romantik-Hotel Fasanerie" (Abb. 3). 1975 wurden die Ruinen von ihrem Gehölzbewuchs (Abb. 4) befreit und erhielten ihre heutige Absturzsicherung.

Die ursprüngliche Anlage nach dem Architekten Sundahl

Die ursprüngliche Anlage breitete sich in West-Ost-Ausrichtung über die Hänge und das Tal des in Nord-Süd-Richtung verlaufenden Tschiffliker Baches aus (Abb. 5). Auf diese Weise bestimmte die Topografie des Geländes die gesamte Gestaltung der Parkanlage. Auf der Westseite und im Tal fanden sich die eigentlichen Gartenanlagen mit Terrassierungen, Pavillons, Wasserkünsten und Pflanzungen, während sich am östlichen Steilhang eine Treppen- und Bühnenanlage bis zum höchsten Punkt ausdehnte.

Über eine Treppe und eine Brücke betrat man die oberste Gartenterrasse, auf der sich das „logemens pour Monsieur le grand Marechal d'Adlersfeld et les cavaliers" befand, ein eingeschossiger Pavillon, der für den schwedischen Feldmarschall von Adlersfeld bestimmt war. Die Terrasse war mit hohen geschnittenen Hainbuchenhecken, einem Wassergraben mit gemauerten Wänden und einer Kastanienallee eingefasst.
Eine Hälfte der Adlersfeldterrasse wurde von einem quadratischen Weiher, der mit einer Balustrade umgeben war, eingenommen. In der Mitte der Wasserfläche befand sich eine kleine Wasser speiende Figur.

Der Zugang zur nächsten, tiefer liegenden Terrasse erfolgte über eine Treppenanlage, in deren Mitte eine Wasserkaskade hinabfloss. Die sogenannte Königsterrasse wurde an allen vier Seiten von Pavillons eingerahmt.
Den Mittelpunkt bildete der Königspavillon als Wohnraum von König und Königin. Die hinteren Pavillons mit Aussichtsterrasse auf dem Flachdach waren für die Königsmutter und die Prinzessinnen vorgesehen. Die vorderen dreigeschossigen Pavillonbauten nutzte man als Speisesaal und Spielsalon.

Seitlich wurde die Königsterrasse wie auch die untere Terrasse mit kunstvollen rundbogenförmigen Laubengängen eingefasst. Von der Wasserkaskade in der oberen Treppenanlage führte ein offener kleiner Wasserlauf entlang der Zentralachse durch den Gartenraum, der bis heute erhalten blieb (Abb. 6). Der östliche Rand der Königsterrasse war mit einer gewaltigen Stützmauer befestigt, die zwei Pavillons flankierten. In der Mittelachse liegt die Große Kaskade in der Stützmauer. Eingerahmt von der Kaskade und den Pavillons lagen oberhalb der gewaltigen Stützmauern mit Schmuckbeeten verzierte Rasenflächen (Broderieparterres).

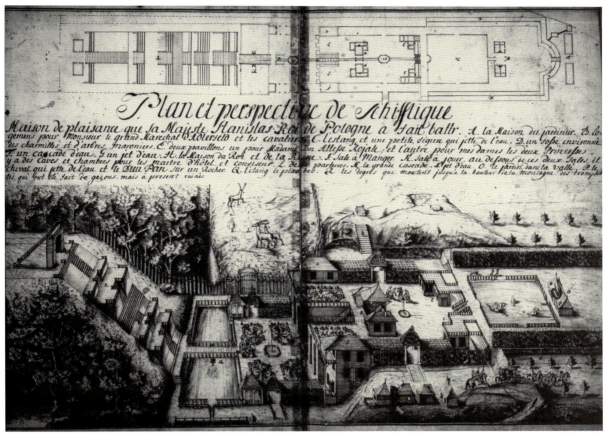

Abb. 5 „Plan et perspective de Schifflique", Nachzeichnung von Duchesnois 1730

Abb. 6 Königsterrasse 1917

Abb. 7 Talterrasse 1917

Zweibrücken

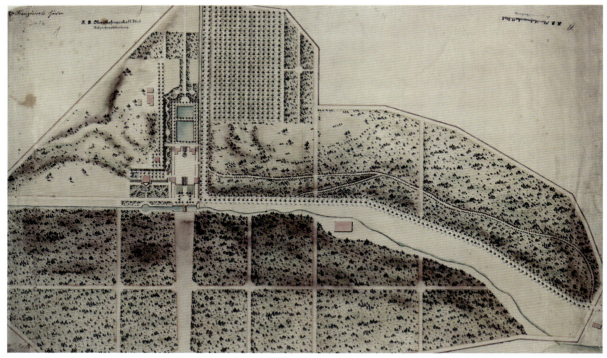

Abb. 8   Fasanerie nach Petri um 1767

Die unterste Terrasse grenzte an ein Wildgehege und an weitläufige Wiesentäler (Abb. 7). Gestaltet war diese Terrasse als Gartenparterre mit vier Broderiebeeten, deren Mitte ein Springbrunnen zierte. Den Abschluss bildete ein mit Balustraden umfasster Weiher, dessen Mitte eine hölzerne Brücke überspannte. Die Brückenpfeiler waren mit zwei Wasser speienden Skulpturen versehen. Vor der Brücke stand ein weiterer Brunnen, bei dem es sich um die Steinplastik eines Wasser speienden Pferdes mit einem Flöte spielenden Pan gehandelt haben soll.

Von der Brücke aus erreichte man über eine steile Treppenanlage den „montagne des trompettes" (Trompetenhügel). Vier Terrassen im Hang dienten als Bühne für Theater- und Musikveranstaltungen. Am höchsten Punkt erhob sich ein großer Torbogen in der Form eines Triumphbogens. An der Rückseite war er über eine lange Holztreppe begehbar.

Weiterführende Planung nach Petri 1767

Der Entwurf von Petri aus dem Jahr 1767 wurde nicht in allen Teilen verwirklicht. Der Garten wurde um ein Vielfaches erweitert und mit einer Umfassungsmauer umgeben (Abb. 8).
Die zentrale Achse ist noch immer die Hauptorientierungslinie. Durch waldartige Bereiche, unter-

Abb. 9   Weiher an der Adlerfeldterrasse, Postkarte 1929

brochen von Hecken und Feldstrukturen mit kleinen Plätzen, erreichte man jetzt den oberhalb der Weiher liegenden früheren Bereich des Adlersfeld-Pavillons. Nach Abbruch des Pavillons wurde dort vor dem bestehenden Weiher ein zweites Wasserbecken erbaut. Beide Weiher waren von ein- und zweireihigen Alleen umgeben (Abb. 9).

Parallel hierzu wurde ein kleiner, waldartiger Bereich (Boskettzone) mit zahlreichen kleinen, sich schlängelnden Wegen und Sitznischen zum Genießen verschiedenster Ausblicke eingerichtet. Diese Planung entspricht dem zeitgenössischen Stil eines Rokokogartens und signalisiert den Übergang vom Barock- zum Landschaftsgarten.

Abb. 10 Weiher auf der Adlersfeldterrasse

Die kleine Kaskade zwischen Adlersfeld- und Königsterrasse wurde von Petri verbreitert und erhielt an ihrem Ende ein Becken mit Fontäne. Die begleitenden Treppen waren nur noch Zierde. Neue Treppenanlagen an den Außenseiten der Terrassen dienten als Zugang. Die Treillagen wurden durch niedrige Mauern ersetzt. Die große Kaskade wurde erweitert und beidseitig mit Treppenanlagen versehen. Der Pavillon des Königs, die Aussichtsplätze am Spiel- und Speisesalon und die Broderieparterres blieben nicht erhalten.

Ein neuer Seitengarten wurde östlich zur Erweiterung des zentralen Bereichs angelegt. Er war in zwei Gestaltungsbereiche untergliedert. Auf einer oberen, durch Stützmauern befestigten Terrasse befand sich ein Baumsaal mit einem rechteckigen Pavillon und einem Wasserbassin als Sammelbecken und zur Speisung der tiefer liegenden Wasserspiele.

Unterhalb der Stützmauer lag eine weitere Terrasse mit einem strahlenförmig auf den Pavillon zulaufenden geschlängelten Wegesystem. In diese Wege waren mehrere Wasserläufe mit kleinen runden Zierbecken und Wasserfontänen integriert. Diese Art der Wasserkunst entsprach ganz dem damaligen Zeitgeschmack und ist ein typisches Element der Gartengestaltung des späten 18. Jahrhunderts. Auch die Anlage des Seitengartens als zusätzlicher „geheimer" Ort entspricht dem Typus des romantisierenden Rokokogartens. An diesen Ort der Entspannung zog man sich zurück und genoss die

Abb. 11 Königsterrasse

sinnliche Wirkung des plätschernden Wassers und den Duft der zu diesem Zwecke angepflanzten Ziergehölze.

Parallel zu dem Weg im Tal verlief der als Kanal ausgebildete Tschiffliker Bach am Fuß des östlichen Waldhangs. Am westlichen Hang öffnet sich das Tal zu einer weiten Wiesenfläche mit vereinzelten Bäumen.

Anstelle des früheren Trompetenhügels plante Petri eine breite, sich nach oben verjüngende baumfreie Achse mit einem Rondell auf der Höhe des früheren Triumphbogens. Sie endete in einer halbkreisförmigen Aufweitung vor der Umfassungsmauer. Das umliegende Waldgebiet wurde durch langgestreckte Jagdschneisen gegliedert.

Abb. 12 Ruinen mit Weiher

Heute steht das etwa 30 ha große Gelände innerhalb der Umfassungsmauer unter Denkmalschutz und ist ein beliebtes Ausflugsziel.

Unterhalb des Hotels erstrecken sich die historischen Terrassenanlagen mit den zum Teil erhaltenen oder restaurierten Wasserbecken (Abb. 10), Wasserspielen, Stützmauern und Pavillonruinen (Abb. 11 und 12). Der gegenüberliegende Hang wurde in den letzten Jahren durch forstliche Pflegemaßnahmen wieder in seiner ursprünglichen Terrassierung erkennbar (Abb. 13). Im Seitengarten lassen die Modellierungen des Geländes auf die frühere Anlage schließen.

Durch eine im November 2005 durchgeführte Georadaruntersuchung der Gesellschaft für Geophysikalische Untersuchungen mbH (GGU) Karlsruhe konnten jedoch die Fundamente fast aller früheren Pavillons und das des ehemaligen Triumphbogens am Trompetenhügel wieder aufgefunden werden. Abb. 14 zeigt die Aufnahme des Geländes durch

Abb. 13 Ehemaliger Trompetenhügel

Mitarbeiter der GGU. Die Erfassung erfolgt über Aussendung von elektromagnetischen Wellen, die je nach Geländeeigenschaften in unterschiedlichen Zeiteinheiten und unterschiedlicher Stärke reflektiert werden. Bereits vor Ort sind mittels Einsatz von moderner Computertechnik erste Resultate ersichtlich. Nach einer detaillierten Auswertung entstehen schließlich Lagepläne und Karten, die im Boden befindliche Veränderungen auch in einem Zeitrahmen von 100 bis 200 Jahren genauestens wiedergeben.

Durch Überlagerung eines solchen Plans mit dem entsprechenden Ausschnitt der historischen Planunterlagen lassen sich wissenschaftlich fundierte Aussagen zur Entwicklung des Gartens treffen (Abb. 15).

Abb. 14 Mitarbeiter der GGU während der Georadaruntersuchung

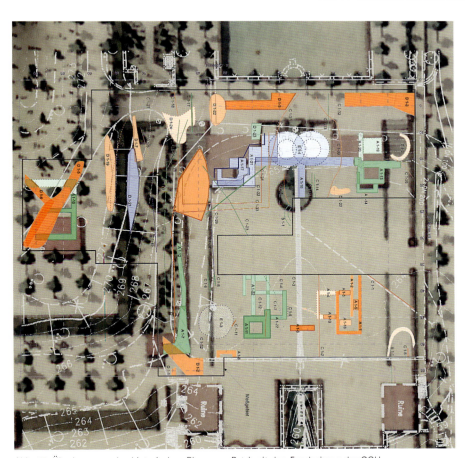

Abb. 15 Überlagerung des historischen Plans von Petri mit den Ergebnissen der GGU

Der Landschaftspark am Karlsberg

Herzog Karl II. August von Pfalz-Zweibrücken (1746–1795) aus dem Hause Wittelsbach ließ sich ab 1776 auf einem langgezogenen Hochplateau über der Homburger Talebene an der heutigen Grenze zwischen Saarland und Rheinland-Pfalz eine der weitläufigsten Schloss- und Gartenanlagen ihrer Zeit in Europa bauen, die seiner Position als Erbe sämtlicher Wittelsbacher Lande und seinem Machtanspruch gerecht wurde. Die Anlagen sind jedoch nur wenigen bekannt. Neben ihrem kurzen Bestehen war auch die Abgeschlossenheit der Anlage, deren Betreten der Herzog nur selten gestattete, ein Grund dafür, dass heute nur wenige bildliche Zeugnisse überliefert sind.

Abb. 1   Weiher in der Karlslust

Auf Grundlage des erworbenen Landgutes Luisenhof entstanden nach und nach unter der Oberleitung des Hofmalers und Generalbaudirektors Johann Christian von Mannlich (1741–1822) das Hauptpalais mit Nebengebäuden und weitere Palais, Marstall mit Reithalle, Kasernen, Orangerie, Zwinger, Jägermeisterei und verschiedene Wohnungen für die Mitglieder des Hofes und die Bediensteten.
Die Baulichkeiten umfassten insgesamt eine Ausdehnung von mehr als 1 km. Derartige Ausmaße und die kostbare Ausstattung bewogen bereits den weit gereisten Baron Knigge, dem Schloss den Namen „Feenpalast" zu geben. So berichtete er über die Ausstattung des Schlosses: „In der Tat ist die Pracht, welche da im Schlosse herrscht, unglaublich. Man sagt, Kaiser Joseph selbst sei darüber staunt. Der Reichtum, der mit dem seltensten Geschmack angebrachten Verzierungen, Spiegel, Kronleuchter u. dgl. blendet die Augen."

Einer Volkssage nach war im Schloss alles auf die Zahl 1000 ausgerichtet: die Leibwache von 1000 Mann, die Pferdeställe für 1000 kostbare Pferde und Zwinger für 1000 Hunde. Tatsächlich war die Zahl wohl noch höher.

Bereits vor Baubeginn des Schlosses entstanden die Gartenanlagen auf insgesamt 500 ha, an denen unter anderem Friedrich Ludwig von Sckell sowie die Gärtnerfamilie Petri mitgewirkt haben sollen. Die aufwendige Gestaltung mit Alleen, Weihern, Pavillons, Fasanerie, Baumpflanzungen, Terrassenanlagen, Blumen- und Nutzgärten, Menagerie und anderen Parkarchitekturen stellte alle bisherigen Gartenanlagen in den Schatten, die Realisierung zog sich bis ins Jahr 1791. In diesem Jahr wurde die große Kaskade in der „Karlslust", einem kleinen Seitental etwa 1,5 km südöstlich des ehemaligen Residenzschlosses und bis dahin wegen seiner „düsteren Wildheit" „Teufelsloch" genannt, fertig gestellt.
So schrieb der saarländische Geschichtsforscher und Schriftsteller Karl Lohmeyer (1878–1957): „Fehlte doch in deren Landschaftsanlage nichts von dem Üblichen an Einsiedeleien, Schäfereien, künstlichen Mühlen, exotischen Bauten wie eine Moschee nach Schwetzinger Muster und was es immer sein mag, wozu aber hier, dem Sammeleifer des Herzogs entgegenkommend, ein großer zoologischer Garten in die Landschaft zerstreut und so angebracht war, dass die Tiere, wie natürlich in ihrer gewohnten Umgebung zu hausen und, – ganz unerhört für damals, – ebenso die Menschen aus mancherlei Himmelsstrichen in ihren heimatlichen Dörfern zu wohnen schienen."
Die einzelnen symmetrisch aufgebauten Gartenarchitekturen waren eingebettet in einen landschaftlichen Rahmen mit Sichtbezügen und Wegeachsen.

Abb. 2   Weiher mit Insel

Die verschwenderische Pracht der Ausstattung hielt sich jedoch nur wenige Jahre. Bereits 1793 zerstörten französische Revolutionstruppen die Anlage. Die örtliche Bevölkerung, durch hohe Abgaben belastet, machte die Bauten dem Erdboden gleich und entnahm den Ruinen Steine zum Bau ihrer Häuser. Der einzige Bau, der auch heute noch erhalten ist, ist der „Karlsberger Hof", ein ehemaliges Wirtschaftsgebäude unterhalb des Karlsbergweihers.
Dem Herzog gelang jedoch rechtzeitig die Flucht. Er rettete einen großen Teil des kostbaren Inventars, dessen bedeutende Gemälde heute den Grundstock der Alten Pinakothek in München bilden.

Heute liegt die Parkanlage zu einem Fünftel in Rheinland-Pfalz, während etwa 400 ha zum Saarland gehören. Bereits vor mehr als 100 Jahren, ab 1820, wurde das Gelände aufgeforstet und ist als gestaltete Parkanlage nur noch schwer zu erkennen. Es bildet eine reizvolle Verbindung von modernem Forst mit zahlreichen Strukturen und Relikten einer überlieferten märchenhaften Gartenlandschaft.
Die erhaltenen Spuren und Ruinen konzentrieren sich vorwiegend in zwei Bereichen: um das ehemalige Schloss und den Karlsbergweiher im Norden auf saarländischer Seite und in der Karlslust im Süden der Anlage auf rheinland-pfälzischem Gebiet.

Karlsberg

Die Fundamente der Dreiflügelanlage des Hauptpalais, das ehemals über eine mächtige Allee von italienischen Säulenpappeln erreicht wurde, umschließen den gerodeten ehemaligen Ehrenhof auf dem Schlossplateau. Nach Norden führend erschließen sich dem Besucher auf Schritt und Tritt die Mauerreste der ehemaligen Nebengebäude. Südlich findet er die Überbleibsel der Orangerie, unter der sich in einem engen Taleinschnitt auch heute noch der Karlsbergweiher ausdehnt. Ein romantischer Felsenpfad, der heute stark überwuchert ist, führt zum Damm des ursprünglich trapezförmigen Gewässers.

in ihrer Konzeption wohl auf die Weiher der Anlage von Tschifflik in Zweibrücken zurückgehen (Abb. 1 und 2). Sie sind auf unterschiedlichem Geländeniveau angeordnet und durch einen Damm getrennt. Eine steinerne Fassung der Quelle, die die Schwanenweiher speist, ist heute noch im Gelände auffindbar (Abb. 3).

Den Abschluss des unteren Weihers bilden seitlich gemauerte Brücken, unter denen das Wasser in zwei getrennten Läufen weitergeleitet wird (Abb. 4). Zwischen den Wasserläufen erhebt sich ein aufgeschütteter und mit Findlingen besetzter Hügel, der als Point de Vue wohl ehemals ein Bauwerk trug

Abb. 3 Schwanenweiherquelle

Über die so genannte Apfelallee, einen geradlinig nach Südosten verlaufenden Waldweg, gelangt der Besucher von der Orangerie zur Karlslust.
Über die Karlslust berichtete Johann Christian von Mannlich: „Ich war überrascht von der Schönheit dieses Fleckchens Erde, das weltverloren mitten in einem herrlichen Walde lag, umgeben von Höhenzügen, düsteren und wilden Tälern, durchrieselt von zahlreichen sprudelnden Quellen; vor den Gebäuden dehnte sich eine fruchtbare, wohlbebaute Ebene in weite Ferne aus. Eine Schar von Pfauen, Silber- und Goldfasanen, die auf den Bäumen saßen, flatterten uns entgegen und umringten uns, bevor wir den eingezäunten Tierpark betraten."
Im Grund dieses tief eingeschnittenen Tales befinden sich heute zwei ehemals als symmetrische Spiegelweiher ausgebildete Teiche, die Schwanenweiher, die

Abb. 4 Brücke in der Karlslust

Abb. 5   Ehemaliger Bärenzwinger

und noch heute durch einen grottenartigen Raum unterkellert ist.
Oberhalb der Schwanenweiher liegt ein weiteres, ehemals kreisrundes Becken, in das sich das Wasser einer großen Kaskade am südlichen Hang ergoss.
Am Hang gegenüber der Kaskade auf der nördlichen Seite lag eine Terrassenanlage, die auch heute noch in Spuren erhalten ist.
Auf halber Höhe entdeckt der Besucher heute eine Rundanlage mit quadratischer Insel im Zentrum – den sogenannten Bärenzwinger mit kreisförmig angeordneten Ställen (Abb. 5).
Der Tschifflik-Pavillon, dessen Mauerwerk zum Teil erhalten ist, und auf der Gegenseite ein weiterer, nur in Fundamenten erhaltener Pavillon komplettieren die Überreste der ehemaligen Ausstattung in der Karlslust.

Seit den 60er-Jahren des 20. Jahrhunderts unternommene Bestrebungen, die historische Bedeutung der verbliebenen baulichen Reste und gartenkünstlerischen Strukturen deutlicher ins Bewusstsein zu rücken, tragen erste Früchte.
Seit einem Ministerratsbeschluss der Kabinette des Saarlandes und von Rheinland-Pfalz aus dem Jahre 1996, den historischen Bestand des „Waldlandschaftsparkes Schloss Karlsberg" zu sichern, wurden zwei Landschaftsarchitekten mit der Bestandserfassung beauftragt. Erste Maßnahmen zum Schutz und zur Sicherung der noch erhaltenen „historischen Inseln" wurden ebenfalls bereits ergriffen.

5. Englische Landschaftsgärten

Der Landschaftsgarten der Schaumburg bei Diez an der Lahn

Ganz in der Nähe von Diez an der Lahn liegt oberhalb des Ortes Balduinstein eine der romantischsten Burgen in Rheinland-Pfalz mit einer ebenso bedeutenden Gartenlandschaft (Abb. 1a).

Der Burgkomplex aus dem 12.–18. Jahrhundert wurde zwischen 1850 und 1857 für Erzherzog Stephan von Österreich von Carl Boos im „castle style" umgestaltet und durch einen Erweiterungsbau im englisch-neugotischen Stil ergänzt. Im Anschluss an den Speisesaal wurde ein großer Wintergarten errichtet (Abb. 1).

Dabei bezog man auch die bestehenden Gartenanlagen mit ein und beauftragte den Wiesbadener Gartendirektor K. F. Thelemann mit der Planung des Landschaftsparks. Schon vor der Anlage des Landschaftsparks ist auf einem Kupferstich von H. Brühl 1780 die barocke Anlage des Französischen Gartens erkennbar. Sie erstreckte sich neben dem unterhalb des Schlosses liegenden „Waldecker Hof" und wird hier als der „Fürstliche Garten" bezeichnet (Abb. 2). Der Garten ist von einer hohen Mauer umgeben und mit geschnittenen Buchskugeln und Eibenpyramiden geschmückt. Möglicherweise war die Mauer mit

Abb. 1 Stich des Wintergartens

Kletterrosen versehen. Eine Lindenallee, die sich entlang des Fürstengartens zum Schloss hinaufzieht, wird als weiteres Gestaltungselement benannt. In einem Lageplan („Situationsplan") von 1826 ist diese Allee ebenso verbürgt wie der Fürstengarten als axiale Anlage mit einem mittig aufgestellten Brunnen. Den einstigen Brunnenstandort zierte späterhin ein verzierter Holzpavillon (Abb. 3).

Abb. 1a Blick auf das Schloss vom Französischen Garten

Abb. 2   Französischer Garten

Abb. 3   Pavillon im Französischen Garten um 1920

Der frühere Standort des Pavillons ist heute in dem stark verbuschten Gelände ebenso auffindbar wie die etwa 230 Jahre alten, im Karree gepflanzten Kastanien. Unterhalb der Kastanien wurden in die Umfassungsmauer Sitznischen eingelassen. In einer weiteren Mauernische sind die Reste eines schmiedeeisernen Laubengangs erkennbar, der auf eine Sitzbank zuläuft. Dieser Gartenteil ist eingefasst mit kleinen Buchshecken, und zwei Steinpostamente könnten mit Skulpturenschmuck den Eingang zu diesem romantischen Rückzugsort geziert haben. Die erhöhte Terrassenlage gewährt zudem einen weiten Blick in die umgebende Landschaft.

In dem Lageplan werden weiterhin ein „Küchengarten" und ein „Grabeland", ein „Dienergarten", der gartenkünstlerisch angelegt erscheint sowie

Abb. 5   Ehemalige Brücke zwischen Französischem und Prinzessinnengarten

Abb. 6   Gärtnerhaus im Schweizer Stil in der Schlosseinfahrt

Schaumburg

ein „Park", in dem sich landschaftliche Partien mit geometrischen Bereichen abwechseln, benannt. Auch die Flächen des früheren Burggrabens scheinen eine erste Gestaltung erfahren zu haben. Südlich ist der Schlossberg mit einem großen Weinberg bepflanzt. Mit eingeschlossen in die gartenkünstlerische Gestaltung sind die talseits gelegenen Wirtschaftsgebäude des „Thalhofs" mit Gärten und einem Weiher. Der Weiher ist mit einem zweiten über einen kleinen Bachlauf verbunden und durchquert auf diesem Weg auch den sogenannten Bleichgarten.

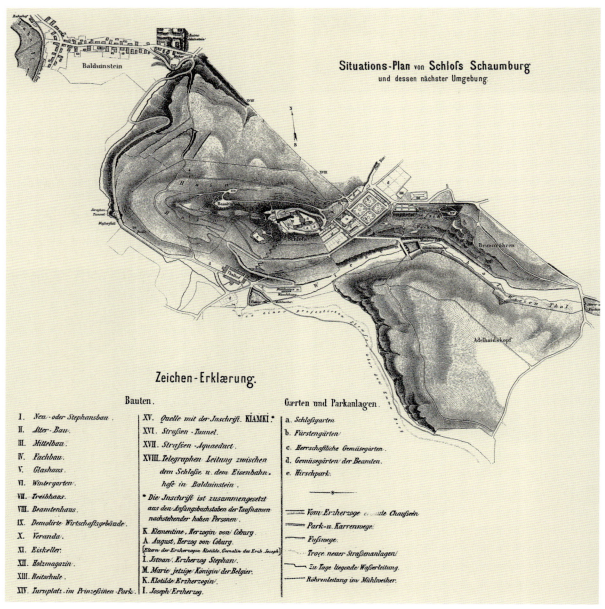

Abb. 4   Lageplan von Schloss Schaumburg und Balduinstein 1868

Ein späterer Lageplan von 1868 zeigt das Schloss und benennt die umgebenden Außenanlagen (Abb. 4). Im Vergleich zu dem vorhergehenden Plan wird deutlich, dass im Zuge des Schlossumbaus ab 1855 eine gezielte Gestaltung zum Englischen Landschaftspark erfolgte, die auf den bereits beschriebenen vorhandenen Gärten aufbaute. Die Einzelgärten wurden durchstrukturiert und für die Umgebung ein Gesamtplan entworfen, der alle landschaftlichen und topografischen Höhepunkte mit einbezieht.

Detailgetreu stellt sich der von geschwungenen Wegen durchzogene „Prinzessinnenpark", zuvor noch „Park" benannt, dar. Mittels einer Brücke, von der heute nur noch die Stahlträger erhalten sind, konnte man vom Französischen in den Prinzessinnengarten gehen (Abb. 5).

Die landschaftlichen Partien wechseln sich mit einer Folge geometrischer Gärten ab, die alle mittels eines der Topografie angepassten Wegenetzes miteinander verbunden werden. Besonders auffällig ist der „Schlängelweg" vom Schloss zum Thalhof, an den sich die „Herrschaftlichen Gemüsegärten" und die „Gemüsegärten der Beamten" anschließen. Unterhalb des in unmittelbarer Nähe des Schlosses gelegenen Weinbergs wurde im Stil der Zeitmode ein „Hirschpark" angelegt, in dem Wild beobachtet und zu Jagdzwecken herangezogen wurde. Das Bachtal wird als Wiesengrund mit zwei Weihern, einer Bleichwiese und einem Waschhaus gestaltet. Etwas abseits, auf dem Weg zur Ruine Balduinstein, liegen eine Quelle, ein Tunnel und ein kleiner Wasserfall.

Der hier beschriebene perfekt gestaltete Landschaftspark verwirklicht alle Prinzipien der englischen Gartenkunst. Sämtliche Bauwerke (Ruinen) und landschaftsprägende Elemente (Wasser, Weinberg etc.) werden als markante Gestaltungspunkte aufgenommen und in die gartenkünstlerische Planung integriert.

Die direkte Schlossumgebung wurde mit einem „Schlossgarten" gestaltet. Die mit einem mächtigen Bären gezierte Schlosseinfahrt gibt, wie bei anderen Gärten schon beschrieben, sogleich den Blick auf das Gärtnerhaus frei. Es ist im Stil eines Schweizer Hauses erbaut (s. Rheinstein, Abb. 6). Das daneben liegende Pfortenhaus ist mit alten Nadelgehölzen stark eingewachsen (Abb. 7). Durch einen weiteren

Abb. 7   Eingangsbereich der Schaumburg

Abb. 8   Schlossgebäude mit Rindenverkleidung

Durchgang betritt man den Innenhof des Schlosses, das vollständig mit Eichenrinde verkleidet ist und daher einen etwas düsteren Eindruck vermittelt (Abb. 8).

Wenn man über die Schlossmauern in den darunterliegenden Schlossgarten blickt, ist statt des prachtvollen Wintergartens (s. o.) nur eine geteerte Dachfläche zu sehen. In diesem Vorbau waren die Pferdeställe untergebracht, die luxuriös mit Marmor ausgestaltet waren (Abb. 9). Betritt man diesen tiefer liegenden Garten durch den Eingang gegenüber des

Abb. 9　Pferdeställe unterhalb des Schlosses

Abb. 10　Außenverkleidung mit Eichenrinde

Pfortenhauses, so führt eine etwa 150 Jahre alte Hainbuchenallee zum Torturm der früheren Burgfeste, der kreisförmig von Kastenlinden umgeben war. Von hier aus führt eine verborgene Treppe zu einer weiteren, versteckt liegenden Terrasse, die im Stile eines „giardino secreto" verschiedene kleine Plätze und besondere Ausstattungselemente aufweist. Es handelt sich um einen im Sinne der Romantik gartenkünstlerisch besonders wertvollen Bereich, der trotz mangelnder Pflege noch die gesamte pflanzliche und bauliche Ausstattung aufweist. Hier ist das Prinzip der Abdeckung mit Eichenrinde an einem Tor gut zu erkennen (Abb. 10). Oberhalb des Torbogens ist eine Sonnenuhr der Verwitterung preisgegeben, die den morbiden Charme des Ortes unterstreicht (Abb. 11). Auch die Abdeckung mit Eichenrinde wurde bewusst gewählt, um dem Bau einen melancholischen Charakter zu verleihen. Wie auch in der Gesamtkomposition der Gärten erkennbar, sollte der melancholisch empfindsamen Stimmung der Zeit Ausdruck verliehen werden. Von dieser Terrasse aus ist mittels einer ge-

Abb. 11　Sonnenuhr

Abb. 12　Tischplatte mit Stickerei

Abb. 13 Wendeltreppe

Abb. 14 Türme

schwungenen, mit kunstvollen schmiedeeisernen Geländern versehenen Treppe der Zugang zum Schloss möglich.

Das Schlossinventar ist seit dem letzten Besitzerwechsel nur noch rudimentär vorhanden. Allerdings ist ein für die Gartenanlage wesentlicher kleiner, ovaler Tisch mit einer Stickerei der Burg mit umgebenden Gärten ein wertvoller Zeitzeuge aus der Blütezeit der Anlage zum Ende des 19. Jahrhunderts (Abb. 12).
Bis auf das Dach der früheren Burg kann man auch im Gebäude mittels einer kleinen, kunstvollen gusseisernen Treppe gehen (Abb. 13). Von dort oben hat man eine fantastische Aussicht auf die Burgzinnen und die umgebende Landschaft (Abb. 14 und 15).

Der Bau des Schlosses harmoniert und korrespondiert in seltener Perfektion mit der Darstellung und gartenkünstlerischen Absicht in den Außenanlagen.

Dem bedeutenden Wiesbadener Gartenbaudirektor Thelemann ist hiermit eine in Rheinland-Pfalz herausragende gartenkünstlerische Schöpfung gelungen.

Mithilfe des oben abgebildeten Situationsplans von 1868 lassen sich heute noch alle Details dieser sentimentalen, schaurig-schönen Zeit finden und ergründen. Viel Erfolg dabei!
Auch heute noch zeugen Pflanzen, wie alte exotische Gehölze am Schlossberg, Reste von Baulichkeiten und 150–250 Jahre alte Alleen und Einzelbäume von der Schönheit der früheren Anlage.
Durch mangelnde Pflege seit Beginn des 20. Jahrhunderts sind die Pflanzungen heute stark verwachsen. Jedoch sind alle hier benannten Gartenteile und Pflanzungen heute noch auffindbar und vermitteln einen Eindruck des früheren Flairs dieser romantischen Parklandschaft.

Abb. 15 Aussicht

Schlosspark Molsberg im Westerwald

Der auf den Höhen des Westerwalds liegende kleine Ort Molsberg birgt einen wertvollen mehrhundertjährigen Park in seiner Mitte.
Die 1116 erstmals als Eigentum der Herren von Molsberg erwähnte Burg Molsberg bei Wallmerod gelangte 1657 als kurtrierische Unterherrschaft an die Freiherren (ab 1767 Grafen) von Walderdorff und wurde 1760 abgebrochen. Der von Johann Philipp von Walderdorff, Erzbischof von Trier, begonnene Neubau wurde 1768 nach seinem Tod unvollendet eingestellt. Haus und Ländereien stehen noch heute im Eigentum seiner Nachfahren.

Bereits gegen Ende des 17. Jahrhunderts entstanden erste Ansätze für eine Parkgestaltung, wie unter anderem aus der mit einer eindrucksvollen Landschaftsdarstellung versehenen Molsberg-Medaille von 1756 hervorgeht. Außer der Pflanzung einer Lindenallee kam es jedoch damals zu keiner nachweisbaren Gestaltung des Schlossparks.

Abb. 2 Lindenallee mit Pavillon

Möglicherweise stammt sogar die heute noch an gleicher Stelle erhaltene Lindenallee aus dieser Zeit. Sie bildet das großzügige Entree und Bindeglied zwischen dem privaten schlossnahen Garten und dem großzügigen talwärts verlaufenden Landschaftsgarten. (Abb. 1 und 2). Aquarelle aus den Jahren 1805–1820 geben ein anschauliches Bild von der inzwischen angelegten großzügigen Garten- und Parklandschaft. Spätere Darstellungen einer kunstvoll gestalteten Brücke lassen auf einen künstlich angelegten Parkweiher schließen, und in zahlreichen Rechnungen aus den Jahren 1870 bis 1890 finden sich Einkäufe von besonderen Pflanzen der damaligen Zeit.
Im 20. Jahrhundert geriet der Park durch die widrigen Umstände zwischen den beiden Weltkriegen in Vergessenheit. Doch 1999 entschloss sich der heutige Eigentümer Emanuel Graf von Walderdorff, den Park wieder seiner ursprünglichen Bestimmung zuzuführen. So präsentieren sich bereits nach wenigen Jahren viele der den Landschaftspark prägenden Elemente, wie geschwungene Wege und wertvolle Baumgruppen, in bestem Pflegezustand.

Der Privatgarten wird bewacht von den dafür zuständigen Löwen (Abb. 3). Der Blick fällt nicht nur auf sehr alte, gepflegte Nadelgehölze, sondern zunächst auf einen kleinen, mit Flieder bewachsenen Felsengarten (Abb. 4). Die unterhalb stehende

Abb. 1 Lindenallee

Abb. 3 Löwe

Abb. 4 Blick in den Felsengarten

Sonnenuhr ist dem Leser mittlerweile als Inventar des Landschaftsgartens vertraut. Dieses Exemplar ist jedoch als Kugel ausgeformt, was eine zusätzliche Besonderheit ist. Von vorne völlig versteckt, schlängelt sich hinter den Blütensträuchern ein schmaler Weg hoch zu einem kleinen Belvedere. Von dort kann man, von unten nicht einsehbar, die großartige Aussicht genießen (Abb. 5).

Der innere Schlossgarten birgt noch mehr Überraschungen. Die Zinnen einer Burgruine mit farbigen

Abb. 5 Blick vom Belvedere

Abb. 7　Unterer geometrischer Garten

Abb. 6　Burgruine

Fenstern verstecken sich zwischen einem alten Baum und einer rückwärtigen Strauchgruppe (Abb. 6).

Der Weg in den unteren großzügigen Landschaftsgarten führt zwischen Tennisplatz und Buchsbaumparterre zunächst auf ein Belvedere mit formschönem Geländer zu (Abb. 7 und 8). Es war zum Ende des 19. Jahrhunderts durchaus schick, sich einen Tennisplatz in den Landschaftspark zu legen. Am Ende des geometrischen Buchsparterres öffnet sich dann der wunderbare Blick auf die Anlage eines Englischen Landschaftsgartens im klassischen Stil. Verschiedene alte Gehölze harmonieren in allen Farbschattierungen miteinander. Die im Rasen liegenden Gehölzinseln sind von einer Vielfalt in Art und Grüntönen, dass man die kundige Hand des Landschaftsarchitekten deutlich erkennt (Abb. 9).

Abb. 9 Blick in den Landschaftspark

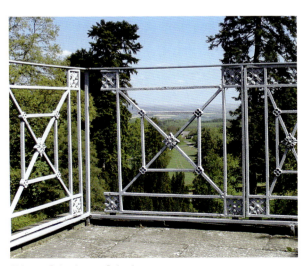

Abb. 8 Geländer am Belvedere

Es gibt noch viel zu entdecken auf Schloss Molsberg, auch ein kleiner Weiher mit Brücke im Tal des Gartens wartet auf Ihren Besuch.

Schlosspark Worms-Herrnsheim

Um 1460 erbaute Philipp Kämmerer von Worms, genannt von Dalberg, das erste Herrnsheimer Schloss als Wasserburg. 1689 wurde es im Zuge des Pfälzischen Erbfolgekrieges verwüstet.
Ab 1711 entstand unter Wolfgang Eberhard von Dalberg ein zweiter Schlossbau im barocken Stil. An die Gebäude schloss sich zu dieser Zeit nördlich bereits eine barocke Gartenanlage an, von der heute nichts mehr erhalten ist.
Zwischen 1788 und 1792 legte Friedrich Ludwig von Sckell den Grundstein der heutigen Parkanlage und schuf einen Garten im Englischen Stil für seinen Auftraggeber Wolfgang Heribert von Dalberg. Er hielt sich zu dieser Zeit nachweislich 28-mal in Herrnsheim auf.
Nach erneuten Verwüstungen ab 1792 während der Französischen Revolution beauftragte Wolfgang Heribert ab 1808 den Mannheimer Architekten Jakob Friedrich Dyckerhoff mit der Wiederherstellung des Schlosses. Dieser erbaute 1812 das heutige Orangeriegebäude (Abb. 1), dessen Seitenflügel ursprünglich auf der Frontseite komplett verglast und mit Fensterrahmen in englischer Art aus Gusseisen versehen waren. Es diente der Überwinterung exotischer Gewächse, die von den damaligen Besuchern gerühmt wurden.

Abb. 1   Orangerie

Während der Bauphasen des Schlosses und der Überformung im klassizistischen Stil 1808–1814 und 1820–1824 erfolgte auch die Wiederherstellung und Erweiterung des Gartens durch den Nachfolger Sckells, den Schwetzinger Gartenbaudirektor Johann Michael Zeyer.
Sein heutiges Aussehen erhielt das Schloss durch einen weiteren Umbau nach Plänen des Mainzer Kreis- und Provinzialbaumeisters Ignaz Opfermann unter Lord Leverson und dessen Gattin Marie Louise, einer Tochter von Emmerich Joseph von Dalberg (Abb. 2).

Von dem Gelände ist ein Verkaufsplan von 1882 überliefert, der die gesamten Baulichkeiten sowie die Parkanlage eingehend beschreibt. Gut ersichtlich ist darin die Zweiteilung der Parkanlage. Es gab einen nördlich des Schlosses gelegenen Bereich, der auch heute noch den Schlosspark ausmacht und den heutigen „Sportplatzpark" am Storchenturm, der über eine Brücke, das sogenannte Pariser Tor, erreicht werden konnte (Abb. 3).
Wesentliches Gestaltungsmerkmal der Englischen Landschaftsgärten ist die Verknüpfung der einzelnen „Attraktionen" wie Brücken, Ruinen, Pavillons mittels der geschwungenen Wege und eines ausgeklügelten Systems von Blickbeziehungen. 2002 wurde auf Grundlage des Verkaufsplans von 1882 ein Plan

Abb. 2   Blick auf das Schloss von der Parkseite

Schlosspark Worms-Herrnsheim

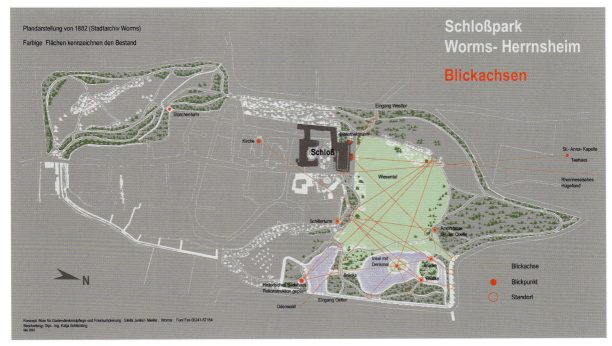

Abb. 3   Blickachsen in Plan von 1882 übertragen

Abb. 4   Pavillon

erstellt, der diese Blickbeziehungen für Besucher graphisch darstellt. Leider wurde das Schild schon nach kurzer Zeit entwendet und seitdem nicht mehr erneuert.

1883 wurde das Anwesen an den Wormser Lederfabrikanten Cornelius Wilhelm Heyl verkauft. Nur drei Jahre später wurde dieser durch den Großherzog von Hessen-Darmstadt geadelt. Bis zum Zweiten Weltkrieg verweilten zahlreiche bedeutende Persönlichkeiten im Schloss, zu denen auch Zar Nikolaus II. gehörte.

Während des Zweiten Weltkrieges wurde das Schloss zur Klinik umfunktioniert und anschließend von amerikanischen und französischen Truppen besetzt. 1957 bot Baron Siegfried von Heyl das Schloss aufgrund fehlender finanzieller Mittel zum Kauf an. Abrisspläne und die Parzellierung des Parks standen zur Diskussion, bis die Stadt Worms das Gelände 1958 aufkaufte. Seit der nachfolgenden Instandsetzung der Gebäude finden hier repräsentative Empfänge statt.

Abb. 5   Weiher mit Brücke und Insel

Der Park selbst verfiel jedoch aufgrund mangelnder Pflege und war zeitweise ernstlich bedroht. Erst mit der Erstellung eines Parkpflegewerkes des Landschaftsarchitekten Peter Jordan – seinerzeit das erste in Rheinland-Pfalz – im Jahre 1988 entstand eine Grundlage für die nachfolgende Sanierung der Parkanlage, die bis heute Stück für Stück umgesetzt wird.

Der Schlosshof ist mit Rasenflächen und Blumenbeeten versehen. Zur höher liegenden Schlossterrasse ranken sich Feigen empor. Hinter der Orangerie wurde im Jahr 2005 die Rekonstruktion eines Pavillons der Familie von Heyl von 1912 errichtet (Abb. 4). Von hier aus erstreckt sich im Zentrum des Parks eine weite, leicht abfallende Wiesenfläche bis zu den tiefer liegenden Weihern (Abb. 5). Die beiden Weiher sind über Wasserläufe miteinander verbunden, die von kleinen, schön geformten Brücken überspannt werden. Im Zentrum des größeren Weihers befindet sich eine „Rousseau-Insel". Darunter versteht man seit der Anlage des ersten Englischen Landschaftsgartens in Wörlitz-Dessau eine Insel mit einer Urne auf einem Postament, umgeben von Säulenpappeln, die einen romantischen Eindruck erwecken sollte. In Herrnsheim hat man auf die Pflanzung der Pappeln verzichtet und nur die Urne inmitten der Insel auf eine Säule gesetzt.

Ein ursprünglich am kleineren Weiher gelegenes Badehaus wurde in den 1960er-Jahren abgerissen. Pläne zur Rekonstruktion dieser als Endpunkt einer Blickachse eingesetzten Parkarchitektur konnten bisher nicht umgesetzt werden.

An die Weiher schließt nördlich ein lichtes Waldstück an. Eine Gruppe von Zürgelbäumen und ein Trompetenbaum bilden hier den Übergang zu den offenen Wiesenflächen (Abb. 6). Die Quelle, die die

Abb. 6 Blick in den Park

Abb. 7 Grotte

Abb. 8 Amor

Schlosspark Worms-Herrnsheim

Abb. 9 Im Park

beiden Weiher speist, tritt an dieser Stelle aus dem Boden und ist als „Amorgrotte" gefasst (Abb. 7). Sie liegt vertieft im Gelände und ist mit Tuffstein ausgekleidet. Über der Grotte erhebt sich als Putte Amor, der Liebesbote (Abb. 8). Weitere Figuren im Park sind nur noch in Fragmenten erhalten.
Über einen Rundweg gelangt der Besucher wieder zurück zum Schloss (Abb. 9). Auch die Rückseite des Schlosses ist mit einer großen Freitreppe, die an die umlaufende Terrasse anschließt, versehen.

Der Rundbau des Bibliotheksturmes, dessen Unterbau noch aus der Zeit des ersten Schlossbaus stammt, bildet ein eindrucksvolles Ensemble mit dem Schloss (Abb. 10 und 11).
Am Bibliotheksturm vorbei gelangte man in früheren Zeiten zum südlichen Parkteil. Dieser ist heute durch den Abriss der früheren Brückenkonstruktion vom restlichen Park abgetrennt und durch den Bau einer Sportanlage stark überformt. Der heute noch vorhandene und restaurierte Storchenturm, ehemals

Schlosspark Worms-Herrnsheim

das Erleben des Parks als idealisierte Landschaft. Sie waren daher genauestens geplant und berechnet (Abb. 3). Weitere Sichtbeziehungen, die auch die umgebende Landschaft einbeziehen, bestehen zur weithin weiß leuchtenden St.-Anna-Kapelle sowie zu einem Teehäuschen außerhalb der eigentlichen Parkanlage inmitten der Weinberge.

Vom Standort des Teehäuschens aus verkürzt sich der Blickwinkel so, dass man glaubt, das Schloss sei nur wenige Schritte entfernt. Auch diese optische Täuschung ist genau berechnet und entspricht den Prinzipien der Englischen Parkanlagen.

Das Durchwandern des Parks bietet vielfältige Blickbeziehungen auch auf den alten Ortsteil Herrnsheim mit Kirche und Stadtmauer. Eine weitere Attraktion ist der sehr alte, gut erhaltene Baumbestand. Die mächtige Linde am Eingang und die Blutbuche am Weiher sind hier nur als herausragende Beispiele genannt.

Abb. 10 Schlossgebäude mit Bibliotheksturm

Abb. 11 Detail der Terrassenmauer mit Clematis und Steinbank

Teil der mittelalterlichen Ortsbefestigung und ab 1820 im gotischen Stil wiederaufgebaut, wurde in die Parkanlage integriert und diente als Point de Vue.

Wie der Storchenturm wurde auch der Schillerturm, ursprünglich ebenfalls Teil der Ortsbefestigung, oberhalb der beiden Weiher als Blickziel in die Gestaltung mit aufgenommen. Innerhalb der Parkanlage ermöglichen die vielfältigen Blickbeziehungen zwischen den verschiedenen Parkarchitekturen

Umgeben ist der Park heute mit einem Holzlattenzaun. Leider ist der Übergang vom Park zum Teehäuschen heute durch den Bau einer vielbefahrenen Straße nicht mehr möglich.

200 Jahre Geschichten kann dieser Park erzählen und entführt in einen Raum, in dem Zeit noch keine Rolle spielte.

Der Central-Park/Pfrimmpark des Karl Bittel in Worms/Rhein

Die Geschichte des Karl-Bittel-Parks ist eng mit der Person des Parkgründers verbunden. Karl Bittel, der sich nach seinem Amerikaaufenthalt Charles nannte, wurde 1841 in Worms als Sohn des Notars und Stadtrates Johannes B. Bittel geboren (Abb. 1). Er verließ in früher Jugend seine Heimatstadt und ging zunächst nach Frankreich und England. Erst danach wanderte er nach Amerika aus, um in New York eine Exportfirma für Lederwaren mit Erzeugnissen der schnell wachsenden Wormser Lederfabriken zu gründen.

Die Bekanntschaft mit dem in Worms maßgeblichen Industriellen, dem Lederfabrikanten Baron von Heyl, erleichterte die sicher schweren ersten Jahre. Reich wurde Bittel aber erst mit der Herstellung von Damenlederschuhen vom Allerfeinsten aus „Chevreuleder". Artikel in Ziegenleder waren in New York ebenso gut an die vornehme Frau zu bringen wie später in Paris, wo „betuchte Damen ebenfalls Bittels Stiefelchen" liebten.

Aus Rücksicht auf seine Frau wechselte Charles Bittel mit seinem Unternehmen nach Paris. Seine Ehefrau Hedwig Auguste Kirchner hatte in New York ihre ersten beiden Kinder verloren. Schon hochschwanger erreichte Hedwig 1873 Paris und gebar dort ihrem Gatten bis 1886 vier Kinder: Christine, Charlie, Amely/Lily und Erich.

Die Zuckerkrankheit Hedwigs führte 1890 zur Rückkehr Bittels nach Worms. Der gerade einmal 50-jährige Karl Bittel wollte sich in der alten Heimat einen Traum erfüllen, den Alterssitz mit einem Park, der Ruhe und gute Luft sichert: „Hier sollten Mütter allein mit ihren Kindern angenehm und in bester Luft sich durch spazieren gehen manche Reise und vielleicht Badereise ersparen können".

Karl Bittel frönte mit dem damals bekanntesten Wormser Architekten Hermann Haldenwang seinem Hobby, der Architektur, und ließ schon 1891 Pläne für ein Mehrfamilienhaus entwerfen. Auf der Suche nach einem geeigneten Gelände für den Hausbau erwarb er von der Gemeinde Hochheim das 12 Morgen (1 Morgen = ca. 2500 m^2) große Talgelände zwischen den Gemarkungen Hochheim und Pfiffligheim.

Er errichtete auf Höhe der heutigen Donnersbergstraße seine eigene Villa („Kanzeleck") und baute eine Reihe weiterer Häuser entlang der Parkstraße und der heutigen Rudi-Stephan-Allee.

Damit legte er den Grundstein für die Erschließung der später besten Wohnlage, des „Westends". Die günstige Lage mit Park in fabrikfreier Zone ließ das begehrteste Wohnviertel von Worms entstehen. Bereits 1898 wurde die erste Villa, das Parkrestaurant „Westendhöhe" in der heutigen Rudi-Stephan-Allee, fertiggestellt und entwickelte sich durch seine erhöhte Lage und seine dem Park zugewandte Aussichtsterrasse zu einem der Hauptausflugsziele der Wormser Bevölkerung (Abb. 2).

Abb. 1 Bildnis von Karl Bittel auf seinem Gedenkstein im Park

Abb. 2 Westendhöhe und Park während der Bauzeit

Abb. 3   Bauarbeiter im Pfrimmpark

1899 baute Bittel die ersten Häuser in der Parkstraße. Sämtliche Häuser wurden im romantisierenden Stil, dem sogenannten Landhausstil, erbaut und bilden die passende Kulisse für die zentrale spätromantische Parkschöpfung. Die umgebende Bebauung steht mit der Parkanlage perfekt in einem symbiotischen Kontext der gegenseitigen Wertsteigerung.

Das tiefer gelegene Tal ließ Bittel unter Einbeziehung des Bachlaufs der Pfrimm im Stil eines Englischen Landschaftsgartens ausbauen.
Es gibt mehrere Hinweise darauf, dass Karl Bittel den Park, wie im Fall der umgebenden Bebauung, selbst konzipiert hat und sich lediglich von Fachleuten, wie Kulturingenieur Karl Völzing in der Planung unterstützen ließ. Die Umsetzung erfolgte maßgeblich durch seinen Gärtner Ignaz Racing.

Üblicherweise wurden Gartenanlagen in unmittelbarer Nähe eines Schlosses oder eines Herrenhauses angelegt, um den Wert des Bauwerks zu betonen und zu steigern. Das Gebäude stand stets im Mittelpunkt der Außenraumgestaltung. Erst mit der Einführung des Volksgartengedankens änderte sich diese Einstellung allmählich. Man schuf Grünanlagen, die auch den nicht privilegierten Bürgern zu Erholungszwecken offenstanden. Eine Vorreiterrolle spielte hier die Parkanlage des „Central Parc" in New York, der langjährigen Wahlheimat Karl Bittels. Da er in direkter Nähe des Central Parc wohnte, ist anzunehmen, dass er auch das gartenkünstlerische Gedankengut dieser Anlage zur Grundlage seiner Wormser Planung machte.

Er suchte sich in Worms ein topografisch reizvolles Gelände mit einem Gewässer und begann zunächst mit der Anlage eines Parks im Zentrum der umgebenden Bebauung. Diese wiederum band er durch die Schaffung von Sichtachsen zwischen Gebäuden und einzelnen Parkbereichen bewusst mit in die Konzeption ein.

Nur zwei Jahre benötigte er, um mit großem finanziellen und personellen Aufwand die früheren Ackerflächen in eine mustergültige Parkanlage zu verwandeln. Fotomaterial aus der ersten Bauphase von 1896 bis 1898 zeigt deutlich, mit welch immensem Einsatz ans Werk gegangen wurde. Es wurden Schienen durch das hügelige Gelände gelegt und die Baumaterialien mit Loren und mit Pferden in die verschiedenen Winkel des langgestreckten Parks befördert. 14 000 m^3 Boden mussten bewegt werden, bevor das Gelände den Vorstellungen Karl Bittels entsprach (Abb. 3).

An der tiefsten Stelle des Gebietes ließ Bittel einen landschaftlich geformten Teich anlegen, dessen Ausdehnung auch heute noch in der Geländetopografie eindeutig zu erkennen ist (Abb. 4). Ausgehend von

Pfrimmpark

Abb. 4   Postkartenansicht mit Teehäuschen

den ständigen Überschwemmungen des Pfrimmbachs schloss man die Teichanlage unterirdisch an den Pfrimmzulauf an in dem irrigen Glauben, dass die gelegentlich hohe Wasserführung einen steten Zulauf garantieren würde. Dem war jedoch nicht so. Schon wenige Jahre später fiel der Teich immer wieder trocken und entwickelte sich zur unangenehm riechenden Brutstätte für Schnaken. Die Pfrimm führte einfach nicht genug Wasser. Bereits 1911 waren daher erste Tendenzen zur Trockenlegung des Weihers erkennbar. Aber bis zur eigentlichen Zuschüttung vergingen noch 40 Jahre. Erst 1956 wurde der Weiher verfüllt und in ein Planschbecken umgewandelt. Bis in die 80er-Jahre erfreute das Planschbecken mit einem Springbrunnen als Hauptattraktion des neu angelegten Spielbereichs die Kinder (Abb. 4a). Es wurde aufgrund der recht aufwendigen Wartungsarbeiten und im Zuge strengerer Hygienebestimmungen stillgelegt und in den 90er-Jahren in eine Sandspielfläche umgestaltet.

Den Problemen mit der Wasserführung der Pfrimm ist es zu verdanken, dass die Parkanlage auch in etlichen wasserwirtschaftlichen Plänen hinreichend dokumentiert ist. Ein Plan zur Begradigung der Pfrimm von 1912 zeigt die frühere Gestaltung des Karl-Bittel-Parks mit landschaftlich geschwungenen Wegen, die zum Spazierengehen und Erholen anregen sollten. Einem Spinnennetz gleich wurden verschiedene Sichtachsen miteinander kombiniert und wenige „Höhepunkte" geschaffen.

Das gegenüber der Westendhöhe und dem Kanzeleck gelegene Teehäuschen wurde als zentrale Parkarchitektur oberhalb des Weihers angefertigt. Im klassischen romantisierenden Ruinenstil der Land-

Abb. 4a Planschbecken

Abb. 5   Blick auf Villa Sonneck

schaftsgartenbewegung mauerte man aus rustikalem Sandsteinmauerwerk eine Stützmauer in den Hang hinein. Das Häuschen wurde mit einer spitzen Dachkonstruktion und Geländern aus Birkenholz versehen. Dieser Aussichtspunkt war nach allen Seiten hin offen und ermöglichte Ausblicke in den Park und auf die umgebende Bebauung. Eingerahmt wurde das Häuschen von einer dichten Anpflanzung dunkler Nadelgehölze, die den romantisch-melancholischen Charakter verstärken sollte und einen Gegensatz bildete zu dem Ausblick aus dem Gebäude auf die sonnenbeschienenen Wiesenflächen.

Nicht nur die Blickbeziehungen von diesem Häuschen, sondern auch das sinnliche Erleben des Wechsels von tiefem Schatten und hellem Licht beim Betreten des Teehäuschens sollten diesem Ort eine besondere Qualität verleihen.
Eine Blickachse leitete den Blick vom Teehäuschen auf die erst 1909 als letzte Villa gebaute „Villa Sonneck". In ihrer Baulichkeit und Dachkonstruktion korrespondiert sie mit dem Dachaufbau des Teehäuschens (Abb. 5).
Die Konstruktion des Teehäuschens aus Birkenhölzern und die Holzabdeckung des Daches erwiesen sich jedoch als nicht wetterbeständig und verwitterten sehr schnell. Daher baute man das Dach schon 1937 ohne den verspielten Turmaufsatz unter Verwendung einer massiveren Holzart für Konstruktion und Geländer neu auf.
Doch schon Ende der 50er-Jahre waren auch diese Holzbauten baufällig. Das Geländer wurde durch eine Mauerbrüstung auf dem alten Sandsteinmauersockel ersetzt. Auf ein kunstvolles Dach verzichtete man (Abb. 6).

Abb. 6   Mauerwerk des Teehäuschens mit Rutsche

Pfrimmpark

Abb. 7　Rondell und Hexenturm

Abb. 8　Mausoleum der Familie Bittel

Auf dem Gelände der von ihm bewohnten Villa „Kanzeleck" erbaute Karl Bittel um 1900 wiederum in Anlehnung an das romantische Landschaftsparkideal den oben genannten „Hexenturm", einen leicht erhöht gelegenen Turm in gotisierender Form mit einem Burgzinnenkranz (Abb. 7). Vor einer gotischen Spitzbogentür wurde ein hohes, schmiedeeisernes Gitter befestigt, das den schaurigen Eindruck noch verstärken sollte. Jedes dieser in den Park hineinwirkenden Elemente hatte die vordringliche Funktion, beim Betrachter Gefühle hervorzurufen. In dem Bewusstsein, dass einem nichts widerfahren konnte, genoss man das „schaurig-schöne" Bauwerk. Auch die leicht erhöhte Lage des Turms an dieser Stelle war bewusst gewählt; so wurde das „Unheimliche" der Situation noch verstärkt.

In der Mitte der Parkanlage errichtete Bittel, wie in der Romantik häufig, seine private Begräbnisstätte in Form eines Rundtempels als „Aschenhort". In dem Tempel sollten die Verstorbenen der Familie Bittel in Urnen ihre letzte Ruhe finden. Auch hier war Bittel sehr fortschrittlich, da eine Feuerbestattung damals keine übliche Bestattungsform war (Abb. 8).

Das aus Sandstein gemauerte Mausoleum ist leicht erhöht auf einer sechsstufigen Treppenanlage mit Zwischenterrasse gebaut. Auf den quadratischen Grundriss folgt in etwa 2 m Höhe ein Zwischenpodest, das an allen vier Seiten mit einem Lorbeerkranz geschmückt ist. Das darauf thronende runde Dach verjüngt sich nach oben und mündet mit der Spitze in einer symbolischen Flamme, dem ewigen Feuer, als Sinnbild des ewigen Lebens.

Das Bauwerk ist mit der gegen den Himmel lodernden Fackel des Daches besonders augenfällig und ungewöhnlich. Betont wird es zusätzlich durch die Einfassung mit einer niedrigen Sandsteinmauerbrüstung, die das erste Terrassenplateau einrahmt. Dieser Ort strahlt eine ganz besondere Würde aus, die sich bis heute vermittelt. Er wurde, von seinem

Abb. 9   Parkbrücke über die Pfrimm 1911

Auf der gegenüberliegenden Pfrimmseite erbaute Bittel vorausschauend ein Haus für seinen Gärtner. So wurde die kontinuierliche Pflege und Überwachung der Parkanlage gewährleistet. Das schlichte Fachwerkhaus liegt direkt am Parkeingang von der Binger Straße kommend und wurde von Gärtner Racing bis zu seinem Ableben bewohnt. Dies hatte ihm Karl Bittel in seinen Verträgen mit der Stadt Worms zusichern lassen.

Auf Höhe des Rondells verbindet die erste der beiden Pfrimmbrücken das rechte mit dem linken Ufer. Nachdem die ersten Brückenkonstruktionen aus Birkenholz, ähnlich dem Teehäuschen, schon sehr früh baufällig waren, erbaute man 1910 gerundete Betonbrücken mit einem zeitgemäßen formschönen Geländer (Abb. 9). Die neuen Brücken fanden jedoch nicht nur Zustimmung, sondern wurden von einem Teil der Bevölkerung als Schandfleck in der Landschaft betrachtet. Von der Brücke am Hexenturm sah man sowohl das Fichtenwäldchen am Teehaus als auch das auf der anderen Pfrimmseite liegende, von zwei Wegen durchkreuzte Plateau und das Mausoleum. Daneben bot sich dem Betrachter ein schöner Blick auf die geschwungene Wegeführung entlang des Bachlaufs und die Hochheimer Brücke.

Mauerwerk ausgehend, halbkreisförmig bepflanzt, wobei auch mehrere Eiben den Bau einrahmten. Die Eibe ist bewusst als immergrünes Gehölz und Sinnbild des ewigen Lebens und zur Betonung der melancholischen, düsteren Abschiedsstimmung des Ortes gewählt. Nach seinem Tod wurde die Urne Karl Bittels dort beigesetzt. Bis heute finden die Angehörigen und Nachfahren seiner Familie an dieser Stätte ihre letzte Ruhe.

Abb. 10   Ochsenklavier vor dem Brückenbau

Abb. 11   Neu gebaute Brücke

Pfrimmpark

Am westlichen Ende der Parkanlage zeigt sich eine weitere Besonderheit in Form von unterhalb des Wehres aus dem Wasser herausragenden schmalen Trittsteinquadern aus Sandstein. Diese Furt stellte in früheren Zeiten eine der ersten Überquerungsmöglichkeiten zwischen den Vororten Hochheim und Pfiffligheim dar und wird im Volksmund bis heute das „Ochsenklavier" genannt (Abb. 10). Selbst als 1955 eine Brücke zwischen den beiden Ortsteilen über die Pfrimm gebaut wurde (Abb. 11), blieb die traditionelle Furt bestehen. Von der neuen Brücke aus bot sich dem Spaziergänger ein besonders schöner Blick auf den bis heute sehr naturnah gestalteten hinteren Parkbereich (Abb. 12).

In den 20er-Jahren wurde unterhalb des Hexenturms ein Rondell angelegt. Die auf die runde Platzfläche zulaufenden Wege wurden an ihren Enden mit Rankbögen überspannt, an denen Kletterpflanzen wuchsen. Der Platz erhielt zudem eine Einfassung mit niedrigen Hecken. In der Mitte umgab eine Rundbank eine Trauerweide. Das sollte die melancholische Stimmung noch verstärken. In den 60er-Jahren entwickelte man das Ganze zu einem buchsgefassten „Rosenplatz" und berankte die Pergola im Stil der Zeit mit blühenden, duftenden Rosen. Die heutige Platzgestaltung orientiert sich an dem Vorbild der 30er-Jahre. Allerdings steht statt der Trauerweide ein Rankgerüst inmitten der nachgebauten Rundbank, an dessen Mittelpfosten eine Kletterpflanze emporwächst.

Die Parkanlage mit Ausnahme des Mausoleums, das im Eigentum der Familie verblieb, wurde von Karl Bittel im Jahr 1908 für einen Bagatellbetrag der Stadt Worms zur Nutzung übergeben. Der Stiftungscharakter hat sich bis heute erhalten. Im Rechenschaftsbericht der Stadtverwaltung von 1908 heißt es hierzu: „Genehmigung der abgeschlossenen Urkunde über den Ankauf des Pfrimmparks einschließlich der zugehörigen Gärtnerwohnung aber ausschließlich des in Mitten des Parks stehenden Aschetempels und der an der Nordseite befindlichen Ruine zum Preis von MK 25.000".

Jedoch erst kurz vor seinem Tod erlebte Karl Bittel im September 1911 eine Würdigung für die großzügige Überlassung der Parkanlage in Form eines

Abb. 12 Bachlauf der Pfrimm

Abb. 13 Entwurf 2003

Gedenksteins in der Nähe des heutigen Spielplatzes. Auf einem Findling wurde ein Medaillon mit seinem Bildnis befestigt. Die Arbeit wurde von dem Bildhauer Georg Lehmann ausgeführt (Abb. 1).

Durch den Bau einer Brücke an der Nievergoltstraße wurde der Park das einzige Mal nachhaltig geschädigt. Dabei hat man den letzten Mäander des in diesem Parkteil naturnah gestalteten Pfrimmauenbereiches beseitigt. Der naturnahe Charakter des Parks wurde damit nachhaltig zerstört. Das Brückenbauwerk dominiert bis heute die Region. Teilbereiche des Wegenetzes wurden 1947 begradigt, da man einem pragmatisch geraden Wegeverlauf, mit dem man am schnellsten von A nach B gelangt, den Vorzug vor ästhetischen Gestaltungskriterien einräumte. Auch die ursprüngliche Ausführung der Wege in wassergebundener Wegedecke mit feiner Splittabstreuung, wie sie auf historischen Fotos dokumentiert ist, war zugunsten eines stillosen Asphaltbelags aufgegeben worden.

Besonders für die angrenzenden Stadtteile Hochheim und Pfiffligheim ist der Karl-Bittel-Park heute ein wichtiges Naherholungsgebiet. Außer Stadtteilfesten und den „Ferienspielen" im Sommer findet hier im November das Martinsfest mit Aufführung und großem Feuer statt. Auf der Rasenfläche unweit des Mausoleums wurde in neuerer Zeit ein Bolzplatz eingerichtet. Seit 2001 wurden Teilbereiche wie das stark eingewachsene Mausoleum mit den angrenzenden Wegen auf der Grundlage eines Parkpflegewerkes saniert (Abb. 13). Die Bepflanzung des ovalen Beetes um das Mausoleum erfolgte in Abstimmung mit den Nachfahren Karl Bittels.

Trotz seiner zahlreichen Besucher und Nutzer ist selbst Einheimischen nicht immer die besondere Bedeutung dieser Parkanlage bewusst. Daher ist auch diese Grünanlage ein verborgener Garten von hohem Rang (Abb. 14).

Abb. 14 Blühende Wiese im Park

Der Sckell'sche Kellergarten in Dirmstein/Pfalz

Der zur Pfalz zählende Ort Dirmstein birgt für seine Größe herausragende Parkanlagen. Ein Blick auf das Urkataster der Ortsgemeinde zeigt um 1841 eine Park- und Gartenlandschaft, die vielen alten Gebäuden des gut 800 Jahre alten Ortes den entsprechenden Rahmen verlieh. Als besondere Beispiele der Gartenkunst, die von einem der bedeutendsten Gartenarchitekten kreiert wurden, sind hier der „Koeth-Wandtscheidt'sche Garten" und der „Kellergarten" zu nennen. Auf Grundlage eines Parkpflegewerkes des Landschaftsarchitekten Peter Jordan konnte in den letzten Jahren die Parkanlage des Koeth-Wandtscheidt'schen Gartens mit Weiher, alten Bäumen und Weinbergen wiederhergestellt werden und ist ein lohnenswertes und zwischenzeitlich bekanntes Ausflugsziel geworden.

In diesem Buch möchten wir jedoch über den wesentlich unbekannteren Garten mit dem spektakulären Namen „Kellergarten" am Affenstein berichten. Er verdient genauso viel Aufmerksamkeit wie sein

Abb. 2 Schmiedeeisernes Eingangstor

Vorgänger, der Koeth-Wandtscheidt'sche Garten, da beide aus der gleichen Feder des berühmten Gartenkünstlers Sckell stammen.

Die Geschichte des sogenannten Sturmfeder'schen Kellergartens ist eng mit der des ehemaligen Sturmfeder'schen Schlosses verknüpft, das seit 1990 als Rathaus genutzt wird. Das Schloss an der Marktstraße befand sich im 18. Jahrhundert im Besitz der Freiherren von Sturmfeder, die durch Erbschaft die Güter der 1699 ausgestorbenen Linie der Lerch von Dirmstein übernommen hatten.

Der Kellergarten wurde zwischen dem Ende des 18. und dem Beginn des 19. Jahrhunderts auf dem Gelände einer verfallenen ehemaligen Burg der Lerch von Dirmstein am Affenstein angelegt (Abb. 1).

Schon die Freiherren von Sturmfeder nutzten das Gelände im Südosten des Dorfes als Garten. Es wird auf einem Ortsplan von 1746 unter der Nr. 41 als ein von einer Mauer umschlossener Baumgarten dargestellt. Der Zugang zum Garten (Abb. 2) ist auf dem Plan an der gleichen Stelle wie heute neben dem Gartenpavillon, der „Burg", eingezeichnet und führte mittels einer einfachen Brücke über den an der Westseite entlanglaufenden Bach.

Die Neugestaltung als Landschaftspark nach englischem Vorbild geht vermutlich auf die Entwürfe des kurpfälzischen Hofgärtners und späteren Königlich Bayerischen Hofgarten-Intendanten Friedrich Lud-

Abb. 1 Eingangstor mit der „Burg" am Affenstein

Sckell'scher Kellergarten

Abb. 3   Urkataster von 1837

wig Sckell (1750–1823) zurück. Dies findet sich sowohl bei Lipovsky (Baierisches Künstlerlexikon, Bd. 2. München 1810, S. 96) als auch in der von Sckells Neffen Carl August Sckell verfassten Vorrede von Sckells „Beiträgen zur Bildenden Gartenkunst" (München 1825, S. XII).

Zum endgültigen Nachweis der Ausgestaltung des Gartens wurden im Winter 2006 bodenarchäologische Grabungen entlang der vermuteten Wege durchgeführt. Diese Grabungen orientierten sich an der Darstellung im Urkataster von 1837 (Abb. 3). Zur Festlegung der Grabungsstellen wurde zunächst

Sckell'scher Kellergarten

Abb. 4 Bestand mit abgestecktem Wegeverlauf

Abb. 5 Grabung zur Ermittlung des Wegeverlaufs

der Urkatasterplan mit dem heutigen Vermessungsplan überlagert. Um die historischen Wege im Gelände sicherer aufzufinden, wurden die Wegeverläufe und der Uferrand des Weihers aus dem Urkataster mit Messpunkten in das heutige Gelände übertragen. Die Messpunkte wurden mit farbigen Pfählen markiert (Abb. 4).

Die bodenarchäologische Grabung ergab, dass die ehemaligen Wege unter einer etwa 5 bis 10 cm starken Humusauflage liegen. Unter dieser Auflage fand sich eine Schicht aus Rheinkiesel mit einer seitlichen Wegeeinfassung aus Kalkstein (Abb. 5).

Der verdichtete Boden unter dieser Schicht wies einen hohen Sandanteil auf. Der Unterbau bestand aus grobkörnigerem Material mit Anteilen von roten Ziegelscherben. Da früher in Dirmstein eine Ziegelei ansässig war, wurde das dortige Material für diese Wegeschicht verwendet.

Fast alle historischen Wege konnten so gefunden werden, zumal die Wegeeinfassung mit Kalkstein in weiten Bereichen noch vorhanden war. Die durchschnittliche Wegbreite betrug etwa 140 cm.

Somit stand fest, dass der im Urkataster eingezeichnete Weg auch tatsächlich wie im Plan erbaut wurde. Gleiche Grabungen wurden im Bereich des Teiches und des Zulaufs durchgeführt. Auch hier bestätigte sich die Angabe des Katasterplans. Zusätzlich war festzustellen, dass die Wasserläufe und der Teich mit einer 60 cm dicken Tonschicht abgedichtet waren.

Demnach präsentierte sich die Gartenanlage zum Zeitpunkt des Urkatasters 1837 (Abb. 3) wie folgt: Die an zwei Seiten von Wasser umflossene dreieckige Anlage ist hier mit den typischen Elementen des Englischen Landschaftsgartens dargestellt: geschwungene Wege inmitten einer mit Wiesenflächen, Baum- und Strauchgruppen ausgestatteten Gartenlandschaft. In der Mitte der Anlage liegt der Teich, dessen Zu- und Ablauf in den umgebenden Wassergraben münden. Der Bachlauf zur Speisung des Teiches wird an drei Stellen von kleinen Brücken gequert. Am südlichen Teichufer schiebt sich eine kleine, mit einem runden Platz versehene Halbinsel in die Wasserfläche. Direkt gegenüber erstreckt sich ein formaler Küchengarten parallel zur nördlichen Umfassungsmauer.

Die im Plan verzeichneten Gebäude stimmen zum größten Teil mit den heutigen überein. Deutlich erkennbar sind das Wohnhaus in der südwestlichen Ecke, der Burgturm mit Gartensaal an der westlichen Umfassungsmauer und das Badehaus in der nordöstlichen Gartenecke. Einzig ein längliches Wirtschaftsgebäude in der nordwestlichen Ecke der Anlage ist heute nicht mehr vorhanden.

Nachdem Joseph von Camuzi, Bürgermeister von Dirmstein, den Garten zu Anfang des 19. Jahrhunderts erworben hatte, ging das Anwesen nach seinem Tod 1828 in den Besitz der Tochter Florentine von Camuzi über. Es ist wahrscheinlich, dass sie die heute noch ablesbare Gestaltung des Gartens maßgeblich geleitet und die vorhandenen Gebäude als „Staffagebauten" dem Garten hat anpassen las-

Sckell'scher Kellergarten

Abb. 6 Blick auf „Burg", Teich und Wohnhaus, Aquarell von Schenck 1866

sen. Bis zu ihrem Ableben 1855 bewohnte Florentine von Camuzi das Grundstück. Es ging dann in den Besitz ihrer Schwester Henriette, einer verheirateten von Brühl, über.

Zwei aquarellierte Ansichten des Gartens des Hofgerichtrats Schenck dokumentieren anschaulich den Zustand der Parkanlage um 1866 (Abb. 6 und 8). Im Zentrum des dreieckigen Gartens lag ein von einem kleinen Bachlauf gespeister Teich. An der Längsseite des Teiches liegt die bereits beschriebene Halbinsel. Die umgebenden Bäume lassen eine runde Plattform frei, sodass ein Ruheplatz über dem Wasser entsteht. Der mit einem Schwanen- oder Entenhaus geschmückte Weiher kann sowohl mittels eines Nachens vom Wasser als auch von dem umlaufenden Rundweg aus erlebt werden (Abb. 7). Er gibt an den unterschiedlichsten Stellen immer wieder malerische Durchblicke frei.

Abb. 7 Teich mit Kahn (geschätzt 1970)

Englische Landschaften

Sckell'scher Kellergarten

Die Blickbeziehungen sind über den See und die lichte Wiesenfläche hinweg zu den verschiedenen Gebäuden der Anlage inszeniert. An den Rändern des Gartens verdichten sich die Gehölze, sodass der Blick mehr auf das Innere der Gartenanlage gelenkt wird.

Die auffälligsten Gehölze auf den Aquarellen von Schenck sind einige große Säulenpappeln, die den Garten dominieren. Es sind überwiegend Laubbäume dargestellt, unter anderem eine Trauerweide am Weiher.

Die drei Gebäude der Anlage liegen in den Randbereichen des Gartens. An der südlichen Ecke liegt das zweigeschossige Wohnhaus mit traufständigem Satteldach vom Anfang des 19. Jahrhunderts (Abb. 8 und 9). An den Hauptbau mit Putzfassade, Rechteckfenstern und Konsolgesims schließt sich rückseitig ein zweigeschossiger Anbau an. Das Wohnhaus wurde 1841 für Florentine von Camuzi erweitert.

Seitlich der Toranlage am Affenstein erhebt sich die „Burg", ein als Gartensaal konzipiertes, von den Formen des neugotischen Klassizismus geprägtes Gebäude, das auf den Ruinen eines bereits auf dem Plan von 1746 dargestellten Bauwerks errichtet wurde. Die „Burg" war mit ihrer feinen Lagerfugenrustika und dem Spitzbogenfries unter dem flachen Walmdach ursprünglich sandsteinrot gefasst. Auch die Außentreppe an der Nordseite wurde erst in jüngerer Zeit verändert. Straßenseitig findet sich ein als Spolie eingesetzter Türsturz mit Ehewappen und der Inschrift: CASPAR LERCH DER DRITTE VND DOROTHEA ZV ELTZ EHELVT CASPAR LERCH DER VIRTE VND MARTHA BRENDELIN EHELVT.
Das dritte Gebäude in der nordöstlichen Ecke der Anlage (Bleichstraße 2) liegt heute außerhalb des Gartens. Es ist ein zweigeschossiger klassizistischer Walmdachbau mit Rundbogenfenstern und Konsolgesims, der ehemals das Badehaus der Gräfin Brühl beherbergte. Die ursprünglich im Boden des Erdgeschosses eingelassene Marmorwanne ist heute als Blumenkübel vor dem Gebäude aufgestellt (Abb. 10).

Abb. 8 Aquarell des Wohnhauses von Süden, Schenck 1866

1936 wollte die Gemeinde Dirmstein auf dem Gelände ein Schulhaus erbauen. In dem Bauantrag wird folgendes Inventar beschrieben „[...] Wohnhaus im Kellergarten [...] mit Gartensaal u. Gewächshaus allda, [...] mit englischen Anlagen u. Gemüsegarten, [...] Weiher allda und [...] Gartenhaus mit Keller, Treibhaus, Schuppen und Vorplatz im Kellergarten mit zusammen 71.9 ar für Errichtung eines Schulhauses zum Preise von 34 000.-RMk [...]".

Abb. 9 Südansicht des Wohnhauses mit Eckbach (geschätzt 1910)

Sckell'scher Kellergarten

Der Schulhausbau scheitert trotz fortgeschrittener Planung im Januar 1940, da wegen des Krieges nur noch Bauvorhaben begonnen werden dürfen, die nachweisbar der Landesverteidigung dienen.

Nach der Verlegung des Eckbachs um 1920 konnte der Teich im Kellergarten nur noch zeitweise mittels eines Wehrs und einer Rohrleitung entlang des Affensteins gespeist werden, sodass er immer mehr verlandete. Im Zuge von Kanalbauarbeiten zwischen 1970 und 1975 wurde er schließlich vollständig zugeschüttet.

Zwei Bilder des Malers W. Perron zeigen den Kellergarten um 1944. Auf einem sind der Blick über den Teich hin zum Wohnhaus und der heute noch vorhandene Sandsteinsockel, mit einer Schale geschmückt, festgehalten (Abb. 11). Das zweite Bild zeigt die „Burg", vom Affenstein aus gesehen (Abb. 12).
Heute ist die Gartenanlage im Besitz der katholischen Hospitalstiftung und an den Pfälzischen Fechtverband verpachtet.
Die Stiftung erwägt auf Grundlage der 2006 durchgeführten gartenhistorischen Untersuchungen, das Ensemble wieder instand zu setzen.

Abb. 11 Aquarell von Perron 1944, Ansicht des Wohnhauses, vom Garten aus gesehen

Abb. 12 Aquarell von Perron 1944, Ansicht der Burg, vom Affenstein aus gesehen

Abb. 10 Badehaus des 19. Jahrhunderts

Englische Landschaften

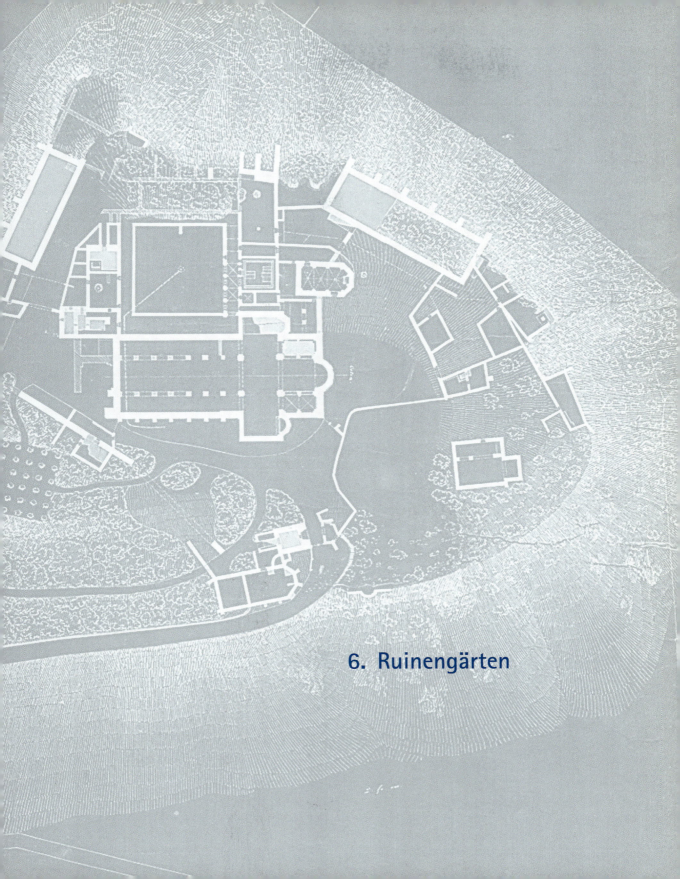

6. Ruinengärten

Die Gärten des Gartenbaudirektors Johann Ludwig Metzger aus Heidelberg

Die Klosterruine des Disibodenbergs bei Bad Kreuznach

Aufgrund seiner exponierten Lage übte der Disibodenberg von jeher eine große Anziehungskraft auf die Menschen in seiner Umgebung aus. Bevor sich der irische Mönch Disibod im 7. Jahrhundert auf dem später nach ihm benannten Berg niederließ, gab es hier schon eine keltische und eine römische Siedlung. Laut einer Legende wurde Disibod durch seinen grün austreibenden Wanderstock zum Bleiben bewogen.

Bei seiner Wanderschaft von Irland über Frankreich war Disibod nach Deutschland und um das Jahr 640 an die Nahe gelangt. Hier rastete er mit seinen Weggefährten auf der Ostseite des Berges. Als sein Wanderstock grüne Zweige und Blätter trieb, erklärte er den Ort für heilig und errichtete auf der Ostseite des Berges eine Einsiedelei.

Mit Hilfe gottesfürchtiger Männer aus der Umgebung erbaute er eine Kapelle. Daraus entwickelte sich eine Mönchsansiedlung. Die Mönchsgemeinschaften betrieben im alten Siedlungsraum der Flusstäler Missionierung und Seelsorge. In den Wirren der folgenden Jahrhunderte lösten sich diese religiösen Gemeinschaften auf.

Etwa 200 Jahre später errichtete Erzbischof Willigis von Mainz auf dem Disibodenberg ein Kanonikerstift anstelle der mittlerweile verlassenen und zerstörten Mönchssiedlung. 1108 wandelte Erzbischof Ruthard von Mainz das Kanonikerstift in ein Benediktinerkloster um. Die Errichtung der Abteikirche wurde begonnen, die Grundsteinlegung für die neue Klosteranlage erfolgte am 30. Juni 1108. Die prominente Heilkundige Hildegard von Bingen lebte und wirkte in der dem Kloster angeschlossenen Frauenklause. Sie verbrachte fast 40 Jahre ihres Lebens dort, bevor sie um 1147 auf dem Ruppertsberg bei Bingen ein neues Benediktinerinnenkloster gründete. In den folgenden Jahrhunderten lebten noch verschiedene Ordens- und Religionsgemeinschaften auf dem Disibodenberg. Der Orden der Zisterziensermönche, der auch zwischenzeitlich auf dem Disibodenberg heimisch geworden war, versuchte, das Kloster im 17. Jahrhundert wieder in Besitz zu nehmen, jedoch konnte es wegen der erlittenen Zerstörungen nicht wiederaufgebaut werden. Ab 1790 diente die Ruine als Steinbruch zum Wiederaufbau der neuen Gebäude in den umliegenden Ortschaften (Abb. 1 und 2).

Die Ruinen

Wandert der Besucher von dem kleinen Museum am Fuß des Berges zur Anhöhe empor und begibt sich auf den Rundweg, der ihn um die Klosterruinen führt, so tauchen bald zwischen den Bäumen die hochragenden Mauern der mächtigen Gebäude auf, die einst die ganze Krone des Klosterberges umgürtet haben.

Von der Klause des Disibods wie auch den um sie entstandenen kleinen Häusern seiner Jüngerschar und der Kapelle mit seinem Grab hat sich natürlich nichts erhalten. Es ist zu vermuten, dass schon vor der Ankunft des Wandermönchs und späteren Bischofs auf dem Berg das Christentum in Form einer Taufkapelle (vielleicht in der Nähe der späte-

Abb. 1   Ruine des Hospitz, Litho von J.C. Scheuren, 1833

Abb. 2   Kirchenruine, kolorierte Federzeichnung, um 1790

Disibodenberg

Abb. I   Weg zwischen den Ruinen

ren Friedhofskapelle am Gipfelplateau) Fuß gefasst hatte. Dies geschah wiederum über den nicht unbeträchtlichen Resten eines römischen Temenos und seiner Bauten, eines Kult- oder Memorialbezirks, wie die zahlreichen Funde und Werksteine von teilweise monumentalen Grabbauten belegen. Von den Grundmauern der römischen Gebäude selbst blieb nichts übrig, da alles in den großen Bau- und Terrassierungsmaßnahmen bei der Anlage des Benediktinerklosters eingeebnet oder als Baumaterial wiederverwendet wurde. Auch von der vorrömischen, also keltischen, Besiedlung des Berges wissen wir nur aus dem archäologischen Kleinfundmaterial.

Auch vom Kanonikerstift der Zeit von Erzbischof Willigis – einerseits eine Instandsetzung der heruntergekommenen Gebäude der Disibodzeit, andererseits eine Neugründung – sind heute nur noch Steine in den Fundamenten des Benediktinerklosters erhalten. Dieses entstand nach der Grundsteinlegung 1108 im Verlauf von etwa vier Jahrzehnten in mehreren Schüben und Pausen der Bautätigkeit (Abb. I und II).

Die mächtige, große Anlage der Abteikirche demonstriert den Anspruch dieses Eigenklosters des Mainzer Erzbistums gegenüber den lokalen Territorialherren. Wenn nicht der größte Teil der Quadermauern zum Bau der Odernheimer Pfarrkirche und der Staudernheimer Brücke abgebaut worden wäre, stünde von diesem ehemals eindrucksvollen Bau noch weit mehr als die Reste der einst gewölbten Chorpartie und der Westwand aufrecht. Zahlreiche Grabplatten von berühmten Adelsfamilien des Nahegaus liegen unter dem Grasboden der Kirche verborgen, wertvolle Bauskulptur ist im Museum zu sehen.

Disibodenberg

Abb. II Ruinen

Neben der Kirche blieb wenig Platz für die Konventbauten, die sich deshalb über den Terrassen an der Nordseite des Klosterberges erstrecken. Besonders eindrucksvoll in der Intimität der räumlichen Entfaltung sind der Kreuzgang, der Kapitelsaal mit den Nebenräumen und die Marienkapelle. Obgleich zum Teil auf den Grundmauern der Anlage aus dem 12. Jh. errichtet, hat der heutige Besucher fast überall die tiefgreifende Umgestaltung der Zisterzienserzeit vor Augen. Diese Epoche war noch einmal eine Blüte der Baukunst und des Wohlstands für das Kloster. Davon zeugen vor allem auch die beiden größten Bauten, die sich auf dem Klosterareal erhalten haben: Da ist zunächst das Hospiz an der Westseite. Mit seinen hohen Umfassungswänden, den Kaminen und Fenstern ist es ein beredtes Zeugnis der neuen, vor allem auch sozialen Aufgaben,

die der Zisterzienserorden nun im Kloster wahrnahm. Wie in anderen Klöstern dieses Ordens diente der Bau den Reisenden, Pilgern und ebenso Personen, die ihrer Leben oder den Lebensabend ohne die mönchischen Weihen in der Mitte und Nähe einer solchen Gemeinschaft verbringen wollten. Deshalb erfuhren auch die Bauten zur Versorgung des Klosters und seiner Insassen eine beträchtliche Ausweitung, wie der einzigartige Backofen an der Nordwestkante des Klosterberings eindrucksvoll belegt.

Der andere, der sogenannte Abteibau an der Nordflanke des Berges hinter der Kirche besaß über dem großräumigen Keller einen weiten Saal mit gotischen Rippengewölben, deren Spuren und Reste allenthalben zu sehen sind. Hier mag die Infirmerie, also der Krankenbau, ebenso Platz gefunden haben wie andere, rein klosterinterne Funktionen, denn wir befinden uns im Kernbereich des Klosters.

Alle diese großen Baumaßnahmen der Zisterzienserzeit bedienten sich des Baumaterials der baufälligen oder nicht mehr genutzten und deshalb abgebrochenen Vorgängerbauten, insbesondere der Frauenklause. Diese muss letztendlich beim Auszug Hildegards ein veritables Kleinkloster gewesen sein, wissen wir doch, dass sie von 25 Nonnen nach Bingen begleitet wurde. Gerne wüssten wir genauer, ob dieses Frauenklösterchen wirklich im Südwesten des Klosterareals gelegen hat, aber hier hat die Archäologie noch eine Aufgabe. Ebenso wüsste man gerne, wo Hildegards Garten lag, in dem sie all die klugen Beobachtungen sammelte, über die sie in ihren Büchern schrieb.

Zum Abschluss sollte man nicht versäumen, von der romanisch-gotischen Laienkapelle beim Eingang oder der neuen Hildegardkapelle aus den Blick über das Glantal und die sanften Hügelkuppen mit den Weinbergen zu genießen, wo Geschichte und Natur zu einer selten harmonischen Einheit zueinander finden.

(Dr. Günther Stanzl, Landesdenkmalsamt Mainz)

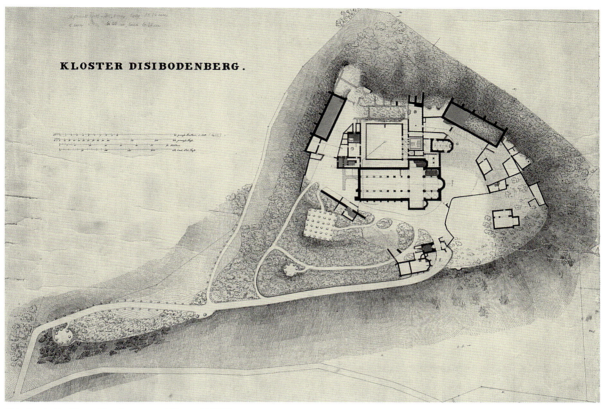

Abb. 3   Aufmaß von Engelmann und Ruprecht 1841

Das zur Abtei gehörige Klostergut wurde bis zur Aufhebung des Klosters 1559 von den Mönchen selbst bewirtschaftet. Die Bewirtschaftung erfolgte nicht von dem an steilen Hängen gelegenen Kloster aus, sondern von einem am Fuß des Berges erbauten Wirtschaftshof.

Nach der Französischen Revolution 1801 wurde die gesamte Klosterruine Disibodenberg zum Nationaleigentum der Franzosen erklärt. Sie wurde samt umgebendem Ödland öffentlich versteigert. So erbte Peter Wannemann, ein Kaufmann aus Bad Kreuznach, 1821 die nördliche Wirtschaftshofhälfte. Als Rentner erweiterte er 1841 durch Kauf und Tausch der Ländereien des benachbarten Besitzers Johann Nikolaus Großhard seinen Grundbesitz und ließ ab 1841 einen Park nach dem Vorbild der Englischen Landschaftsgärten durch den renommierten Gartenbaudirektor Johann Metzger anlegen (Abb. 3).

Ein bedeutender Reiseführer des 19. Jahrhunderts, Robert Vogtländer 1853, schreibt: „und als ich nun Kreuznach zu einem Badeorte erhob und die Aufmerksamkeit mehr auf die schön gelegenen und historisch merkwürdigen Punkte der Umgebung hingelenkt wurde, da brachte Herr Wannemann die Ruine des Klosters ... in seinen alleinigen Besitz. Kaum war dies gelungen, so legte er nun rasch Hand ans Werk, ließ die vorhandene Ruine mit Sorgfalt in den Jahren 1841 und 1842 von Schutte säubern und legte die Grundmauern der früheren Gebäudlichkeiten dem Auge des Beschauers bloß." Damit nicht zufrieden, sollte der Ort auch durch entsprechende Anlagen verschönert werden. Diesem Werk unterzog sich mit kundiger Hand der zum Zeitpunkt der Abfassung des Reiseführers bereits verstorbene Garteninspektor Metzger aus Heidelberg, „und nicht ohne große Anstrengung und Opfer stehen nun die Ruinen des Klosters vor unseren Augen

Disibodenberg

Abb. 4   Besucher in der Abteikirche, um 1900

Abb. 5   Visitenkarte Metzger, Vorderseite

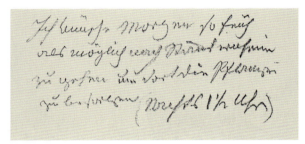

Abb. 5a Visitenkarte Metzger, Rückseite

dar, rings umgeben von den herrlichen Anlagen, so dass der Ort zu einem der besuchtesten des ganzen Nahethales geworden ist".
Aus dieser Beschreibung geht hervor, dass, ähnlich der Klosterruine Limburg bei Bad Dürkheim, der Kurgedanke eine ganz wichtige Rolle für die Belebung des Landschaftsparks am Disibodenberg als Ausflugsziel spielte (Abb. 4).

Bis 1847 wurde Metzgers Plan realisiert und die Klosterruine mit ihrem Park ein beliebtes Ausflugsziel für die Kurgäste. Die heute noch lebenden Nachfahren des Peter Wannemann, Familie von Racknitz, sind im Besitz einer Originalvisitenkarte des renommierten Gartenbaudirektors Johann Ludwig Metzger. Auf der Visitenkarte hat er handschriftlich vermerkt: „Ich wünsche morgen so früh als möglich nach Staudernheim zu gehen, um dort die Pflanzen zu besorgen, nachts eins einhalb Uhr 18. 11. 1842 (Abb. 5 und 5a).
Das Konzept Metzgers sah die Ruine im Zentrum der Gartenanlage, wie es zu der damaligen Zeit üblich war. Der Disibodenberg wurde mit einem Rundweg erschlossen, der über kleine Ruheplätze bis in das Innere der Ruine führte. Im Kirchenschiff wurde eine dreistämmige Eiche gepflanzt als Zeichen der Dreieinigkeit (Abb. 6). Andere Gehölze, wie eine Blutbuche, wurden jedoch erst im letzten Jahrhundert zur bestehenden Metzger'schen Pflanzung ergänzt. Metzger sah kleine Aussichtsplätze als Belvederes vor, von denen aus man einen fantastischen Blick auf den Zusammenschluss von Nahe und Glan hatte.
Unterhalb des Disibodenbergs erstreckten sich weithin Weinberge mit einem kleinen Weinbergshäuschen, das auch heute noch auf dem Disibodenberg zu finden ist (Abb. 7). Allerdings wurde es zwischenzeitlich als Werkzeugschuppen genutzt und soll zukünftig im Rahmen von Instandsetzungsmaßnahmen restauriert und zur Weinverkostung genutzt werden. Von diesem Häuschen ausgehend, führte ein kleiner Schlängelweg zwischen Flieder und weiteren duftenden Gehölzen zu einem Aussichtsplatz oberhalb einer 350 Jahre alten Eiche (Abb. 7a). Ein weiterer wichtiger Aussichtspunkt liegt neben dem früheren Refektorium (Abb. 8); hier erschließt sich die ganze umgebende Landschaft weiträumig von einem kleinen, mit Platanen eingefassten Plateau (Abb. 8a).

Abb. 6   Eiche im ehemaligen Kirchenschiff

Ein Hauptprinzip des Englischen Landschaftsgartens, nämlich das Durchwandern von dunklen, schattigen Plätzen zu hellen, lichten Aussichtspunkten und Ruheplätzen, wird hier deutlich (Abb. 9 und 10). Immer wieder finden sich auf dem Disibodenberg auch Plätze, an denen sich die Natur wundersam mit dem alten Mauerwerk verbunden hat. Allerdings ist es bisweilen auch notwendig, jüngere Gehölze zu entfernen, um das alte Mauerwerk zu retten.

Abb. 7   Weinbergshäuschen

Abb. 7a   350 Jahre alte Eiche oberhalb des Weinbergs

Disibodenberg

Abb. 8   Innenraum des Refektoriums

Die heutigen Besitzer, Familie von Racknitz, haben in den letzten Jahren einige Maßnahmen durchgeführt, die den Besuchswert der Parkanlage steigern sollen. So wurde unter anderem ein Labyrinth anstelle des von Metzger geplanten früheren Baumsaals – ein lichter Baumhain – eingerichtet. Die noch vorhandenen Bäume des Baumsaals blieben jedoch erhalten. Des Weiteren wurde mittels einer kleinen Treppenanlage eine Verbindung zwischen dem unterhalb liegenden romantischen Schlängelweg mit Fliederbüschen und dem oben auf Höhe des Kirchenschiffs gelegenen Labyrinth geschaffen.

In der Tradition der Anlage von Ruinengärten des 19. Jahrhunderts beließ Johann Metzger die Ruine unberührt in der Mitte seiner Parkanlage und umgab sie mit duftenden Gehölzen, kleinen dunklen Fichtenwäldchen und sonstigen Laubgehölzen, durch die Rund- und Schlängelwege führten.

Ganz unabhängig von der Gestaltung Metzgers handelt es sich bei dem Disibodenberg um einen Ort mit ganz besonderer Ausstrahlung. Ein Grund dafür ist auch in seiner exponierten Lage im Raum und den vielfältigen Blickbeziehungen zu suchen, die nicht nur vom Disibodenberg in die umgebende Landschaft ausgehen, sondern auch von der umgebenden Landschaft auf den Disibodenberg zulaufen. Somit ist er gewissermaßen der Fokus der Region (Abb. 11).

Es sind jedoch nicht nur die Lage und die wechselvolle Geschichte, die diesen Ort zu einem ganz besonderen Reiseziel machen, sondern auch der Wein, der hier seit vielen hundert Jahren kultiviert wird. Die Familie von Racknitz betreibt Weinbau in langer Tradition und produziert ihren eigenen Wein in dem noch vorhandenen alten Wirtschaftshof, in dem die Familie auch lebt. Dort wurde ein kleiner Laden zur Weinverkostung eingerichtet.

Abb. 8a   Ausblick in die Umgebung

Abb. 9   Licht und Schatten im Landschaftspark

Disibodenberg

Abb. 10 Labyrinth mit Ahorn im früheren Baumsaal

Dem Wirtschaftshof gegenüber steht ein Museum, das erst vor fünf Jahren entstanden ist und die Ergebnisse langjähriger Forschungsarbeit des Herrn Dr. Stanzl vom Landesamt für Denkmalpflege und des Herrn Nikitsch darstellt. Beide haben sich mit den Ruinen auf dem Disibodenberg intensivst auseinandergesetzt. Dieser besondere Ort hat durch seine etwas abgeschiedene Lage mit ganz profanen wirtschaftlichen Problemen zu kämpfen. Die Unterhaltung des riesigen Gutes verlangt einen immensen Arbeitseinsatz und hohen materiellen Aufwand. Mit Unterstützung des Landesamtes für Denkmalpflege konnten in den letzten 15 Jahren große Teile der Ruinen saniert und gesichert werden. Mit der Erstellung eines Parkpflegewerks wurden zukünftige Schritte für den Umgang mit der heute noch vorhandenen Parkanlage vorgegeben. Jegliche Unterstützung, die man diesem bedeutenden Kulturgut zukommen lassen kann, dient seinem Erhalt auch in der Zukunft.

Abb. 11 Blick auf den Disibodenberg mit Nahe und Glan

Die Klosterruine Limburg bei Bad Dürkheim

Oberhalb der Ortschaft Grethen bei Bad Dürkheim liegt die Klosterruine der Limburg, die im 19. Jahrhundert von einem Landschaftspark umgeben wurde. Schon seit 500 v. Chr. bewohnten keltische Fürsten den Limburgberg am Rande des Pfälzerwaldes. Aus dieser Zeit stammen die westlich des Plateaus gelegenen Halsgräben, drei bis zu 20 m tiefe Einschnitte im Bergmassiv, die der Verteidigung des Fürstensitzes dienten.

In römischer Zeit verlor die Anhöhe ihren Wehrcharakter, und römische Bürger erbauten hier ihre Villen.

Im 9. Jahrhundert errichteten die salischen Herzöge von Worms eine Burg im Osten des Plateaus zur Verteidigung gegen Normannen, Slawen und Ungarn. Der heute noch vorhandene Brunnen vor dem ehemaligen Kirchenchor stammt vermutlich aus dieser Zeit.

Ab 1024 wurde die Burg in ein Benediktinerkloster umgewandelt. Im Juli 1025 erfolgte die Grundsteinlegung zum Bau der Kirche. Ähnlichkeiten in ihrer Bauweise deuten auf eine nahe Verwandtschaft zum Speyerer Dom, der zeitgleich erbaut wurde. Im Jahr 1047 wurde die Kirche vollendet.

Die Sicherheit des Klosters garantierten nach den Saliern und den Bischöfen von Speyer seit 1206 die Grafen von Leiningen. Zu diesem Zweck wurden seit der Klostergründung mehrere Schutzburgen in der näheren Umgebung erbaut oder erweitert, wie die benachbarte und noch als Ruine vorhandene Hardenburg.

Im Zuge des Landshuter Erbfolgekrieges steckten Leiningen'sche Truppen und Dürkheimer Bürger das Kloster am 30. August 1504 in Brand. Im Jahre 1515 begann der Wiederaufbau des zerstörten Chores und des Sommerrefektoriums im gotischen Stil. Auch der nördlich gelegene gotische Kreuzgang stammt aus jener Zeit.

Ab 1546 erstarb das Klosterleben allmählich nach Einführung der Reformation durch Friedrich III. von der Pfalz. Die Klostergebäude verfielen und dienten der örtlichen Bevölkerung als Steinbruch zum Bau ihrer Häuser.

Die Stadt Bad Dürkheim konnte im Jahre 1843 die Ruinen erwerben und so den weiteren Verfall aufhalten. Im Zuge des Ausbaus des Kurbetriebes in Bad Dürkheim beauftragte die Stadt um 1843 den bekannten Gartenkünstler Johann Metzger aus Heidelberg mit der Erstellung eines Konzeptes zur Verschönerung der Stadt.

Wie aus dem Schriftverkehr Metzgers mit der Stadt Dürkheim zwischen 1843 und 1847 hervorgeht, sah er die Ruinen der Limburg und der Hardenburg als besondere Attraktionen für den Kurbetrieb an. So schlägt er in einem Gutachten vom 27. Juli 1843 vor, dass „die Ruinen Limburg und Haardtenburg […] als die Krone der Landschaft für städtische Rechnung aquirirt, aufgeräumt, gegen Zerfall geschützt und zugänglich gemacht werden" sollen. Er schreibt außerdem: „Diese beiden Ruinen sind in jeder Beziehung als die Glanzpunkte der Umgegend zu betrachten, welche wenn sie nach dem Muster anderer Burgen hergestellt sind den Zusammenfluß vieler Menschen aus der Nähe und Ferne veranlassen werden. Sie verdienen daher aufgeräumt, das Mauerwerk geschützt und unter Aufsicht gestellt zu werden. Besonders wären noch die beiden Plateaus von der Limburg mit großartigen Baummassen zu versehen, die als Dekoration für die Ruinen und zugleich zum Schatten dienen würden." Zu Metzgers Zeiten war der gesamte Berghang weitgehend baumfrei und von Weinbergterrassen umgeben, sodass ein solches Ansinnen für eine der Erholung von Wanderern und Kurgästen dienende Parkanlage naheliegend erscheint.

Abb. 1   Sandsteintafel von 1854

Klosterruine Limburg

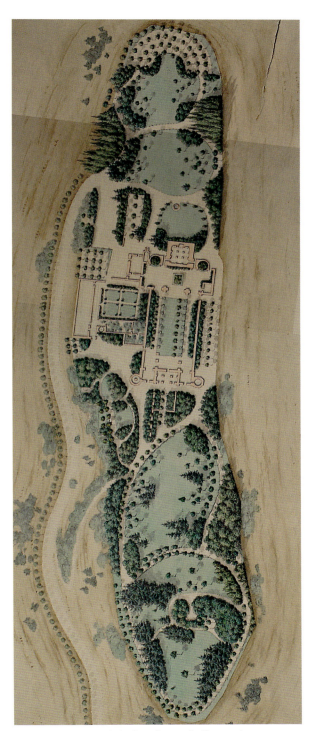

Abb. 2 Plan des Landschaftsparks um die Klosterruine von J. L. Metzger, gez. K. Riedel

Eine Sandsteintafel von 1854, die an der westlichen Wand des Kirchenschiffs oberhalb des ehemaligen Portals angebracht wurde, weist noch heute darauf hin, dass Metzger für die Planung und Ausführung der Anlagen verantwortlich war: „... 1843 kam sie [die Klosterruine, Anm. d. Verf.] in den Besitz der Stadt Dürkheim und wurde auf Kosten derselben von Gartendirector Metzger aus Heidelberg mit einer Anlage umgeben" (Abb. 1).

Zu dem Zeitpunkt, als der Entwurf zur Gartenanlage auf dem Limburgberg entstand, war Metzger bereits Gartenbaudirektor in Heidelberg. Als solcher erhielt er zahlreiche Aufträge für die Gestaltung von Gärten in privater und öffentlicher Hand. Sein Posten im öffentlichen Dienst ließ jedoch die detaillierte zeichnerische Ausarbeitung der Planunterlagen für zusätzliche Gartenanlagen außerhalb des Heidelberger Stadtgebietes nicht zu, weshalb er die Ausführung des Entwurfplanes zur Gestaltung des Landschaftsparks an der Limburg nach seinen Vorgaben Herrn K. Riedel, einem seiner Mitarbeiter, überließ.

In seinem Gutachten schreibt Metzger: „Im Fall nun ein Wohllöblicher Stadtrath mit den vorangestellten Projectionen einverstanden sein sollte, so schlage ich weiter vor, die Vermessung und Nivellements der wichtigsten Gegenstände sogleich vornehmen zu lassen um die Pläne und Kostenberechnungen bis zur Ankunft der Genehmigung in Bereitschaft zu haben. Für die Besorgung dieser Arbeiten schlage ich zugleich den Herrn Riedel vor, welcher die sämmtlichen geometrischen Arbeiten, Wegausführung, Gartenanlagen und Berechnungen nach meiner Angabe, gegen eine Tagesgebühr von 2 fl. bestens besorgen wird."

Dieser Plan einer landschaftlichen Anlage von 1844 ist noch heute im Fürstlich Leiningen'schen Archiv in Amorbach einsehbar und beeindruckt den Betrachter durch seine hohe Detailgenauigkeit und farbenreiche Ausführung der unterschiedlichen Gehölze (Abb. 2).

Ein landschaftlich geschwungener Rundweg beidseitig der Ruinen erschließt das gesamte Plateau. Untergeordnete Verbindungswege laden zum Ent-

Klosterruine Limburg

decken einzelner Parkbereiche ein und bieten die Möglichkeit zum ausgedehnten Flanieren. Die Wege werden von Alleen begleitet, die durch die Wahl verschiedener Gehölzarten unterschiedliche Eindrücke vermitteln.

Wie die Wegestruktur ist auch die Geländemodellierung mit einzelnen Erhebungen heute noch in der Anlage ablesbar und wurde meisterlich im Sinne des Englischen Landschaftsgartens eingesetzt.

Die landschaftlich gestalteten Bereiche werden unterbrochen mit formal gestalteten Plätzen mit regelmäßigen Baumreihen aus Kastanien, Ahornen oder Linden. Ein halbkreisförmig gepflanzter Baumsaal am östlichen Ende des Plateaus hat bei freistehendem Hang früher einen einmaligen Blick in das Rheintal geboten. Heute ist der Blick durch Aufwuchs von Gehölzen verstellt, und auch die Überreste des Baumsaals sind nur mit Mühe ersichtlich. Weitere kleinere Aussichtsplätze an den Rändern des Plateaus gaben den Blick in die umgebende Landschaft frei. Sie waren auf die nahe gelegene Hardenburg, die Rheinebene und auch auf den im Tal liegenden Herzogweiher mit dem malerisch vor einer Steilwand aus rotem Sandstein gelegenen historischen Ortsteil Grethen ausgerichtet.

Abb. 3   Portalwand mit Kastanienpflanzung

Auf der östlichen Seite wurde das Plateau zur Klosterruine hin beidseitig mit italienischen Säulenpappeln bepflanzt. Ihr schlanker Wuchs bringt,

Abb. 4   Platanen im ehemaligen Kirchenschiff

Abb. 5   Landschaftspark um die Klosterruine 1850

korrespondierend zu den weit aufragenden Bauten, ein vertikales Element in die Gestaltung ein. Zudem erinnern die Pappeln an die Zypressen der italienischen Landschaft und implizieren mediterranes Flair, bei dem sich Natur und Kunst in Perfektion miteinander verbinden.

Metzger bezog die Ruine sehr stark in seine Entwurfsplanung mit ein. Wie auch bei der Gestaltung der Klosterruine Disibodenberg bei Bad Kreuznach verwendete er Gehölze innerhalb des Kirchenschiffs und brachte somit die Natur wieder in die Ruine und damit in die Architektur hinein. Noch heute markieren Platanen die ehemaligen Standorte der Säulen des Mittelschiffes (Abb. 4).

Abb. 6   Blick auf die Klosterruine von Osten, 2005

Klosterruine Limburg

Abb. 7 Klosterruine, Portalwand

Den Bereich des gotischen Kreuzgangs legte er als formal-architektonischen Garten mit einem Wegekreuz, vier quadratischen Beeten und Formschnittgehölzen an. Von der Gestaltung des Kreuzgangs ist jedoch nichts mehr erhalten. An dieser Stelle ist heute ein Restaurant etabliert.

Neben der Planung für die Anlage auf dem Limburgberg befasste sich Metzger mit der Einrichtung und Verschönerung von Spazier- und Verbindungswegen zu den in Stadtnähe gelegenen Sehenswürdigkeiten. Die einzelnen Wege wurden in seinem Gutachten beschrieben und notwendige Bepflanzungsmaßnahmen erläutert.

Zur Anlage des noch heute von Grethen zur Limburg heraufführenden Weges schreibt der Bürgermeister Sauerbeck von Dürkheim 1847 an den Regierungspräsidenten: „So wurde ein Reitweg [...] angelegt, wie auch ein von dem Dorfe St. Grethen selbst in malerischen Windungen auf das Plateau der Limburg aufsteigender und den umfassendsten Blick in die Ebene gewährender Fußweg geschaffen wurde." In diesem Schreiben zeigt er zugleich die Beendigung der Arbeiten zur Gartenanlage auf der Limburg an.

Abb. 8 Detail Klosterruine

Klosterruine Limburg

Abb. 9   Ausblick auf die benachbarte Hardenburg

Bereits auf einem Wandgemälde in der Villa Ludwigshöhe in Edenkoben von 1850 sind die südlich des Kirchenschiffes gepflanzten Baumreihen erkennbar (Abb. 5 und 6).
Ein Plan des Architekten und Vermessers Wilhelm Manchot von 1880 sowie die Katasterpläne aus jener Zeit beweisen, dass der Entwurf von Metzger tatsächlich in dieser Form umgesetzt wurde.

Bis heute blieb die Grundstruktur der Parkanlage erhalten, deren Zentrum die weithin sichtbare Ruine des Kirchenschiffs überragt. Obwohl die ursprünglich konzipierten Gehölzpflanzungen nur noch in Teilbereichen vorhanden sind (Abb. 7 und 3), bietet sich dem Betrachter manch reizvolles Zusammenspiel von Natur und Baulichkeit (Abb. 8).

In den 30er-Jahren des 20. Jahrhunderts wurden in den Rasenflächen archäologische Grabungen vorgenommen, bei denen die Mauer- und Fundamentreste weiterer Bauten freigelegt wurden. Die Funde wurden für den Besucher nachvollziehbar in der Fläche belassen und der entstandene Erdaushub in verschiedenen Bereichen des Gartens verteilt.
Weitere Änderungen gab es bei der Erweiterung des Gebäudes, das heute die Gaststätte beherbergt. Der Kern dieses Gebäudes war bereits zu Metzgers Zeit vorhanden und wurde schon damals in ähnlicher Weise genutzt. Ein 1988 für den Besucherverkehr eingerichteter Parkplatz veränderte das vordere Ostplateau vollständig.

Ein Parkpflegewerk gibt seit 2003 die erforderlichen Maßnahmen zur Sicherung, Pflege und Wiederherstellung der maßgeblichen Parkarchitektur vor. Dabei gilt der Freistellung der Sichtbeziehungen in die umgebende Landschaft ein besonderes Augenmerk. Erste Freistellungsarbeiten im Winter 2003/04 ermöglichen heute bereits den Ausblick auf die benachbarte Hardenburg (Abb. 9). Es bleibt zu hoffen, dass weitere Arbeiten zur Sicherung und Erhaltung des in seiner Konzeption außergewöhnlichen Landschaftsparks folgen.

Die Ruinengärten der Preußen-Prinzen am Rhein
Burg Stolzenfels bei Koblenz

Kurz vor Koblenz liegt am Rhein das Dorf Stolzenfels, über dem Schloss Stolzenfels thront (Abb. 1). Die einstige Burg wurde im 13. Jahrhundert durch den Trierer Erzbischof Arnold von Isenburg errichtet und mehrfach erweitert und ausgebaut. 1689 wurde die Burg im pfälzischen Erbfolgekrieg zerstört. 1802 ging sie in den Besitz der Stadt Koblenz über. Von dieser erhielt Kronprinz Friedrich Wilhelm IV. die schön gelegene Burgruine 1823 als Geschenk.

Die ursprüngliche Planung zum Ausbau der Ruine stammt von dem königlichen Baudirektor Johann Claudius von Lassaulx. Er beschränkte sich zunächst nur auf einen Teilbereich. Maßgeblich beteiligt an der weiteren baulichen Ausgestaltung und dem Ausbau zur Sommerresidenz waren auch Karl Friedrich Schinkel und nach dessen Tod 1841 Friedrich August Stüler und Ludwig Persius. Schinkels Generalplan von 1836 sah jedoch nicht nur den Ausbau der Ruine vor, sondern auch eine Gestaltung der Außenanlagen (Abb. 2).

An der Einweihungsfeier von Schloss Stolzenfels am 14. September 1842 in Anwesenheit der preußischen Kronprinzen nahmen auch die bedeutenden Gartenkünstler Peter Josef Lenné und Maximilian Weyhe teil. Obwohl bis heute kein Gestaltungskonzept gefunden wurde, ist die Beteiligung Peter Josef Lennés an der Gartengestaltung mittels anderer

Abb. 1   Ansicht der Burg

Burg Stolzenfels

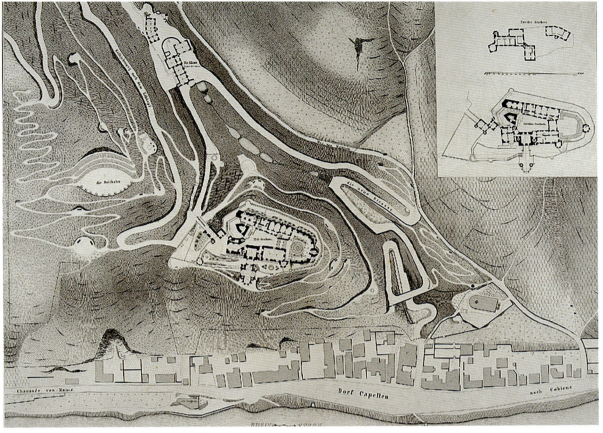

Abb. 2 Grundriss des Königlichen Schlosses Stolzenfels mit Umgebung
Generalplan 1936, Schinkel

Abb. 3 Teich im Landschaftspark

Abb. 4 Felsgarten mit Farnbewuchs

Burg Stolzenfels

Quellen nachweisbar. Am 30. Oktober 1842 schlägt Lenné in einem Vortrag den amtierenden Garteninspektor von Schloss Engers, Friedrich August Weyhe, für die Pflege und Aufsicht der Gartenanlagen vor. Für das Jahr 1845 ist eine Lieferung von 1400 Traubeneichen von Schloss Engers nach Stolzenfels dokumentiert.

Die Schlossumgebung wurde als Bestandteil des „romantischen Gesamtkunstwerks" als Landschaftspark gestaltet. Grundlage dafür war der Entwurf des Hauptmanns Karl Schnitzler. Er bezog die umgebende Landschaft mit dem Gründgesbachtal, den Rheinhängen und interessanten Blickbeziehungen auf die gegenüberliegende Rheinseite mit ein. Die spätere naturnahe Parkgestaltung von Karl Schnitzler entwickelte aus dem vorhandenen Bachtal eine Anlage von sechs Stauteichen und einem Wasserfall (Abb. 3 und 4). Schon 1824 wurde der vom Rhein zur Burg führende Weg zu einem Reit- und Fußweg, begleitet von einer Kastanienallee, ausgebaut. So wurden die Parkarchitektur und sonstige Sehenswürdigkeiten erschlossen. 1842/43 entstand die sogenannte Klause,

Abb. 5 Aquarell der Rheinterrasse mit Schlosskapelle und Sommerhalle von Caspar Scheuren, nach 1847

eine Vorburg zur Unterbringung der Dienerschaft, der Pferde und Kutschen. Von hier aus führte ein gewundener Weg zum oberhalb der Burg liegenden „Turnierplatz". Hier fanden mittelalterliche Reiterspiele und Feste statt (vgl. Rheinstein). Der Platz war im Stil eines Amphitheaters mit rasenbewachsenen Zuschauerstufen eingefasst und mit einer das Rhein-

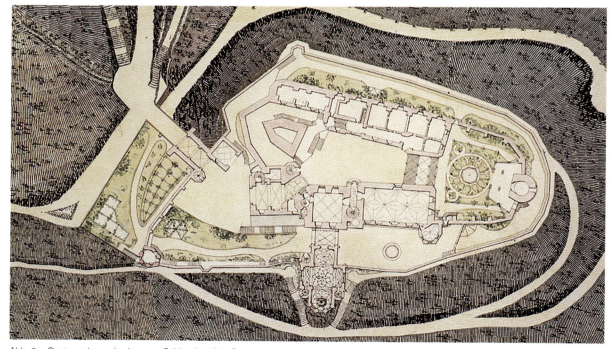

Abb. 6a Gartenanlagen im inneren Schlossbereich, Federzeichnung von Hauptmann Schnitzler, 1844

Burg Stolzenfels

Abb. 6   Aquarell mit Pergolagarten von Caspar Scheuren, 1850

Abb. 7   Mittelachse Pergola/Garteneingang

tal abschirmenden Pflanzung aus geschnittenen Linden versehen. Bis auf die Lindenpflanzung ist der „Turnierplatz" vollständig erhalten. Weitere Aussichtspunkte auf Rhein und umgebende Landschaft waren mit kleinen Sitzplätzen versehen. Diese galten als Ausdruck der Sehnsucht nach dem Leben in einer antiken Landschaft. Zu nennen ist auch die 1843–1847 unter Stülers Leitung erbaute neugotische Schlosskapelle (Abb. 5). Sie sollte als romantische Parkarchitektur den Charakter der Gesamtanlage zusätzlich unterstreichen.

Der im Innenbereich des Schlosses gelegene sogenannte Pergolagarten, dessen Konzeption ebenfalls auf Stüler zurückzuführen ist, steht in deutlichem Kontrast zum umgebenden Landschaftspark (Abb. 6 und 6a). Er ist im Stil der italienischen Renaissance um einen zentralen achteckigen Brunnen streng geometrisch angeordnet (Abb. 7). Dieser formale Charakter wird jedoch gemildert durch die Verwendung duftender Ziersträucher, Rosen und Weinreben sowie die Helligkeit der exponierten Südwestlage (Abb. 8). Eine derartige Gestaltung entspricht

Burg Stolzenfels

ganz der Zeit der Empfindsamkeit, die sich in der Gartenkunst durch den Übergang aus dem schwermütig dunklen umgebenden Waldpark in die helle, lichtdurchströmte Duftoase des Schlossinnenhofs ausdrückt (Abb. 9).

Noch heute sind ca. 320 Bäume aus der Zeit der Lieferung von August Friedrich Weyhe im Jahr 1845 erhalten. Es handelt sich unter anderem um Traubeneichen, Rotbuchen, Echte Kastanien, Rosskastanien, Winterlinden und Bergahorne.

Der Park des Schlosses Stolzenfels ist einer der wenigen erhaltenen Landschaftsparks in einem steilen Berggelände aus der Mitte des 19. Jahrhunderts, an dessen Planung bedeutende Gartenkünstler und Architekten beteiligt waren. Der Park besitzt heute trotz seiner Bekanntheit viele verborgene Stätten, die dem Besucher bei näherem Hinsehen den ursprünglichen Eindruck der Anlage vermitteln (Abb. 10).

Abb. 8   Gesamtansicht

Burg Stolzenfels

Abb. 9 Pergolagarten mit Rosen

Abb. 10 Verborgene Stolzenfels

Burg Sooneck in Niederheimbach

Auf einer Rheinreise im Jahre 1842 beschlossen König Friedrich Wilhelm IV. von Preußen und seine Brüder, die Burgruine Sooneck zu einem Jagdschloss auszubauen (Abb. 1). Auch hier wurde im Zuge des Umbaus der Verfallszustand bewusst konserviert. Entstehen sollte ein poetisches Ensemble ähnlich der Burg Rheinstein. Erst kurz zuvor war die restaurierte Burg Stolzenfels mit einem großen Fest eingeweiht worden. Das lieferte offenbar den Grund, außer der Rheinstein und der Stolzenfels noch eine dritte Burg instand zu setzen. Im Gegensatz zu den beiden anderen wurde hier kein berühmter Architekt, wie beispielsweise Schinkel, beschäftigt, und es fand keine groß angelegte Überformung statt. Vielmehr wurde 1843 der Ingenieurhauptmann Karl Schnitzler beauftragt, einen Wiederaufbauplan zu entwerfen: „Alles stehe einfach im Sinne einer königlichen Jagdburg". Rings um die Burg sollten Gärten auf Terrassen entstehen.

Schon im Frühjahr 1843 wurden die Wegebauarbeiten aufgenommen (Abb. 2). Sie sollten im Jahr 1845 abgeschlossen sein. Aus finanziellen, politischen und gesundheitlichen Gründen kam es bis zum Tod Friedrich Wilhelms IV. jedoch zweimal zu einem Baustopp. 1856 fehlten noch immer Fenster, Türen, Treppen und vor allem die geplanten Gärten.

Abb. 1   Gesamtansicht

Abb. 2   Historische Ansicht mit Wegesystem

Erst vier Jahre später wurde mit großem Aufwand der Endausbau durchgeführt, die Wege erneut instand gesetzt und die Außentreppe vollendet. Das genaue Aussehen der Gärten ist nicht verbürgt. Aber es finden sich sowohl in bildhaften Darstellungen als auch vor Ort noch mögliche Reste einer gärtnerischen Gestaltung. Das betrifft, wie bei den anderen beiden Burgen, nicht nur die inneren Burggärten, sondern auch die Anlage der in die Landschaft eingepassten Wege. Gestaltungsmerkmale eines Landschaftsgartens sind damit durchaus noch vorhanden.

Burg Rheinstein mit Schweizerhaus oberhalb von Trechtingshausen

Auf dem linken Rheinufer zwischen Bingen und Trechtingshausen liegt auf einem steil abfallenden Hang die Burg Rheinstein (Abb. 1). Die Romantiker entdeckten in der Landschaft des Mittelrheins die ideale Verbindung von pittoresker Natur und sagenumwobenen Ruinen. Um dem romantischen Idealbild näher zu kommen, erfolgte im 19. Jahrhundert der Wiederaufbau etlicher Burgen des Rheintals überwiegend im neugotischen Stil. Die Rheinstein war die erste Burg, deren Ruine zum romantischen Wohnsitz ausgebaut wurde. Man ließ der ruinösen Oberfläche ihren Verwitterungscharakter, um so die Poesie der Landschaft zu betonen. Ihrem Beispiel sollten später zahlreiche weitere Burgen folgen (Abb. 2).

Abb. 2   Blick auf die Rheinstein mit Kapelle

Abb. 1   Ansicht der Burg

Abb. 3 Burgundergarten im Innenhof

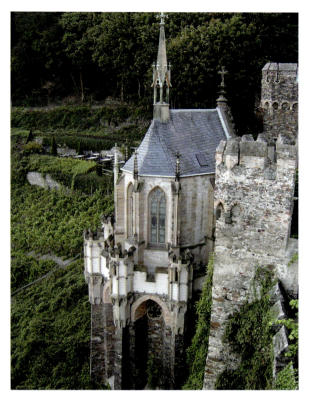

Abb. 4 Gruftkapelle Prinz Friedrichs

Prinz Friedrich Wilhelm Ludwig von Preußen erwarb die Ruine 1825. Er verlieh der Burg, die im Mittelalter nach dem Mainzer Bischof Bonifatius noch Faitsberg genannt wurde, wegen ihrer imposanten Lage auf einem Felsen direkt über dem Rhein den Namen Rheinstein. Der Ausbau der Burg von 1825 bis 1829 erfolgte maßgeblich unter der Leitung des Koblenzer Architekten Johann Claudius von Lassaulx und ab 1827 selbstständig durch seinen Mitarbeiter Kuhn. Liebevolle Details mit Terrassenbrunnen, kühn konstruierten schmalen Eisentreppen und Türen kennzeichnen bis heute das Bild der wiederaufgebauten Burg.

Auch innerhalb der Burgmauern finden sich gärtnerisch gestaltete Bereiche. Zeitgenössische Beschreibungen berichten von einem kleinen Blumengärtchen auf der Terrasse oberhalb der Hundezwinger und im Garten unterhalb des Südeingangs in dem sogenannten Burgundergarten (Abb. 3).

Dieser Garten wurde nach der hier wachsenden Burgunderrebe benannt. Der Weinstock soll sehr alt sein und noch immer süße Weinreben tragen. Im Sommer ist ein großer Teil des Gartens mit der Weinrebe überwachsen.

Außerhalb des ursprünglichen Burgareals entstand nach Plänen des nassauischen Architekten Philipp Hoffmann zwischen 1839 und 1844 zusätzlich eine Kapelle im neugotischen Stil (Abb. 4). Sie war als Gruftkapelle für Friedrich und seine Familie vorgesehen. Prinz Friedrich nutzte die Burg jährlich zur Sommerfrische auch nach der endgültigen Übersiedlung nach Berlin. Seinem Wunsch entsprechend wurde er nach seinem Tod 1863 von Berlin überführt und in der Kapelle beigesetzt.

Der Umbau erstreckte sich jedoch nicht nur auf die Bauwerke, sondern auch auf die gesamte Umgebung.

Rheinstein

Die Landschaft wurde als Kulisse für die Inszenierung des empfindsamen Zeitgeistes verstanden und mit den Bauwerken zu einem romantisierenden Ensemble verbunden. Wenig später legte man oberhalb der Rheinstein das Schweizer Haus als „künstliche landwirtschaftliche Idylle" an (Abb. 5). Es diente als Jagd- und Gästehaus und war ein Rückzugsort im Stil einer Eremitage. Das Haus ist im sogenannten Schweizer Stil mit geschnitzten Balken, weit vorstehendem Dach und großen Balkonen errichtet (Abb. 6).

In der aus England importierten Gartenkunst galt eine Schweizerei in der Umgebung von Wiesen als „aufmunterndes Beispiel und Muster guter Viehzucht und Stallfütterung". Hier wurden Milchprodukte hergestellt und verarbeitet und somit die Nähe zur Natur demonstriert.

Der Umbau in ein Schweizer Haus erfolgte von 1842 bis 1844 auf den Grundmauern des schon seit dem 14. Jahrhundert dort erbauten „Faitsberger Hofes". Bereits zwischen 1302 und 1320 sollen auf dem Plateau oberhalb der Burg der Wald gerodet und Äcker und Wiesen angelegt worden sein. Noch 1771 werden Ackerland, Gartenland, Wiesen und Hofwald als zum Faitsberger Hof gehörig verzeichnet. Bei der Übernahme von Burg und Hof durch den preußischen Prinzen 1825 bestanden daher beste Voraussetzungen für die zeitgenössische Idealvorstellung zum Aufbau eines Landlebens mit Ackerbau und Milchwirtschaft. Das Schweizer Haus am Rande einer großen Wiese, fast wie auf einer Alm gelegen, wurde über einen Serpentinenweg als Gäste- und Jagdhaus mit der Burg verbunden. An dem Weg liegt ein rundgemauerter Aussichtspunkt. Hier bietet

Abb. 5   Schweizerhaus, Ansicht vom Rhein

Abb. 6   Schweizerhaus

Abb. 7   Rheinblick

Abb. 8 Ansicht bei Nacht

sich dem Besucher ein malerischer Blick auf das Rheintal (Abb. 7).

Majestätisch erhebt sich die Burg über den bewaldeten Hang des Landschaftsgartens und erscheint dem Betrachter wie ein großartiges Bühnenbild. Dabei wird der romantische Eindruck noch verstärkt durch das faszinierende Wechselspiel von Licht und Schatten. Verhüllen dunkle Wolken die Sonne, so verschmelzen die Konturen der im Schatten liegenden Burg mit der Silhouette des sich über den Berghang erstreckenden Eichenwaldes. Reißt aber kurze Zeit später die Wolkendecke auf, so erscheint die Burg in gleißendes Sonnenlicht gehüllt in ihrer vollen Schönheit. Der empfindsame Betrachter fühlt sich innerhalb dieses theatralisch wirkenden Naturschauspiels in die Zeit des frühen 19. Jahrhunderts zurückversetzt.

Seit dem 20. Jahrhundert wird das Gelände als Ausflugslokal verpachtet. Von der Burg gelangt man zu dem in steilem Zickzack ansteigenden Saumpfad, der auf der sogenannten Turnierwiese endet. Auf der Wiesenfläche fanden einst die Reiterspiele für die vom Mittelalter begeisterten Preußenprinzen statt, und von hier aus eröffnete sich früher ein einzigartiger Panoramaausblick über den gesamten Talkessel. Heute ist dieser Ausblick nur noch im Winter zu genießen, da dichter Waldbestand die Durchsicht verhindert. Am besten ist die Turnierwiese über eine alte Kastanienallee vom Schweizer Haus aus zu erreichen.

Im unteren Teil des Landschaftsgartens gelangt man auf einem in zahlreichen Windungen verlaufenden Fußweg nach oben zur Burg. Der Weg wurde im 19. Jahrhundert mit Ruhebänken, einem gemauerten Bachbett mit Wasserfällen und Baumgruppen malerisch gestaltet. Die geschickte Wegeführung eröffnet dem Besucher immer wieder wechselnde, reizvolle Ausblicke ins Rheintal und auf die Burg (Abb. 8).

Der Landschaftsgarten der Rheinstein zwischen malerischen Felsen und Stützmauern hat noch viele hier nicht beschriebene Facetten und Geheimnisse zu bieten, die auf ihre Entdeckung warten.

Die ersten Industriellen und ihre Gärten à la mode

Burg Klopp in Bingen/Rhein

Das heutige Rathaus der Stadt Bingen, die Burg Klopp, weithin sichtbares Wahrzeichen, war im 19. Jahrhundert eine der vielen Burgruinen, die mit einem Landschaftsgarten umgeben wurden (Abb. 1). Sie wurde wie viele andere Burgen des Mittelrheins im 18. Jahrhundert zerstört. Zu Beginn des 19. Jahrhunderts fand die Ruine mit Notar Faber einen neuen Besitzer, der sie in den Mittelpunkt einer Landschaftsgestaltung rückte. Inmitten von Weinbergen schuf er einen der ersten sogenannten Ruinengärten im Rheintal, bei dem sich der ruinösen Baulichkeit eine naturnahe Gartengestaltung anschließt. Dieser Gedanke folgt dem Ideengut der Bewegung der „Landesverschönerung" (ab 1800),

Im Zuge des Burgenwiederaufbaus wurde die Burg ab 1853 von dem Kölner Großkaufmann Ludwig Maria Cron als Sommersitz ausgebaut. 1897 ging die Burg in den Besitz der Stadt Bingen über, die dort ihr Rathaus eingerichtet hat (Abb. 3).

Die Grünanlagen der Burg haben in den letzten 100 Jahren viele Veränderungen erfahren. Die einstige landschaftliche Gestaltung ist seit den 1990er-Jahren kaum mehr erkennbar. Nur ansatzweise deutet der vorhandene Gehölzbestand auf die frühere Parkanlage hin. Die Inszenierung der Landschaft mit kleinen Schlösschen, Torbögen und Pavillons inmitten der Reben und Ausblicke auf Sehenswürdig-

Abb. 1   Blick auf die Burg mit Rhein

die alle vorhandenen Strukturen wie Wald, Landwirtschaft und auch Weinbau als Bestandteil der Landschaftsästhetik in neue Parkschöpfungen integrieren wollte. Diese ästhetischen Prinzipien wurden nun auf die sogenannten Landschaftsparkanlagen übertragen. Im Fall der Burg Klopp verdeutlicht folgende Zeitbeschreibung den neuen Gestaltungsstil: Er „ließ Weinreben anlegen, Obstbäume, wildes Gehölz, Ziersträucher etc. pflanzen und die Anlage mit Blumenbeeten und Rasenplätzen zieren. In sanften Windungen führte der Weg, zu dessen Seiten Lauben und schattige Ruheplätze erreichtet waren, auf die Höhe" (Abb. 2).

Abb. 3   Heutiger Rathauseingang

Burg Klopp

Abb. 2 Ansicht der Burg Klopp von Westen, um 1930

Abb. 4 Burggraben

keiten lassen sich anhand des historischen Fotomaterials noch erahnen. Tatsächlich ist heute jedoch keines der Kleinbauwerke mehr erhalten.
Auch die damals beliebte Bepflanzung der Burggräben mit blühenden und duftenden Gehölzen folgte einem gärtnerischen Konzept und ist in Teilbereichen auch heute noch erlebbar (Abb. 4). Einige Bäume, die an ihrer Altersstruktur erkennbar aus der Zeit des Wiederaufbaus des Hauptgebäudes (1875–1879) stammen, belegen heute noch diese Gestaltung im Sinne der Gartenkunst.

Villa Lindner unterhalb Burg Rheinfels in St. Goar

Die der heutigen Jugendherberge zuzuordnende Gartenanlage wurde um 1880 erbaut. Damit gehört sie zu den Villengärten, die in einer landschaftlich schönen Lage, entweder im noch unbebauten Umfeld der Städte oder aber stadtfern in reizvollen Landschaftsräumen, errichtet wurden. Seit der Erschließung des Rheintales durch die Eisenbahnlinie Ende des 19. Jahrhunderts entstanden, besonders im näheren Umfeld der Burgen, zahlreiche Villenanwesen. Die weitläufigen Gartenanlagen reichten, wie auch bei der Villa Lindner, oftmals bis an die Anlagen der Burgen heran, um die Kulissenwirkung der Burgruinen zu nutzen (Abb. 1).

Bis Ende des 19. Jahrhunderts wurde der Hang unterhalb der Burg Rheinfels als Weinberg genutzt. Mit dem Bau der rheinbegleitenden Bahnlinie nach St. Goar 1869 gewannen die Grundstücke in der Nähe der Ruine Rheinfels an Wert. So errichtete sich unter anderem die Familie Reusch, eine Künstlerfamilie, 1878/79 auf einem Grundstück oberhalb der Straße zur Burg Rheinfels eine Villa mit weitläufiger Gartenanlage, Gärtnerhaus und Ställen.

Eine andere Villa bestand zu dieser Zeit bereits am Fuß des nördlichen Burghanges und wurde in diesen Jahren zum Wohnsitz der Familie Lindner. Die ursprünglich aus Köln stammende Familie lebte zuvor in Mannheim und Frankfurt. Zu dieser Zeit erwarb Bernhard Lindner, damals Versicherungsdirektor, das Anwesen mit Villa. Nach Fertigstellung siedelte die Familie, begleitet von zahlreichen Dienstboten und Angestellten, in die Villa nach St. Goar über.

Zur Villa gehörte das weitläufige Gelände des Burghangs, das sich für eine ebenso repräsentative wie praktisch nutzbare Gestaltung anbot.

Die Planung für diesen neuen Garten stammte möglicherweise von Bernhard Lindner selbst, da er begeisterter Landwirt und Gärtner war. Den Bau des Gartens übernahm vermutlich der damalige Gärtner der Villa, Friedrich Zensen, der die Gärtnerei und das Gärtnerhaus bewirtschaftete.

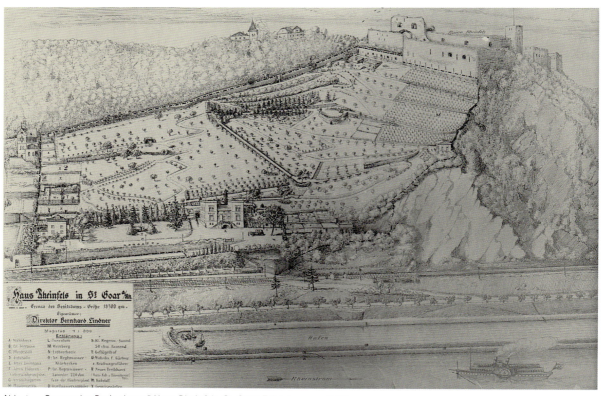

Abb. 1 „Grenze des Besitzthums" Haus Rheinfels, St. Goar, Zeichnung um 1890

Villa Lindner

Abb. 2   Ansicht der Villa mit Springbrunnen, 1879

Die Neugestaltung des Areals ist auf historischen Ansichten erkennbar. So zeigen Fotos von 1878 und 1900 neben dem Bau der Villa die Gestaltung einer abwechslungsreichen und mit zahlreichen Ausstattungselementen bestückten Parkanlage anstelle der Weinberge (Abb. 2). Auf der linken Seite ist deutlich der Springbrunnen mit einer 20 m hoch spritzenden Fontäne zu erkennen.

Zur Villa fuhr man durch ein großes Eingangstor, auf dessen Torpfosten zwei Adler mit ausgebreiteten Schwingen posieren. Eine vorgelagerte Treppe führte von zwei Seiten hinauf. Die Villa war als dreiteiliger klassizistischer Bau konzipiert, dessen einstöckiger Mittelbau zwei zweistöckige Flügelbauten miteinander verband. Die beiden seitlichen Dachgesimse wurden von vier die Jahreszeiten symbolisierenden Statuen bekrönt.
Auf der nördlichen Seite des Gebäudes führte eine weitere Treppe neben Pferdestall und Kraftfahrzeughalle zu einer dreigeteilten Terrassenanlage mit Rosengarten und Versuchsgarten. Unterhalb der Terrassen schlossen sich ein Treibhaus, ein Palmenhaus, ein Heuspeicher und ein Holzplatz an.
Von den Terrassen aus wurde der als Obstwiese gestaltete Hang durch Wege und Treppenanlagen erschlossen, unterbrochen von bastionsartigen Aussichtspunkten. An der nördlichen Hangkante des Geländes, den Endpunkt mehrerer Wege bildend, befand sich ein Pavillon, das sogenannte Tusculum (Abb. 3).
Der Name „Tusculum" wird in der Gartengestaltung für aufwendige Gartenhäuschen seit dem 18. Jahrhundert verwandt. Er geht einher mit dem aufkom-

Abb. 3   Tusculum

Villa Lindner

menden Interesse für die italienische Gartenkultur und ist zurückzuführen auf das Landstädtchen gleichen Namens in den Albaner Bergen Italiens. Dort hatten ehemals gut situierte Römer wie Cicero ihren Sommersitz.

Oberhalb des Tusculums bis zur Burgruine schlossen sich, der regionalen Tradition folgend, vier Weinbergterrassen an. Am Fuß der obersten Terrasse erstreckte sich entlang der Weinbergmauer eine Rosenpergola, die zu einem Belvedere führte.

Zahlreiche Wege, in ihrem Verlauf der natürlichen Hangneigung des Geländes folgend, erschlossen das Areal. Besonders auffällig war dabei ein von einer kleinen Bastion aus als geradlinige Allee verlaufender Weg. Ein erhöht gelegener Bereich führte durch einen kleinen dunklen Fichtenwald.
Weitere Wege durchquerten die Obstwiese und führten zu einem Terrassengarten mit Gärtnerhaus am Rand der Anlage. Zwischen Gärtnerhaus und Villa lag ein großes Rasenparterre mit einem hohen Springbrunnen. Die Rasenfläche war eingerahmt mit Blütensträuchern und einer Reihe von Säulenpappeln, die in unseren Breiten wegen ihres schlanken Wuchses die in der italienischen Gartengestaltung oft verwendeten Zypressen ersetzen.

Um 1930 wurde die Villa zur Jugendherberge umgebaut und dabei stark verändert (Abb. 4). So wurde der Mittelbau aufgestockt und die äußere Struktur des Gebäudes vereinfacht. Die ehemals vorgelagerte Treppe wurde überbaut.
Erhalten blieben das Eingangstor im Bereich der Zufahrt, die Terrassenanlage zur Rechten und das Tusculum. Auch der Garten entsprach noch weitestgehend der in der Ansicht um 1900 dargestellten Gestaltung. So waren neben dem Gehölzbestand, der Obstwiese und den Weinbergterrassen auch die bastionsartigen Aussichtspunkte und der Sitzplatz am Rand der Anlage noch vorhanden.
Im Bereich der Jugendherberge ist neben einem großen Mammutbaum im Bereich des Rasenparterres eine Reihe von Nadelbäumen entlang der Auffahrt zu erkennen.

Im weiteren Verlauf des 20. Jahrhunderts wurde mit zahlreichen Baumaßnahmen der frühere Villengarten vor allem in den Randbereichen stetig verändert.
Bereits 1936 entstand auf einer Hälfte des Rasenparterres ein Wohnhaus (Haus Bernhard). In den 1960er-Jahren erweiterte die Jugendherberge ihre Räumlichkeiten um einen an die Rückseite des Gebäudes angrenzenden Anbau. Auch die Wegeführung in den Hang änderte sich mit dem Bau mehrerer Betonmauern. Dadurch war dieser Gartenbereich nur noch über die zweite Terrasse zugänglich.
Nach dem Abriss der Gewächshäuser am Gärtnerhaus entstand eine Hoffläche mit Garage und weiteren Parkmöglichkeiten.
Trotz der vorgenannten baulichen Eingriffe ist die Gesamtkonzeption des Gartens über die Jahrzehnte hinweg erhalten geblieben und ein Großteil der historischen Strukturen bis heute vorhanden, wenn auch oftmals erst auf den zweiten Blick erkennbar. Erhalten ist die seitlich der Jugendherberge gelegene dreiteilige Terrassenanlage. Die zweite Terrasse wird von der Jugendherberge als Grillplatz genutzt. Auf der dritten Terrasse steht noch heute ein kleiner Brunnen, der auf die ursprüngliche Bauzeit zu datieren ist. Im Hang selbst finden sich noch einige Eiben und Reste einer ehemaligen Wegeeinfassung aus Buchsbaum.

Abb. 4   Ansicht des Umbaus der Villa Rheinfels in eine Jugendherberge, 1956

Villa Lindner

Abb. 5 Springbrunnen der früheren Villa am heutigen Parkplatz der Jugendherberge

Auf halber Höhe des Hanges liegt noch immer das „Tusculum". Es ist jedoch durch nicht denkmalgerechte bauliche Veränderungen und Vandalismus stark beschädigt. Eine vorgelagerte Terrasse mit einem alten schmiedeeisernen Geländer ermöglicht von hier aus einen weiten Blick über das Rheintal mit St. Goarshausen, der Burg Maus und der Burg Katz.

An der Jugendherberge erhaltene Grundstrukturen sind der Aufgang vom Rasenparterre aus, der nun zum Anbau der Jugendherberge führt, und der Springbrunnen im Bereich des Rasenparterres. Drei Nadelgehölze (Mammutbaum, Eibe, Scheinzypresse) in diesem Bereich sind auch auf die Entstehungszeit zu datieren (Abb. 5).

Vollständig seine Struktur erhalten hat der oberhalb des Gärtnerhauses den Hang erschließende Terrassengarten, auch wenn er heute stark verwildert ist. Bauliche Elemente, die von der ehemaligen Bewirtschaftung der Terrassen zeugen, sind ein Wasseranschluss für die gesamte Gartenanlage sowie einzelne Wasserhähne.

Nennenswert sind dazu noch im Bereich der unteren Terrassen mehrere Frühbeetrahmen sowie im Bereich des ehemaligen Geflügelhofes zwei steinerne Häuschen, ein Wasserbecken und eine eiserne Konstruktion im Mittelteil des Gartens, die vermutlich das Futterbehältnis für vier Geflügelgehege darstellte. Von dieser wie auch von der höher gelegenen Terrasse aus führen mit Schieferplatten begrenzte Wege in den Hang. Auch im Bereich der sich hangaufwärts anschließenden Gemüseterrassen zeigt die Bodenmodellierung noch einen ehemaligen Weg an, der an einem Sitzplatz geendet haben könnte. Der den Hang einst erschließende Schlängelweg ist jedoch aufgrund des starken Bewuchses nicht mehr ohne Weiteres auffindbar. Erwähnenswerte Gehölze sind eine alte Eiche und ein Esskastanienbaum.

Einen großen Teil des Geländes hat heute die Stadt St. Goar gepachtet, die sich seit 2004 um die Wiederherstellung der Gartenanlage in diesem Bereich bemüht. So wurde der bis dahin stark von Sämlingsaufwuchs überwucherte Garten nach historischem Vorbild freigestellt, die Wege und Treppen saniert, die vorhandenen Mauern erneuert und ein neuer Zugang in den Garten geschaffen. Auch die Obstwiesen und die Rebzeilen sind zum Teil wiederhergestellt.

Moriartys Burg Lahneck bei Lahnstein

Der Bau der Burg Lahneck (Abb. 1) wurde in den frühen 30er-Jahren des 13. Jahrhunderts unter dem Mainzer Erzbischof Siegfried III. begonnen. Im Dreißigjährigen Krieg wurde die vorher bereits mehrfach erweiterte Burg 1633 von den Schweden besetzt und verwüstet.

In der Folgezeit verfiel die Burg zur Ruine. Nach der Säkularisation kaufte der nassauische Amtmann Peter Ernst von Lassaulx die Ruine und machte sie durch einen Rundweg um die Burg zum Fokus eines kleinen Parks. Ein Stich von 1822 zeigt einen klassizistischen Rundtempel unterhalb der Ruine (Abb. 2), der in Zusammenhang mit der landschaftlichen Gestaltung der Anlage gestanden haben könnte. Die Abbildung legt nahe, dass Lahneck die erste Burganlage war, die, geprägt von der sentimentalen Ruinenbegeisterung, noch vor Stolzenfels und der großen Wiederaufbaubewegung eine landschaftliche Gestaltung aufwies.

Abb. 1 Blick auf Burg und Rhein

Burg Lahneck

Abb. 2   Stahlstich von 1822

Mitte des 19. Jahrhunderts machte ein Verschönerungsverein den Bergfried als Aussichtspunkt zugänglich (Abb. 3). Der Bergfried der Burg wird mit einer erschütternden Begebenheit in Verbindung gebracht. Die ruinöse Burg soll 1851 von einer 17-jährigen Engländerin, Idilia Dubb, besucht worden sein. Nachdem sie die Holztreppe zur Aussichtsplattform des Bergfrieds erklommen hatte, brach diese zusammen. Das englische Mädchen konnte sich aus seinem Gefängnis nicht befreien und ist

Abb. 4   Titel zum Plan

Abb. 5   Flurplan

Ruinengärten – Die ersten Industriellen und ihre Gärten à la mode

Burg Lahneck

Abb. 3 Burghof mit dem Bergfried der Idilia Dubb

auf der Burg verstorben. Ihre Leiche wurde erst viele Jahre später gefunden und konnte eindeutig identifiziert werden. Ein 2002 erschienenes Buch „Das verschwundene Mädchen" veröffentlicht die aufgefundenen Tagebücher der Idilia Dubb.

Trotz dieses tragischen Ereignisses begann 1854 der Schotte Edward Moriarty, Direktor der rechtsrheinischen Eisenbahnlinie, mit dem neogotischen Wiederaufbau der Burg (Abb. 4). Eine eigenständige landschaftliche Gestaltung konnte nicht nachgewiesen werden. Jedoch gibt es noch heute etliche Hinweise auf eine Gestaltungsabsicht. So führt ein Weg entlang der Hangkante oberhalb des burgeigenen Weinbergs, der schöne Ausblicke ins Rheintal gewährte und von aufgeasteten Laubgehölzen flankiert war, dürfte jedoch in dieser Zeit entstanden sein. Es ist davon auszugehen, dass der Kutschweg hinunter zur Lahn mit Substruktionsmauern aus Bruchstein ebenfalls in Moriartys Zeit angelegt wurde. Efeubewachsene Mauern säumen noch heute den geschwungenen Weg. Ursprünglich verband der sogenannte Ritterpfad die Burg in westlicher Richtung mit dem Ort Oberlahnstein. Durch den Bau der Bundesstraße wurde diese historische Wegeverbindung jedoch gekappt (Abb. 5). Geschwungene Pfade führen noch heute südwestlich von der Burg am Waldtor beginnend in Serpentinen durch den ehemaligen Weinberg hinab in den Ort (Abb. 6). Eine Lindenreihe säumt heute den Eingangsbereich der Burg.
An der unterhalb dieser Terrasse gelegenen Mauer befanden sich ursprünglich hölzerne Spaliere.

Reste einer gärtnerischen Gestaltung haben sich auch im Bereich der Kernburg erhalten (Abb. 7). Mit Steinen umgrenzte Beete mit Sommerblumenflor schmückten ursprünglich den Burghof. Ehemals in Form geschnittene, heute verwachsene Eiben befinden sich noch im Zwingerbereich. Die Gestaltung um 1910 umfasste auch in Kübeln gezogene Oleandersträucher, die sich mit den Eiben im Zwingerbereich abwechselten. Stattliche Buchsbäume begleiten noch heute die steinerne Brücke, unterhalb derer sich im ehemaligen teilverfüllten Burggraben die gärtnerische Gestaltung fortsetzt. Um 1910 er-

Burg Lahneck

Abb. 6   Stahlstich von Carl Meyer

Abb. 7   Blick auf die Burg

richtete man über einem alten Eiskeller ein Taubenhaus. Im Wald zur Lahn befinden sich heute noch die Reste eines Pumpenhauses, das die Burg mit Quellwasser versorgte. Im Bereich des Streitackers, der heute ein Campingplatz ist, befanden sich auch der Tennisplatz sowie ein geometrisch angelegter Nutzgarten mit einem Gewächshaus.

Felsengärten
Die Elfenley an der Schönburg in Oberwesel

Abb. 1   Weg mit Blick auf die Schönburg

Die malerisch auf einem 130 m hohen Felsen oberhalb von Oberwesel gelegene Schönburg (Abb. 1) wurde erstmals um 1145 erwähnt und war zu diesem Zeitpunkt im Besitz des Pfalzgrafen Hermann von Stahleck. Im März 1689 wurde die Burg nach langer, wechselvoller Geschichte durch Truppen Ludwigs XIV. zerstört.

Bis ins 19. Jahrhundert dienten die Ruinen der Burg danach als Steinbruch. In der Folge der aufkommenden Rheinromantik wurde die Burg schließlich im Jahre 1842 von Prinz Albrecht von Preußen erworben. Er beabsichtigte den Ausbau zu Wohnzwecken, jedoch wurden die Pläne niemals ausgeführt, da unter anderem der Ankauf einer Zufahrt versäumt worden war.

Der Wiederaufbau der Burg begann erst, als 1885 der amerikanische Immobilienmakler T. J. Oakley Rhinelander das Anwesen kaufte.

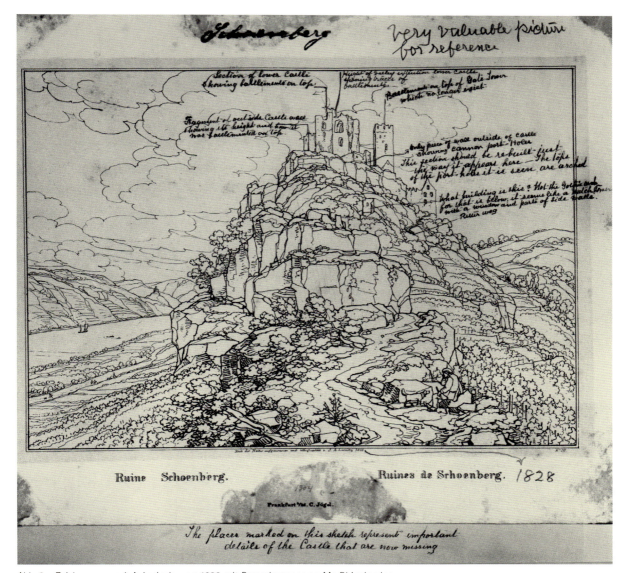

Abb. 2 Zeichnung von J. A. Lasinsky von 1828 mit Bemerkungen von Mr. Rhinelander

Elfenley

Abb. 3   Fels mit Goldlack

Abb. 4   Farn und Nachtviole entlang der Elfenley

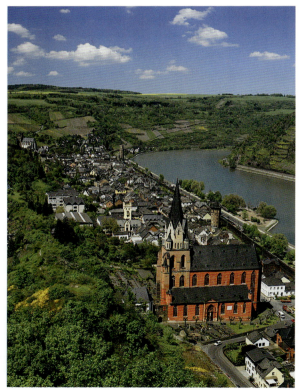

Abb. 5   Blick auf den Rhein

Neben der Restaurierung der Baulichkeiten bezog er auch das nähere Umfeld der Burg in seine Überlegungen mit ein. So kommentierte er eine Lithografie von J. A. Lasinsky aus dem Jahre 1828 (Abb. 2). Diese zeigt unter anderem den bereits um 1345 erstmals erwähnten Burgweg, den „Elfenley-Pfad". Dieser hatte seinen Namen von dem langgestreckten Felsgrat erhalten, über den er in vielfachen Windungen und in den Fels gehauenen Stufen von Oberwesel aus bis hinauf zur Schönburg ansteigt (s. Abb. 1).

Ein solcher romantischer Pfad entsprach ganz dem Empfinden der damaligen Zeit. Daher scheint es nicht verwunderlich, dass Rhinelander den Aufgang durch Pflanzungen entsprechend verschönern ließ. So zeugen heute noch Treppen, verschiedene Aussichtsplateaus und alleeartige Pflanzungen von diesen Arbeiten. Neben den vielfältigen und zum Teil geschützten Pflanzen (Abb. 3 und 4), die entlang des Weges wachsen, und der herrlichen Aussicht auf die Burg und den Rhein (Abb. 5) ist auch der erst im Jahre 2003 von Bewuchs freigestellte und durch ein wuchtiges Tor verschlossene Weg zum ehemaligen Wachhaus (Abb. 6) eine besondere Attraktion des Elfenley-Pfades.

Es lohnt sich, hier auch eine naturkundliche Wanderung zu unternehmen, um die eingangs beschriebene Vielfalt botanischen Lebens zu erforschen.

Abb. 6   Mr. Weller auf der Treppe zum Pfortenhaus von 1905

Ravenés Landschaftsgarten in Cochem/Mosel

Die von Pfalzgraf „Ezzo" um 1200 erbaute Burg steht auf einem steil zur Mosel abfallenden Bergkegel hoch über der Stadt Cochem (Abb. 1 und 2). Nach ihrer Zerstörung 1689 ließ der Kommerzienrat L. F. J. Ravené aus Berlin in den Jahren 1868 bis 1877 die Burg von Hermann Ende und Julius Raschdorff im neugotischen Stil wiederaufbauen. Zeitgleich wurde ein Landschaftsgarten am Fuße der Burg angelegt. Er erstreckte sich entlang eines neu geschaffenen Weges, der oberhalb der Mosel in den Fels gesprengt wurde, und windet sich in Serpentinen vom äußeren Burgtor bis zum Tor des Burgfriedens hinab. Entlang des Weges eröffnet sich dem Besucher ein herrlicher Ausblick auf das Moselpanorama (Abb. 3).

Abb. 2   Blick auf die Reichsburg Cochem

Abb. 1   Blick auf Cochem, Ende 19./Anfang 20. Jh.

Abb. 3   Schönes Treppengeländer im Serpentinenweg mit Blick auf die Mosel

Abb. 4 Aussichtspunkt

Abb. 5 Bastion am Martinstor

Abb. 6 Serpentinenweg

Im Landschaftspark wurde mit unterschiedlichen Bäumen und Sträuchern ein Gelände geschaffen, das dem Betrachter eine idealisierte Natur suggeriert.

Gehölze mit ausgedehnten Kronen wie der Feldahorn mit seinem hellen, grünen Laub und die hinzugruppierten dunkellaubigen Buchsbäume bestimmen zusammen mit Farnflächen das Bild der Hänge. In den Felsnischen wurde bewusst Efeu gepflanzt. Bei dem Gestaltungskonzept wurde nicht nur auf die kontrastreiche Kombination der verschiedenen Grüntöne geachtet, sondern auch auf Duft und Blütenfarbe von Rosen und Fliedersträuchern. Gemäß dieser empfindsamen Zeit sollten alle Sinne angeregt und angesprochen werden (Abb. 6 und 9). In der landschaftlich gestalteten Anlage ist die architektonische Ausstattung heute noch vollständig erhalten. Auf dem Abhang stehen mehrere kleinere Bauten, die an mittelalterliche Türmchen erinnern, mit bastionsartigen Aussichtsplätzen (Abb. 4 und 5). Das im oberen Drittel liegende „Castellum" mit dem von außen weithin sichtbaren „E", um das sich viele Sagen ranken, bildet den gestalterischen Höhepunkt der Gesamtanlage (Abb. 7).

Entsprechend den romantischen Fantasien des späten 19. Jahrhunderts schlängelt sich ein Felsenweg an diesen Bauwerken entlang (Abb. 6) und durch sie

Abb. 7   Im Castellum

hindurch (Abb. 7). Der Weg beginnt in Cochem am sogenannten Martinstor, einem mittelalterlichen Stadttor, auf das Ravené einen zinnenbekrönten Turm aufmauern ließ (Abb. 5). Über Treppenläufe (Abb. 9), die zum Teil noch aufwendig gearbeitete Treppengeländer tragen, und schmale, von Felshängen und Stützmauern begrenzte Wegeabschnitte gelangt man in mehreren Serpentinen hinauf zur Burg. Für den Weg und die Stützmauern wurden heimische Materialien (Schiefer) verwendet. Die Mauerkronen sind nach alter Tradition gearbeitet und heute mit einer ansprechenden Mauervegetation bewachsen (Abb. 10). Bei den efeuberankten Bruchsteinmauern mit ihren imposanten ausgemauerten Bögen in Rotsandstein wird der für das Moseltal typische Baustil der Weinbergstützmauern aufgegriffen.

Abb. 8   Zugang zum Landschaftspark über das Martinstor

Abb. 9   Treppen und Mauern entlang des Serpentinenwegs

Abb. 10 Schiefermauern mit Mauervegetation

Noch in diesem Jahr sollen erste Sanierungsmaßnahmen den Verfall dieses einmaligen Ensembles aufhalten. Das betrifft vor allen Dingen den Zugang in den Landschaftspark, der heute nur mittels einer Leiter unterhalb des Martinstores möglich ist (Abb. 8).
Weitere Maßnahmen betreffen das sogenannte „Castellum" als zinnenbekröntes Aussichtstürmchen. Um das Castellum ranken sich romantisch melancholische Geschichten einer unerfüllten Liebe. Als zentrales Gestaltungselement ging weithin sichtbar von diesem Türmchen ein Holzbohlengang in Form einer Hängebrücke zu den unterhalb der Burg liegenden Weinbergen und dann hoch zur Burg. Leider ist dieser Bohlengang zwischenzeitlich der Verwitterung preisgegeben. Aber die Befestigungsanlagen im Castellum sind noch vorhanden, sodass einer späteren Rekonstruktion nichts im Wege steht.
Auch in diesem verborgenen Garten verbinden sich wundersam Kultur und Natur. Die eingangs von T. Merz beschriebene Ökologie der historischen Gärten ist hier hautnah erlebbar.

7. Gärten an Zechen und Eisenwerken

Die älteste Zeche mit Barockgarten: Schloss Weilerbach bei Bollendorf

An der luxemburgischen Grenze, oberhalb des Sauer, liegt das in Rheinland-Pfalz und Saarland älteste Ensemble eines Eisenhüttenwerks mit Schloss und umgebenden Gärten.

Während 1777–1779 die Eisenhütte im Tal unweit des Weilerbachs angelegt wurde, wurde oberhalb 1780 für den Abt der Reichsabtei Echternach das Rokokoschloss als Sommersitz erbaut. Eine Vorstellung des wertvollen Ensembles gibt plastisch das Plakat der Weilerbacher Hütte von 1906 (Abb. 1). Nachdem es 1945 zerstört war, wurde das Schloss ab 1987 in Etappen wiederhergestellt (Abb. 2).

Der am Hang gelegene, von hohen Stützmauern mit Strebepfeilern eingefasste Garten besteht aus einem weiträumigen Parterre und zwei schmäleren Terrassen. Drei hintereinander in der Mittelachse des Parterres angeordnete kreisrunde Brunnenbecken führen zu einem an der hinteren Schmalseite gelegenen außen rechteckigen, innen ovalen Gartenhaus. Portale und Umfassungsmauern des Gartens werden durch steinerne Vasen akzentuiert (Abb. 3).

Auf der oberen der beiden früheren Weinbergterrassen erhebt sich in der Querachse des Gartens über eine zweiläufige Freitreppe das Brunnenhaus. Seine ansprechende Fassadenbemalung wurde 1992 in den Originalfarben rekonstruiert (Abb. 4).

Die ehemalige Betbank des Abts, eine in den anstehenden Felsen südlich der Gartenmauer gearbeitete Nische, dient nun als Grabmal für die Familie Servais, in deren Besitz sich die jüngst gesicherte Hütte ab 1832 befand.

Abb. 1 Plakat der Weilerbacher Hütte

Abb. 2 Ansicht des Schlosses

Zeche Weilerbach

Abb. 3 Barockes Parterre mit Gartenhaus

Abb. 4 Brunnenhaus mit Bemalung über der zweiten Terrasse

Von den nur als Ruinen erhaltenen Gebäuden der unterhalb des Schlosses gelegenen ehemaligen Hütte stammen Schneidwerk, Schmelze, Formerei und Schlackenpochwerk noch aus dem 18. Jahrhundert, ebenso das um 1880 bergseitig verlängerte und mit einer Fassadendekoration versehene Pförtnerhaus. Bindeglied zwischen Hütte und Schloss ist der Weiher, der ursprünglich zur Energieversorgung angelegt wurde, dann aber auch dem Schloss als Spiegelweiher diente. (Abb. 5)

Nahe der Straße nach Bollendorf erhebt sich ein kubisches Haus des fortgeschrittenen 18. Jahrhunderts, dessen Pyramidendach einen Abtsstab trägt. Es ist das frühere Haus des Hüttenmeisters. Der ehemalige Hauptzugang führte durch den tiefer liegenden Garten im Süden. Durch ein noch vorhandenes schmiedeeisernes Tor in der hohen Gartenmauer gelangt man direkt zur Hütte.

Abb. 5 Blick vom Schloss auf den Weiher, das alte Pfarrhaus und das große Parterre mit Gartenhaus

Abb. 6   Mittlerer Hammer vor der Instandsetzung

Die romantisch anmutenden Hüttengebäude waren noch bis vor kurzem dem Verfall preisgegeben. (Abb. 6) Die in Zusammenarbeit mit dem Landesamt für Denkmalpflege durchgeführten Sanierungsmaßnahmen der letzten Jahre sind jetzt zum Abschluss gekommen, sodass hier ein ganz besonders wertvolles Kulturdenkmal erhalten wird (Abb. 7).
Zu diesem Ensemble gehört auch der außerhalb des barocken Gartens liegende Landschaftspark. Regelmäßige, sehr alte Heckenstrukturen und beachtliche Bäume belegen, dass hier einst eine Gestaltungsabsicht vorlag. Darauf verweisen auch teilweise bearbeitete große Steine, welche schon fast im Erdreich versunken sind, von denen einer mit einem Namen versehen ist (Abb. 8 und 9).

Auf den Spuren verborgener Gärten bleibt uns noch manches Geheimnisvolle erhalten. Schloss Weilerbach mit seinen Instandsetzungen und kleinen Geheimnissen ist auf jeden Fall einen Besuch wert.

Abb. 8   Mönchsgräber

Abb. 7   Mittlerer Hammer nach Restaurierung 2006

Abb. 9   Mönchsgräber, Detail

Der Landschaftspark Friedrich von Gienanth in Eisenberg/Pfalz

Abb. 1 Herrenhaus am Weiher

Abb. 2 Blick auf die Arbeiterhäuser am Weiher

Die Geschichte des Landschaftsparks beginnt im Jahre 1734, als Graf Carl August von Nassau-Weilberg einen Großhammer an der Stelle des heutigen Eisenwerkes errichten ließ. Für den Betrieb des Großhammers brauchte man Wasserkraft, die mit dem Anstauen des Eisbachs erzeugt wurde. Es entstand der sogenannte Hammerweiher im Westen der Anlage. Er ist somit sowohl der älteste Teil des Landschaftsparks als auch der älteste Teil der Gesamtanlage des Eisenwerkes. Das Wasser des nur noch teilweise vorhandenen Hammerweihers wird noch heute zum Kühlen der modernen Maschinen benötigt.

Zu den ältesten Gebäuden der Gesamtanlage gehört der spätbarocke Didierbau, der als Wohn- und Verwaltungsgebäude (1784) errichtet und im frühen 19. Jahrhundert umgebaut wurde.

Während der Französischen Revolution wurde das Werk beschlagnahmt und 1800 von Ludwig von Gienanth ersteigert. Unter seiner Führung und derjenigen seiner Nachfolger Friedrich (1805–1842) und Eugen von Gienanth (1846–1893) erlebte das Werk einen bedeutenden Aufschwung.

Friedrich von Gienanth ließ 1826–1829 nach eigenen Entwürfen ein Herrenhaus parallel zum Didierbau errichten. Es wurde auf einem Plateau gebaut, umringt von einer Mauer mit Balustraden und geschmückt mit einer Rasenfläche und Blumenbeeten (Abb. 1).

Die ins 18. Jahrhundert zurückreichenden Betriebsanlagen und die Arbeiterwohnungen von 1811 (Abb. 2) am See erweiterte er um einen Landschaftsgarten. Dazu erwarb er das Waldstück am Steilhang hinter dem Herrenhaus.

Auch der Weiher wurde Bestandteil der Gartenanlage. Wie das Gemälde um 1834 zeigt, errichtete er auf einer im Weiher liegenden Insel ein Schwanenhaus (Abb. 3). Vor den Arbeiterhäusern legte er ein Nachenhaus an, in dem die Ruderboote für einen Ausflug auf die Insel verankert wurden. Umlaufend um den gesamten Weiher wurde ein Kutschweg angelegt, und die Ramser Straße wurde mit italienischen Säulenpappeln bepflanzt.

Abb. 3 Ölgemälde mit Weiher und Schwaneninsel

Abb. 3a Blick auf den Weiher

Durch Zuschüttung der früheren Absetzbecken und Einbetonierung des Wehres am Herrenhaus in den 80er-Jahren hat sich der Sand- und Schlammeintrag in den letzten Jahrzehnten so erhöht, dass der Weiher nun zu verlanden droht. Da hiermit auch eine Erhöhung der Wassertemperatur einhergeht, bestehen nun seit mehreren Jahren Pläne und Verhandlungen mit dem Ziel, den früheren funktionierenden Zustand wiederherzustellen. Aufgrund der heute geltenden gesetzlichen Vorschriften ist dies jedoch mit erheblichen Problemen verbunden, um deren Lösung sich auch ein Förderverein bemüht (Abb. 3a).

Der Park wurde nach den Entwürfen und Plänen des renommierten Heidelberger Gartenbaudirektors Johann Ludwig Metzger realisiert. Metzger war an vielen Gartenschöpfungen in der Pfalz maßgeblich beteiligt. Er hatte sein Handwerk bei Zeyher, dem Nachfolger Sckells im Schlosspark Schwetzingen erlernt, in der Anlage von Landschaftsgärten sehr gute Kenntnisse und auch ganz eigene Ideen hierzu entwickelt (s. auch Kapitel Gartenkünstler, Abb. 4). Der Plan für den Landschaftspark stammt aus dem Jahre 1833. Im selben Jahr wurde schon mit der Baumaßnahme begonnen. Man rodete ganz gezielt den vorhandenen Waldhang in Teilbereichen, um vier Sichtachsen zu schaffen.

Zwei dieser Sichtachsen führten zu der am höchsten Punkt des Steilhangs liegenden Orangerie. Sie wurde als Abschluss der Parkanlage erst 1836 vollendet. Von diesem Punkt aus hatte man einen einzigartigen Blick auf den gegenüberliegenden Katzenberg und auf das im Tal liegende Eisenwerk mit Herrenhaus.

Das geschlagene Holz wurde zum Teil als Holzpalisaden weiterverarbeitet (Kiefern), der andere Teil wurde versteigert. Nach Vollendung dieser Vorarbeiten wurde der vorhandene Boden des ca. 5,5 ha großen Grundstückes etwa 1,30 m tief abgetragen und mit Muttererde und Teichschlamm aufgefüllt. Diese Arbeit beschäftigte 100 Tagelöhner über drei Monate hinweg. Überschüssiges Fels- und Steinmaterial wurde an die umliegenden Gutsbesitzer verkauft.

Das Wegesystem wurde in einen breiten Hauptweg und in mehrere schmale Nebenwege gegliedert. Der Hauptweg führte als Rundweg zum höchsten Punkt des Hanges, an dem der Bau der Orangerie vorgesehen war.

Der Landschaftsgarten wurde von Metzger in folgende Bereiche unterteilt und detailliert beschrieben:

I.   *Gebäude und verschiedene Strukturen*
II.   *Ziergarten*
III. *Gemüsegarten*
IV.   *Obstanlagen*
V.   *Weinberg*
VI.   *Wildpark*
VII. *Forstwirtschaftliche Pflanzungen*
VIII. *Landwirtschaftliche Pflanzungen*

Landschaftspark Eisenberg

Abb. 4   Plan von Johann Metzger, 1833

Anschließend folgt eine Kurzbeschreibung der von Metzger sehr ausführlich beschriebenen Parkelemente: (Abb. 4)

Gebäude und verschiedene Strukturen
An erster Stelle ist die Orangerie zu nennen. Sie diente im Winter der Überwinterung von frostempfindlichen Kübelpflanzen und wurde im Sommer für gesellschaftliche Ereignisse genutzt. Die Glasfront wurde durch Pfeiler und Säulen unterbrochen. Statt eines Daches baute man eine Plattform mit schöner Balustrade, die man von hinten durch eine Anpflanzung begehen konnte. Von dort oben bot sich dem Besucher ein grandioser Rundumblick auf die umgebende Landschaft. Zum Heizen des Gebäudes lag in einem Nebengang leicht zugänglich eine Heizanlage. Von hier aus konnte mittels im Boden liegender Heizkammern der Fußboden erwärmt werden (Abb. 5).
Weitere Gebäude waren ein Glashaus, die Gärtnerwohnung, ein Sommerhaus und eine dreieckige Laube am Haupteingang des Parks.
Hinter dem Gewächshaus, das von einer Erbin Friedrichs, Elise von Gienanth, weiter ausgebaut wurde, legte man ein Mistbeet zur Erzielung früher Gemüse- und Salaternten an (Abb. 6 und 6a).
Unter der heutigen Ramser Straße bohrte man einen unterirdischen Tunnel, durch den das Herrenhaus trockenen Fußes zu erreichen war.
Die Anlage erhielt mehrere überdachte Futterplätze, eine Kegelbahn und einen sogenannten Spielplatz als weiteres Inventar. Etliche Parkbänke sollten die Besucher zum Verweilen auffordern.

Ziergarten
Die Ziergartenbereiche wurden mit Blumenkörben, schön blühenden Ziersträuchern, eschenblättrigen Ahornen entlang des Weges, Rosenrabatten, Staudenpflanzungen und verschiedenen Baumgruppen angelegt. Besonders der Zugang zum Sommerhaus war durch diese Ziergartengestaltung geprägt. Leider wurde diese Anlage durch den Neubau einer Villa 1951 zerstört. Um die großen Rasenflächen zu unterbrechen und aufzulockern, pflanzte man Jasmin und andere Ziersträucher. Auch Baumgruppen aus italienischen Säulen- und Silberpappeln wurden hinreichend gepflanzt.

Abb. 5　Orangerie mit vorgelagertem Brunnenbecken

Gemüsegarten

Der Gemüsegarten lag am östlichen Rand des Landschaftsparks. Das Wegesystem war streng gegliedert, und zwar in drei quer, längs und umlaufend verlaufende Hauptwege mit einem Brunnen im mittleren Kreuzungsbereich. Die Anordnung der Beete erfolgte symmetrisch. Nach Westen hin war der Gemüsegarten durch eine Rasenfläche und einen Weg von der angrenzenden Forstpflanzung getrennt. Auf dieser Rasenfläche pflanzte man eine zweireihig versetzte Baumreihe mit einem Blumenbeet in der Mitte. An die Ränder des Wegesystems setzte man Zwergobstbäume sowie Stachelbeeren, Johannisbeeren und Himbeeren.

Obstanlagen

Die bei Metzger zu den Obstgehölzen zählenden Sorten wie Nussbäume und Kastanien finden sich verteilt auf der ganzen Fläche des Landschaftsparks.

Abb. 6　Gewächshaus, erbaut 1911

Abb. 6a　Gewächshaus, Detail

Gärten an Zechen und Eisenwerken　179

Landschaftspark Eisenberg

Oberhalb der umfassenden Gartenmauer an der Ramser Straße empfahl Metzger, Pfirsich-Spaliere anzubringen und fertigte hierfür noch eine Detailzeichnung.

Weinberg
Die Anlage von Obst und Weingärten gehörte zum gängigen Gestaltungsrepertoire von J. L. Metzger. So beschloss er erst die Anlage eines Weinbergs an der Ramser Straße, um ihn späterhin unterhalb der Orangerie neu zu pflanzen.

Wildpark
Metzger beschreibt, dass der Wildpark eine Umzäunung mit rohen Pfählen erhalten und sich möglichst unauffällig durch die Waldpartien ziehen solle. Die innerhalb des Wildparks befindlichen Nadelgehölze sollten unbedingt erhalten und auf eine Zwischenpflanzung von Laubgehölzen sollte verzichtet werden.

Forstwirtschaftliche Pflanzungen
Den größten Teil der Gesamtanlage nahmen die forstwirtschaftlichen Pflanzungen ein. Um die Vielfältigkeit dieser Pflanzungen zu erhöhen, empfahl Metzger, die Nadelhölzer nach und nach durch Laubhölzer zu ersetzen. Nur an ausgewählten Standorten sollten die Nadelhölzer erhalten werden. Dabei nahm er besondere Rücksicht beim Austausch der Pflanzen: Es sollten erst nach Anwachsen der Laubhölzer die Nadelhölzer allmählich ausgelichtet werden; somit bliebe der Waldcharakter erhalten. Genaue Angaben machte Metzger auch über die Auswahl bestimmter Laubholzarten. So ließ er zum Beispiel Birken, Hainbuchen, Akazien, Eichen, Kastanien, Ahorne und Maulbeerbäume pflanzen.

Landwirtschaftliche Pflanzungen
Zur Reduzierung des Pflegeaufwands sollten die vorgesehenen Wiesenflächen ökonomisch genutzt werden, aber auch „Mannigfaltigkeit für das Auge hervorrufen". Das versuchte man durch Auswahl bestimmter Futterkräuter zu erreichen. So wurden die Sichtachsen mit Luzernenklee, Esparsette, Pimpinelle, französischem Raygras und Inkarnatklee eingesät. Um den jungen keimenden Futterpflanzen Schutz zu bieten, empfahl Johann Metzger, die Sichtachsen mit Ausnahme der Luzernenkleeflächen mit Hafer und Gerste einzusäen. Diese Zwischensaaten könnten dann grün abgemäht werden oder aber auch bis zur Reife stehen bleiben. Vor der Aussaat sollten die landwirtschaftlichen Gestaltungselemente mit Teichschlamm aus dem Hammerweiher, guter Erde und Dünger überschüttet werden.

Abb. 7   Umfassungsmauer mit Kunstgusszaun

Ein Teil der für die Gesamtanlage notwendigen Bäume wurde von einer Baumschule Stieler aus Mannheim geliefert. So wurden 100 Stück Monatsrosen für die Blumenrabatten und Blumenkörbe, 62 Stück roter Ahorn für die Allee auf dem Spielplatz und vier Stück Kugelakazien zur Einpflanzung in Kübel für die Terrasse am Haus verwendet.
Die fehlenden Bäume für die forstwirtschaftlichen Flächen wie Eichen, Birken, Hainbuchen und dergleichen sammelte man in der Umgebung. Andere fehlende Bäume wie Akazien, wilde Kastanien und Ahorne sollten auswärts besorgt werden.
Heute stellt sich die Parkanlage in den wesentlichen Grundzügen noch immer wie oben beschrieben dar.

Die Parkmauer an der Ramser Straße wurde in ihrer südlichen Längsausrichtung noch vor dem Winter 1833/34 gebaut. Sie sollte das Abrutschen des Hanges verhindern. Die westliche, die nördliche und die Mauer um das Parkgelände wurden erst 1840 gebaut. Eine Besonderheit ist die Mauerkrone, die aus Schlackesteinen besteht. Hiermit sollte einerseits die enge Verbindung zum Werk demonstriert werden, andererseits verleiht diese Gestaltung der Mauer einen morbiden Charme, der dem romantischen Gedankengut des 19. Jahrhunderts entgegenkam (Abb. 7).

Der Zugang zum Park erfolgte damals wie heute zu Fuß über eine kleine, dem Eisenwerk gegenüberliegende eiserne Pforte. Von hier aus führt der Weg rechter Hand direkt zu einer Treppenanlage, die traditionell von zwei Löwenskulpturen bewacht wird. Die Treppe endet direkt unterhalb des Gärtnerhauses, eines als Schweizerhaus errichteten Gebäudes. Schon damals war klar, dass eine solch große und intensiv gestaltete Parkanlage auch der kontinuierlichen Pflege durch einen Gärtner bedarf. Daher wurde ein Haus für den Gärtner gleich zu Beginn
in die Planung des Gartens miteinbezogen (Abb. 8). In den sehr frühen Englischen Landschaftsgärten war es üblich, private Grabstätten in den Landschaftspark zu legen. So hat auch die Familie von Gienanth sich einen kleinen privaten Friedhof im oberen Drittel einer Sichtachse des Landschaftsgartens angelegt. Ein aus Ton gefertigter Engel wacht über die Grablege (Abb. 9). Er steht in unmittelbarer Blickbeziehung zu dem späterhin (1912) unter Elise von Gienanth oberhalb erbauten Mausoleum. Das in der Art eines griechischen Tempels errichtete Mausoleum wird heute schützend von zwei ebenso alten wie mächtigen Kiefern beschirmt (Abb. 10).

Abb. 9   Skulptur eines Engels am Familienfriedhof

Nach Süden hin öffnet sich die Halle in der Art eines griechischen Tempels. Die nach vorne offene Fassade wird durch zwei dorische Säulen betont. In die Außenwände sind fünf gotische Grabplatten eingelassen (Abb. 11).

Die Orangerie wurde mit davorliegenden Brunnen erst 1835 fertiggestellt (Abb. 5a). Elise von Gienanth vergrößerte sie um 1880 in Richtung auf die davorliegende Brunnenanlage. Friedrich von Gienanth ließ Skulpturen aus der Zeit der Antike bis zum Klassizismus in der Orangerie aufstellen, die er in Paris und Rom gesammelt hatte. Sie sind heute in der Pfalzgalerie von Kaiserslautern als Leihgabe gesichert.
Die Orangerie ist in einem baulich sehr bedenklichen Zustand. Überall, sowohl innen als auch außen, fällt der Putz von den Wänden, die Fenster sind eingeschlagen, und das Gebäude droht zu zerfallen (Abb. 12). Daher hat sich der eigens zum Erhalt der Parkanlage 2003 gegründete „Förderverein Landschaftspark Friedrich von Gienanth" auch die Sanierung dieser sehr seltenen Orangerie zum vorrangigen Ziel gesetzt.

Abb. 8   Treppe zum Schweizerhaus mit den Löwen

Landschaftspark Eisenberg

Abb. 10 Mausoleum

Abb. 11 Epitaphien am Mausoleum

An den von einer mächtigen Sandsteineinfassung umgebenen Springbrunnen schlossen sich hangabwärts weitere kleinere, in Tuffstein gefasste Wasserbecken im Stil kleiner Wasserspiele an. Die Brunnenanlage ist zwar heute nicht mehr in Betrieb, jedoch mittels der neben der Orangerie liegenden Wasserbehälter jederzeit wieder reaktivierbar.

Der in Serpentinen abwärts führende Rundweg verläuft von der Orangerie aus oberhalb des steil zum früheren Gemüsegarten abfallenden Geländes. Immer wieder weisen Sandsteinsockel im dichten Bewuchs auf den früheren Skulpturenschmuck hin. Von einem Strohhäuschen an einem Aussichtspunkt sind heute nur noch fünf Fundamentpostamente erhalten. Der Weg endet am einstigen Gärtnerhaus. Dort findet sich versteckt zwischen zwei mächtigen Rhododendren ein mit einer Urne und kaum leserlicher Inschrift bestückter Sandsteinsockel (Abb. 13).

Das gestalterische Herzstück der Anlage, der sogenannte Spielplatz mit einer vierreihigen Allee aus rot blühenden Kastanien, deren mittlerer Platz mit einem hohen Springbrunnen geziert wurde, hat leider dem Bau einer Villa 1951 weichen müssen. Auch die ursprünglich hinter dem Haus liegende Kegelbahn existiert heute nicht mehr.

Dafür ist der Baumbestand mit einer Blutbuche und einem Bergahorn aus der Entstehungszeit sowie etlichen sehr alten Douglasien beeindruckend.
Ein Accessoire, das die Baumaßnahme im Bereich des Spielplatzes überlebt hat, ist eine Sonnenuhr aus Sandstein. Im Familienarchiv liegt eine Zeichnung Friedrich von Gienanths vor, die belegt, dass er sie persönlich entworfen hat. Sonnenuhren gehörten auch zum üblichen Repertoire eines Landschaftsgartens. Der Moment der Vergänglichkeit wurde hier romantisierend eingefangen. Viele Geheimnisse

Abb. 12 Blick aus der Orangerie

zwischen Hammerweiher, Herrenhaus, Villa und Orangerie warten noch auf ihre Entdeckung.

Abb. 13 Urne zwischen Rhododendren

Abb. 5a Embleme Friedrich v. Gienanths in der Orangeriestütze

Die Sayner Hütte mit Schlosspark in Bendorf-Sayn

Am 20. Juli 1848 erwarb Ludwig Adolph Friederich Fürst zu Sayn-Wittgenstein-Berleburg das Burghaus der Grafen Boos von Waldeck zusammen mit dem Rittergut Sayn. Durch Kabinettsorder des Königs Friedrich Wilhelm IV. von Preußen kam im gleichen Jahr der nördlich anschließende Burgberg mit dem Stammsitz der Grafen Sayn dazu. Der erste Umbau des spätmittelalterlichen Burghauses zu einem barocken Herrschaftshaus erfolgte um 1753. 1848 wurde das Schlösschen im romantisch-neugotischen Stil von dem französischen Chef-Architekten des Louvre-Umbaus, Alphonse Joseph François Girard, nach englischem Vorbild umgestaltet. Eine große Freitreppe öffnete das Schloss zum Park und der umgebenden Landschaft.

Parallel zu den Baumaßnahmen am Schloss ließ der Fürst nach Plänen des herzoglich-nassauischen Gartendirektors Carl Friedrich Thelemann auf dem Gelände einen Schlosspark im Stil des Englischen Landschaftsgartens anlegen. Thelemann, der in der Nachfolge Friedrich Ludwig von Sckells unter anderem den Schlosspark in Wiesbaden-Biebrich gestaltet hatte, gab in seinem Entwurf für den Sayner Schlosspark der Wegeführung bewusst eine der Natur angepasste geschwungene Form, bei der sich nach jeder Wegebiegung ein neues Szenario gleich den Kulissen eines Theaters öffnet. Ganz im Sinne der Gartenkunst sollte durch geschickte Bepflanzung der Parkgrenzen der Landschaftsgarten in die umgebende Landschaft mit ihren bewaldeten Höhenrücken eingebunden werden. Auch das Gestaltungsprinzip, ortsprägende Sichtachsen zu schaffen, wurde hier mit Blicken auf das Zentrum des Schlosses, den Schlossturm, den Burgberg, den Gartenpavillon und das Eisenwerk der Sayner Hütte umgesetzt.

Der unmittelbare Bereich vor der Schlosstreppe, der Pleasureground, wurde mit in der Rasenfläche liegenden Blumenrabatten und Springbrunnen geschmückt.

Eine Ansicht um 1850 zeigt das liebevoll gestaltete Ensemble in seiner gartenkünstlerischen Perfektion (Abb. 1). Eine kleine, aus Birkenhölzern gebaute Brücke quert den Teich. Deutlich im Vordergrund ist das Schloss zu erkennen mit der Eisenhütte linker Hand und der sich den steilen Burgberg hochziehenden Befestigungsanlage der Burg. Der Stahlstich gibt die Möglichkeit, die verwendeten Gehölze nach ihrem Habitus zuzuordnen. Ganz typisch ist hierbei sowohl die Anordnung vereinzelter Fichtenwäldchen als auch die punktuelle Anlage gleichwertiger Gehölzinseln in sogenannten Clumps.

Abb. 1 Landschaftspark mit Burg, Schloss und Eisenwerk, historisches Gemälde um 1850

Schlosspark Sayn

Abb. 2   Ansicht des Schlosses

Auch in der Farbgebung hat sich der Künstler bemüht, dem geforderten Licht- und Schattenspiel innerhalb der Bepflanzung Englischer Landschaftsgärten gerecht zu werden. Die Gehölzauswahl erfolgte nach der Komponente verschiedenster Grünschattierungen, die gemäldegleich zu einer harmonischen und abwechslungsreichen Farbkomposition führen sollten.

Heute wird die wunderschöne Freitreppe durch eine Straße vom Schloss abgetrennt. Es bestehen jedoch Bestrebungen seitens des Fürstenhauses, diesen Zustand zu ändern. Andere Teile des Landschaftsparks im Bereich der früheren Schlossgärtnerei sind heute mit einer modernen Bebauung versehen. Trotzdem sind noch wesentliche Teile der einstigen Parkanlage erhalten und wiederherstellungsfähig. Insbesondere mit der Rekonstruktion der früheren Sichtachsen ist die einstige „Bühnenwirkung" des Landschaftsparks wiederherzustellen (Abb. 2).
Die Reste eines früheren Pavillons zieren als Ruine heute den Park. Die Raumwirkung durch sehr alte Gehölze, die immer wieder die Blickrichtung auf bestimmte Objekte wie eine Brücke lenken sollen, sind an einigen Stellen noch nachvollziehbar.
Insbesondere auf den Brücken selbst sollten sich die sogenannten Sichtenfächer öffnen und immer neue Ausblicke erzeugen.

Mittels behutsamer Pflegemaßnahmen und des historisch nachvollziehbaren Gestaltungskonzeptes ist eine Aufwertung des Parks im Sinne des Gartendenkmals möglich. Der besondere Reiz liegt in den zahlreichen Baumveteranen, dem Teich, den Ruinen und der Integration des Bachlaufs, sodass die frühere Atmosphäre noch immer erlebbar ist. Als zusätzliche Attraktion ist ein kleiner Wallfahrtsweg zu vermerken, der mit gusseisernen Tafeln von der Sayner Hütte zu einer Kapelle am Parkrand führt (Abb. 3).
Die Besonderheit dieses Ortes als Parkanlage in der Nähe von Eisenwerken liegt in seiner großen Ausdehnung und der Integration von Burg, Schloss und Landschaftspark. Daher ist dieses herausragende Ensemble schon vielfach in der Literatur beschrieben und untersucht worden. In unserem Buch zu den verborgenen Gärten hat es trotzdem seine Berechtigung, da es sich um eine frühindustrielle Landschaft handelt, die in Rheinland-Pfalz in dieser Form nur einmal vertreten ist, was den meisten Besuchern der Parkanlage mit seinem berühmten Schmetterlingshaus jedoch nicht bewusst ist.

Abb. 3   Gusseiserne Wallfahrtstafeln im Park

Im Saarland – St. Ingbert:
der Englische Landschaftsgarten der Alten Schmelz – korrespondierendes Gesamtkunstwerk

Schon 1733 nahm das Eisenwerk in St. Ingbert den Betrieb auf. Der in Blieskastel ansässige Besitzer Graf Carl Caspar IV. von der Leyen schloss einen Vertrag zum Betrieb des Hüttenwerks ab.
1759 wurden in der Schätzung zur Übertragung des Hüttenvertrages auf einen neuen Pächter ein neues und ein altes Herrenhaus erwähnt. Hier könnten schon damals Gärten bestanden haben. 1782 werden in einer Bestandsaufnahme auf dem Gelände des St. Ingberter Eisenwerks ein „Herrengarten" und ein „Garten der Arbeitsleute" genannt, die mit Obstbäumen bepflanzt waren. Der Kaufmann Philipp Heinrich Krämer (1754–1803) übernahm 1788 einen Anteil an der Pacht und die Leitung des Werks. Drei Jahre später wurde er alleiniger Pächter.
Der älteste erhaltene Lageplan des Eisenwerkes von 1791 zeigt zwei Gärten. An einen axial angelegten Bereich schließt sich ein Obstgarten an.

Sophie Krämer (1763–1833), die Witwe Philipp Heinrich Krämers, kaufte 1804 von Graf von der Leyen das Eisenwerk und baute es zum bedeutendsten Unternehmen im Raum St. Ingbert aus (Abb. 1). 1807 ließ Sophie Krämer ein neues Herrenhaus auf dem Werksgelände in der Nähe der ältesten Werkshalle (Möllerhalle 1750) erbauen. Bereits 1788 hatte Philipp Heinrich Krämer in einer Eingabe an die Eigentümerin, Gräfin Marianne von der Leyen, den Wunsch geäußert, ein Wohnhaus auf dem Werksgelände erbauen zu dürfen, damit er den Betriebsgang beaufsichtigen könne. Es stand in Sichtweite der Arbeiterwohnhäuser und der Werkshallen.
Auf einer Lithografie von 1840 (Abb. 2) ist das Herrenhaus bepflanzt, ebenso auf einer Gesamtansicht des Eisenwerkes von 1913. Hier ist auch ein baumbestandener Garten hinter dem Herrenhaus erkennbar.

Die Gärten der Besitzungen der Familie Krämer wurden von Heinrich Ludwig Koellner (1762–1824), dem Sohn des Saarbrücker Hofgärtners und Gartendirektors Johann Friedrich Christian Koellner, betreut. Er hatte zuvor an der Anlage des fürstlichen Parks „Schönthal" in der Nähe des Saarbrücker Ludwigsberges mitgewirkt. Es ist möglich, aber nicht verbürgt, dass der erste Teil des „Englischen Gartens" von ihm entworfen wurde.

Das Grundsteuerkataster von 1845 gibt Auskunft über die Anlage des ersten Teils des „Englischen Gartens" im Jahre 1811, über den Bau einer Orangerie und einer Gärtnerwohnung im Ökonomiegebäude. Die Gartenanlage wurde auf ehemaligen Waldparzellen realisiert, was durchaus üblich war und Parallelen zur späteren Gartenanlage des Johann Ludwig Metzger 1833 am Eisenwerk in Eisenberg zeigt. Auch dort wurde in einem topografisch ähnlich gelegenen Waldstück ein Englischer Landschaftsgarten oberhalb des Eisenwerks und des Herrenhauses angelegt.
Die geometrische Gartenanlage, im Grundsteuerkataster noch als Gemüsegarten mit Treibhaus aufgeführt, wurde später von einer mit Springbrunnen betonten Achse durchzogen.

Die Erweiterung des Landschaftsgartens erfolgte erst um 1830, nachdem weitere Flächen des oberhalb des Werkes liegenden großen Waldgebietes erworben werden konnten. Der in München befindliche Urkatasterplan von 1842 zeigt den Landschaftsgarten in großer Ausdehnung und großzügiger Gestaltung. Alle Gestaltungselemente sind in diesem maßstäblichen Vermessungsplan eingezeichnet. Ein weiterer Plan von 1844 (Abb. 3) zeigt den „Garten der Herren Gebrüder Kraemer" als kolorierte Handzeichnung des Gärtners Heinrich Antz (1807–1871). Wie der aus Oberflörsheim in Rheinhessen stammende Antz den

Abb. 1   Familienbildnis Philipp Heinrich Krämer I. von Johann F. Dryander 1803/04

Abb. 2   Lithographie 1840 – Alte Schmelz

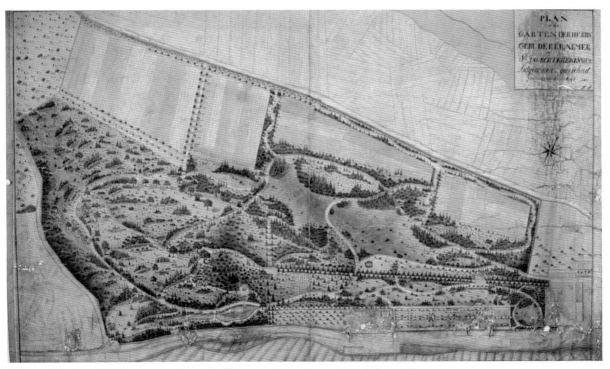

Abb. 3   Aufmaß und Zeichnung zum „Garten der Gebrueder Kraemer" von Heinrich Antz 1844

Gärten an Zechen und Eisenwerken   **187**

St. Ingbert

Kontakt zur Familie Krämer fand, lässt sich nur mutmaßen. Die Qualität der Plangrafik ist der des Gartenkünstlers Friedrich Ludwig von Sckell sehr ähnlich und belegt zumindest einen kundigen Fachmann und die Hand eines versierten Gartenplaners des 19. Jahrhunderts.

Der Englische Garten der Gebrüder Kraemer

Die 22 ha große Gartenanlage war von einer Mauer mit Schlackesteinen umgeben (Abb. 4). Die Parkanlage setzte sich jedoch außerhalb dieser Mauer mit landwirtschaftlichen Flächen fort, die schon seit der Anlage des ersten Landschaftsparks 1774 in Wörlitz integraler Bestandteil der Gartenkunst geworden waren. „Das Schöne mit dem Nützlichen verbinden" war das Leitziel der Gartenkunstbewegung. Die sogenannte Feldflur wurde zum Gestaltungselement der Landschaftsgärten. In der Ausbildung der Feldflur wurde, wie in der Gartengestaltung auch, Wert gelegt auf eine ansprechende Farbauswahl und duftende Pflanzen wie Lavendel, Rosen und Thymian. Sie sollten zum Lustwandeln anregen. Auch die geschwungene Wegeführung, die gezielte Anordnung der Waldpartien, Gehölzgruppen und Wiesenflächen weisen den Kraemer'schen Park als typisches Beispiel eines Englischen Landschaftsgartens aus.

Der älteste Parkbereich mit „Gemüsegarten" und rechtwinkliger Wegeführung im Stil eines Barockgartens fand seine Fortsetzung hinter dem Walzwerk mit einem „Obstgarten". Nördlich dieser Gärten lag eine Wiese, die von geschwungenen Wegen durchzogen und mit Gehölzinseln bepflanzt war. In der Nähe von Wegekreuzungen sind Schmuckbeete im Stil des Pleasureground deutlich zu erkennen. Die Wiese säumte eine Allee aus Fichten, die sich zu einem Platz mit einem Gebäude erweitert. Sie mündet an ihrem Ende in einen halbrunden Platz, an den sich eine ca. 6–8 m breite, großartige Wegeachse mit helllaubigen Nadelgehölzen anschließt. Rechts und links dieser markanten Schneise liegen landschaftliche Partien mit Wiesen, Clumps und Flanierwegen. Am Ende der Achse stand eine Säule. Parallel zu der axialen Erschließung gab es einen umlaufenden, sich der Topografie anpassenden Rundweg, von dem geschwungene Nebenwege abzweigten. Die Wegeabfolge diente der Inszenierung eines idealisierten Landschaftsbildes. In rascher Folge sollten immer neue reizvolle Blickpunkte auftauchen. Das Spazieren auf den Wegen diente vorrangig der Sinneslust. Augen, Ohren und Nase sollten immer neue Eindrücke gewinnen, die zum Entdecken des Gartens einladen.

Im westlichen Teil des Parks am Rande der Talsenke des Scheidter Tals legte man einen naturnahen Teich als „Entenweiher" an. In unmittelbarer Nähe lag ein kleines Gebäude. Der um den Teich verlaufende Rundweg führte auf den westlichen Parkeingang mit Pfortenhäuschen zu. Die Überquerung des Weihers war an einer schmalen Stelle mittels eines Holzsteges möglich. Die sich verjüngende Teichanlage

Abb. 4a Nord-Süd-Achse im Wald

Abb. 4   Umfassungsmauer mit Schlackesteinen

war an ihrer breitesten Stelle mit einer Insel versehen, die vielleicht ähnlich dem Eisenberger Park mit einem Schwanenhäuschen geschmückt war. Diese Inseln vertraten unter anderem das romantische Element in den Landschaftsgärten. Der Bereich der Teichanlage war eingebettet in eine Fichtenschonung, deren düsteres Bild die melancholisch-sentimentale Stimmung des Ortes unterstreichen sollte. Am Ende der Teichanlage öffnete sich dann ein lichtdurchflutetes kleines Wiesental.

Der angrenzende westliche und tiefer gelegene Teil des Parks im sogenannten Speckentälchen war mit einem Zaun abgegrenzt und wurde vermutlich als Jagdgebiet genutzt. Vielleicht lag hier die „Fasanerie", die auf der Lithografie aus den 1840er-Jahren zu sehen ist.

Der nördlich anschließende Randbereich des Parks erschloss im Nordwesten mit zwei großzügigen Alleen die zur Parkanlage gehörigen landwirtschaftlichen Flächen. Diese Feldflur wird in der Mitte der Anlage unterbrochen durch ein kleines, dicht bewachsenes Wäldchen, durch das ein Schlängelweg zur Dudweiler Straße führt. Auch die Ränder der Felder wurden zum Teil mit waldartigem Bewuchs in unregelmäßigen Konturen und lichten Wiesenflächen eingefasst, um eine natürliche Wirkung zu erzielen.

Unterhalb der nordöstlich liegenden Feldflur erstreckt sich ein großzügiger Wiesenhain, dessen Weite nur durch einen gewundenen Hauptweg durchbrochen wird. Linker Hand liegt ein kleiner, separater Gartenteil mit einem Haus, bei dem es sich wahrscheinlich um das in schriftlichen Quellen erwähnte Schweizerhaus handelt. Das Schweizerhaus gehörte unabdingbar zur guten Gestaltung eines Landschaftsparks. Man demonstrierte hiermit deutlich die Nähe zur Natur, indem man sich Kühe zur Milchgewinnung hielt, und frönte dem idealisierten Zustand romantischen Landlebens. Diese Art der Gestaltung hielt schon um 1720 in Gestalt der „ornamented farm" über England Einzug in das Gestaltungsrepertoire der deutschen Landschaftsgärten.

St. Ingbert

Die für die englischen Landschaftsgärten wesentlichen Sichtbezüge sind innerhalb der Anlage auf vielfältige Weise verwirklicht. Von der höher gelegenen „Ost-West-Allee" dürfte sich eine gute Aussicht auf das Scheidter Tal geboten haben.
Der Platz mit dem „Pavillon" im östlichen Teil der Allee ist erkennbar als Aussichtspunkt gestaltet. Wahrscheinlich konnte man auch vom „Rondell" im Schnittpunkt der beiden kreuzenden Alleen das Tal überblicken. Im Plan von Antz (1844) ist die „Nord-Süd-Achse" unterhalb des „Rondells" nicht als Wegeachse ausgebildet. Die Alleen selbst bildeten Sichtachsen innerhalb der Gartenanlage (Abb. 4a). Die „Nord-Süd-Allee" mündete hangaufwärts in einen Platz mit einer Skulptur, die als „Point de Vue" in der Sichtachse stand. Im nördlichen Teil des Parks verlaufen die Alleen entlang der Ackerflächen. Hier ermöglichen sie den freien Blick in die umgebende Landschaft und auf die tiefer liegende hügelige Geländemodellierung.

Wie im Eisenberger Park war die Umfassungsmauer mit Schlackesteinen versehen (Abb. 4), sie hatte mehrere Zugänge. An der südwestlichen Ecke befand sich ein Torhaus. Am Ende der Siedlung und im Südostwinkel des Geländes lagen weitere Zugänge. Der letzte Eingang, der sich in der Nähe der Herrenhäuser befand, erlaubte der Familie Kraemer, auf kürzestem Weg in den Park zu gelangen.

Abb. 5 Villa von 1908

Die weitere Entwicklung von Werk und Gartenanlage bis heute

Ab 1860 erfuhren Werksgelände nebst Gartenanlage einschneidende Veränderungen. Das Scheidter Tal wurde nach und nach mit Werksanlagen bebaut. Der Erweiterung fielen in den Folgejahren die im südöstlichen Bereich gelegenen ältesten Gartenteile des Obst- und Gemüsegartens und die angrenzende Wiesenfläche zum Opfer.
1868 wurde eine Villa im klassizistischen Stil (heutiges Verwaltungsgebäude) am östlichen Rand der Gartenanlage erbaut. 1870 folgte am Südwestende des Parks die Villa Kraemer („Krämers Schlösschen"). Sie wurde der Herrensitz der Familie Kraemer, etwas abseits von Lärm, Staub und unangenehmen Gerüchen.
1892 entstand im östlichen Park eine Direktorenvilla mit aufwendiger Gartenanlage (Abb. 5, 6 und 7). Das Parkgelände wurde durch eine Mauer in eine kleine östliche und eine größere westliche Hälfte geteilt. Zwischen 1905 und 1908 wurde im östlichen Teil eine weitere Villa erbaut. Oberhalb der Villen wurde der natürlich vorhandene Buchenhochwald gepflegt und eine Gärtnerei und ein Belvedere mit Ausblick auf die umgebende Feldflur angelegt (Abb. 8).
Im Jahre 1912 starb Generaldirektor Oskar Kraemer. Mit ihm schied das letzte Mitglied der Familie Kraemer aus der Unternehmensleitung aus. Er

St. Ingbert

wohnte bis zu seinem Tod mit seiner Familie in „Krämers Schlösschen". Nach dem Tod der Mutter 1914 zogen die Nachkommen nach Trier um.
1920 kam es zur Übernahme des Unternehmens durch einen Generalunternehmer. Im Zuge der Übernahme wurde das Gelände aufgeteilt. Die Eigentumsgrenze verläuft entlang der Mauer, die den Park teilte.

1950 erwarb die Stadt St. Ingbert einen Teil der früheren Parkanlage, darunter die westlich der Mauer liegenden bewaldeten Gartenbereiche.
Um 1970 wurde „Krämers Schlösschen", das auf dem Gelände der Stadt St. Ingbert stand, abgerissen. Auf dem angrenzenden Randstreifen des Parks mit dem früheren „Entenweiher" entstanden weitere Werkshallen. Die historischen und zum Landschaftspark gehörenden Ackerflächen an der Dudweiler Straße wurden als Gewerbegebiet erschlossen.

Die Qualitäten des Englischen Landschaftsgartens in St. Ingbert in Worte zu fassen ist trotz des Substanzverlustes nicht schwer. Es ist eine der ganz wenigen intensiv gestalteten Gartenanlagen, die heute noch Zeugnis über die Gartenkunst des frühindustriellen Zeitalters ablegen. Im Zusammenwirken mit der Werksanlage, den Arbeiterwohnhäusern und den Villenbauten stellt sie in dem heutigen Erhaltungszustand unstrittig eine Perle unter den Kulturgütern dar, die nicht zuletzt Zeugnis ablegt über Kultur und Denkweisen früherer Generationen. Was bisher nicht hinreichend beschrieben und bewertet wurde, ist der ganz besondere Wert dieser Parkanlage:
Wir haben hier zunächst um die Jahrhundertwende 18. zu 19. Jahrhundert die Anlage eines geometrischen Gartens als Nutz- und Küchengarten. Auch wenn eine soziale Gliederung zwischen Arbeiter- und Herrengarten erfolgte, so hatten doch auch die „Herren" einen Nutzgarten, in dem Kräuter, Gemüse

Abb. 6   Treppe zur oberen Terrasse der Direktorenvilla

Gärten an Zechen und Eisenwerken

St. Ingbert

Abb. 7   Wasserbecken im Garten der Direktorenvilla von 1892

und wohlriechende und „dem Auge gefällige" Pflanzen zur eigenen Verwendung herangezogen wurden. Entsprechend der Tradition alter Bauerngärten gab es ein axiales Wegekreuz, dessen Mitte zumeist noch mit einem Brunnen geziert war, der häufig auch der Wasserversorgung des Gartens diente.

Die vorliegenden Pläne und Quellen geben uns zwar eine genaue Überlieferung dieses ältesten Gartenteils, der jedoch unwiederbringlich verloren ist, da er mit der Überbauung einer Werkshalle 1898 buchstäblich eliminiert wurde. Obwohl die Halle heute schon wieder entfernt ist und die Fläche derzeit eine verwilderte Brache darstellt, ist kein Element dieser ursprünglichen Anlage mehr erhalten.

Das ist bedauerlich, da gerade durch die Nähe zwischen geometrischer und landschaftlicher Gestaltung ein Spannungsbogen entstand, der die Erlebbarkeit des Gartens noch steigerte. Aber die Erlebbarkeit des Landschaftsparks ist bis heute gewährleistet.

Der Landschaftsgarten hat zwar auch Verluste erfahren, ist jedoch in seinem Kern und in seiner ganzen Größe bis heute erhalten. Bedauerlich ist der Verlust von „Krämer's Schlösschen", das als Villa am Rande der Parkanlage und Wohnsitz der Familie eine wichtige Schlüsselposition innerhalb des Parkensembles innehatte. Auch der Bau eines Gewerbegebiets in die bedeutsame historische Feldflur bedeutet einen Eingriff in das Konzept des Landschaftsgartens.

Aber es gibt noch große Potenziale, die vorher beschrieben wurden:
- Der Bestand an Gehölzen aus der Blütezeit ist vergleichsweise hoch einzustufen.
- Das historische Wegenetz, das in der Örtlichkeit zweifelsfrei erkennbar und auch wiederherstellbar ist.
- Die historischen Bauten und Mauern sind noch teilweise über Steinschüttungen augenfällig.

Abb. 8 Belvedere am Buchenhochwald über den Villen

Fazit: In dem Herzstück der eigentlichen Parkanlage sind derzeit Defizite, aber keine Verluste zu beklagen. Hinzu kommen der sehr gute Erhaltungszustand der Gartenanlage östlich der 1892 erbauten Trennungsmauer durch den Park.

Ein Symposium mit dem Titel „Garten für die Zukunft" im Juli 2006 hat neue Wege erarbeitet, den vorhandenen Bestand auch für Besucher wieder sichtbar und erlebbar zu machen. Der zur Stadt St. Ingbert gehörige, über Rentrisch zugängliche Teil der Parkanlage soll wieder instandgesetzt werden und lädt auch die werten Leser zur Spurensuche ein.

Im Rahmen der Bestandsaufnahme saarländischer Industriedenkmäler wurde 1989 das Ensemble „Alte Schmelz" mit Siedlung, historischen Werksgebäuden und Landschaftspark in die Denkmalliste des Saarlandes aufgenommen.

Seit Mitte der 1990er-Jahre engagiert sich unter anderem die „Initiative Alte Schmelz St. Ingbert e. V." für die geschichtliche Aufarbeitung und die touristische Erschließung.

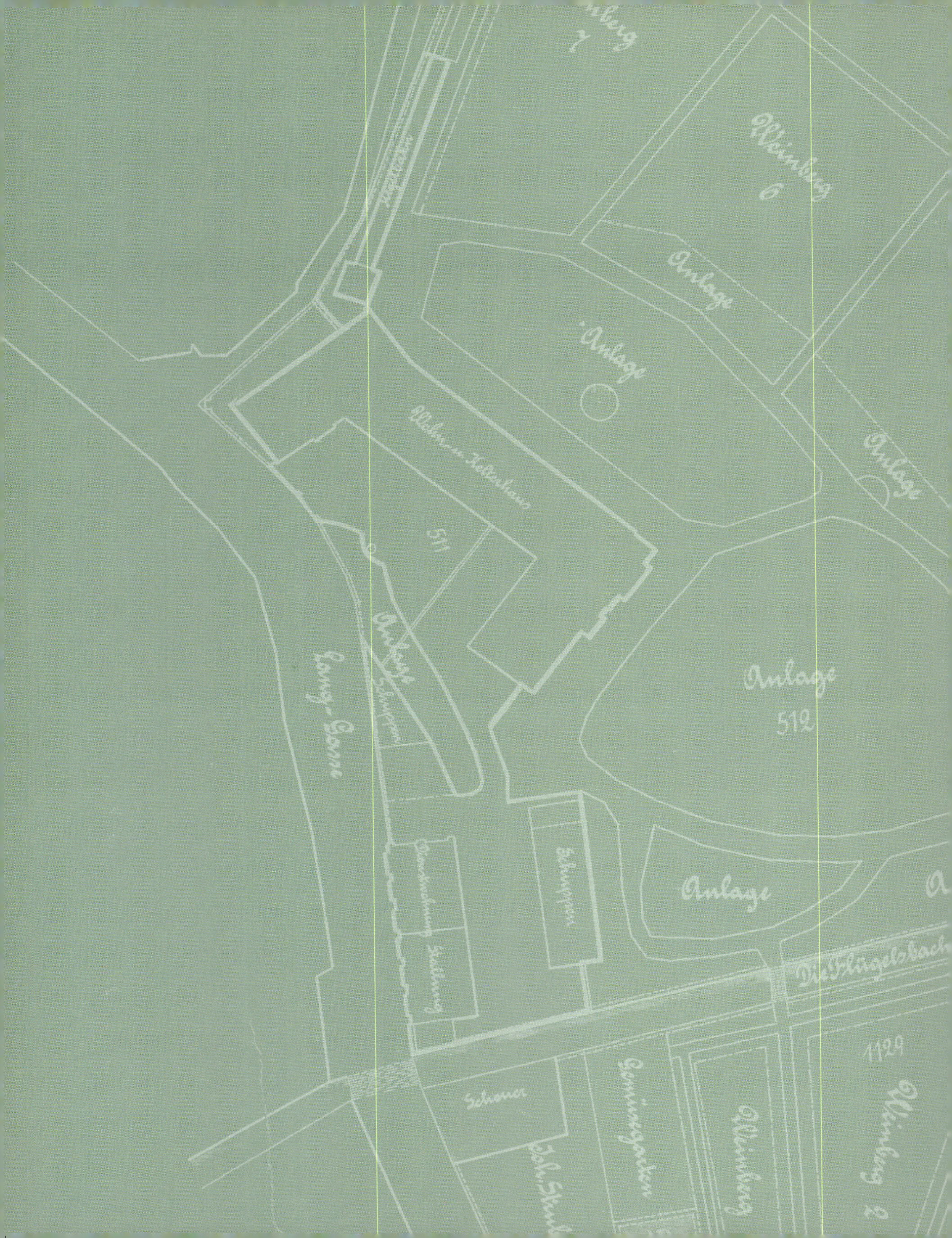

Weinberg 7

Weinberg 6

Anlage

Anlage

Anlage

Wohnen-Kettenhaus

511

Anlage
512

Lang-Gasse

Anlage
Schuppen

Anlage

Schuppen

Beschreibung Halfung

Die Flügelsbach

1129

Schuppen

Gemüsegarten

Scheuer

Joh. Stud.

Weinberg 2

8. Villengärten

Die Villen und Landhäuser des 19. Jahrhunderts waren stets von größeren oder kleineren Gartenanlagen umgeben, die eine eigene Gattung darstellen. Die Häuser selbst folgen unterschiedlichen Stilrichtungen und sind zum Teil, der italienischen Renaissance oder barocken Vorbildern folgend, symmetrisch und kubisch geschlossen, zum Teil malerisch gruppiert im italienischen Landhausstil beziehungsweise der Gotik oder der deutschen Renaissance verpflichtet.
Die Gärten orientieren sich dagegen nahezu einheitlich am Vorbild des Landschaftsgartens. Neben Schlängelwegen, Tempeln und Grotten sind auch hier seltene Baumarten, Teiche und Brücken beliebte Gestaltungselemente. An die Stelle größerer Blumenparterres treten vor allem Kissen- und Teppichbeete, die vielfältige Ausgestaltungen erfahren haben. Letztere waren besonders beliebt für die Vorgärten der Vorstadtvillen.

Von den wenigen in Rheinland-Pfalz noch gut oder rudimentär erhalten gebliebenen Villengärten sei hier eine Auswahl signifikanter Beispiele gegeben. Über die nachfolgend beschriebenen hinaus finden sich viele Villengärten des 19. Jahrhunderts entlang des Moselufers in Kues oder auch in rheinnahen Bereichen, wie beispielsweise Bad Breisig. Sie sind sich alle von ihrer Grundidee her ähnlich und Schmuckstücke der Gartenlandschaft. Jeder Garten würde es verdienen, insbesondere bezüglich seines wertvollen alten Baumbestands und der Gesamtkomposition von denkmalgeschützter Villa, Nebengebäuden und hochwertigem Pflanzenmaterial einzeln beschrieben zu werden. Es finden sich hier lauter kleine Paradiese, deren Eigentümer sie liebevoll pflegen und hüten.

Der Garten der Villa Liebrecht in Bodenheim bei Mainz

Das Weingut Liebrecht, im Wesentlichen nach Plänen von Architekt Anton Weber 1904–1906 erbaut, entstand auf dem Gelände des ehemals im Besitz des Münster-Klosters in Mainz befindlichen Gutshofes aus dem Jahre 1754. Allein die Architektur der Wohn- und Wirtschaftsgebäude ist sehenswert. Neben zahlreichen Details wie dem achteckigen Turm mit Zwiebelhaube (Abb. 1) am Wohngebäude besticht auch das zur Weinverkostung genutzte „Gotische Haus" (Abb. 2) durch seine aufwendige Gestaltung mit zinnenbekröntem Dach, bastionsartigen Erkern und glasüberdachtem Eingangsportal (Abb. 3).

Zum Villenanwesen gehört auch der weitgehend von der Einfriedungsmauer des früheren Klosterhofes umgebene Landschaftspark. Es handelt sich hierbei um eine bedeutende Anlage, die am hoch gelegenen kirchseitigen Bereich ein ebenfalls um 1904 errichtetes Belvedere umfasst. Ein Aquarell aus der Entstehungszeit des Gartens von A. Weber zeigt das

Abb. 2 Gotisches Haus

Abb. 1 Türmchen

Abb. 3 Jugendstil-Glasdach, Detail

Villa Liebrecht

Abb. 4 Stahlstich mit Garten und Belvedere

Belvedere mit den umgebenden Gartenbereichen (Abb. 4), zu denen auch ein Steingarten mit Wasserlauf gehört.

Bekrönt wird diese Anlage von einem Holzpavillon mit Haubendach, eingedeckt mit grün glasierten, kleinstformatigen Biberschwänzen. Die untere Terrasse des Belvederes begrenzen Betongeländer, die in Form von Knüppelholz gegossen sind. Mit der Sanierung des inzwischen vom Einsturz bedrohten Belvederes wurde in diesem Jahr begonnen (Abb. 5).

Abb. 5 Belvedere, Detail während der Sanierungsarbeiten

Villa Liebrecht

Abb. 6   Sandsteinsockel im Rosengarten

Gut erkennbar auf der oben genannten historischen Ansicht ist außerdem ein geometrisch gestalteter Rosengarten mit einem rankenverzierten Sandsteinsockel, der auch heute noch auffindbar ist (Abb. 6). Selbst die Beeteinfassung aus Stahlbändern ist im Boden erhalten.

Weitere Besonderheiten der Gartenanlage sind ein Vogelhaus mit spitzem Turm und farbigen Glasfenstern (Abb. 7), ein Brunnen vor dem Wohngebäude und der wertvolle alte Gehölzbestand. Zahlreiche Sitzbereiche und ein heute bis auf die Fundamente abgetragener Pavillon luden zum längeren Verweilen und Genießen der Gartenanlage ein. Die Parkanlage ist bisher noch nicht erforscht. Sie bildet jedoch in ihrem Zusammenspiel von Architektur und Grün ein einmaliges und erhaltenswertes Beispiel der Villengärten um 1900.

Abb. 7   Vogelhaus (rechte Seite)

Das von Heyl'sche Weingut in Nierstein

Im Ortskern von Nierstein am Rhein liegt das „von Heyl'sche Weingut". Der Ort ist prädestiniert zum Weinanbau und besitzt namhafte Weinberglagen. Die Liste der bedeutenden Persönlichkeiten, die als Eigentümer des Guts firmierten, ist bis 1720 darstellbar.

Auch heute ist das Anwesen wieder in Privatbesitz. An den Gutshof schließt sich ein großer Garten an, der zwischen 1880 und 1890 für die Weinhändlerfamilie Lauteren aus Mainz angelegt wurde. Der bedeutende Gartenkünstler Franz Heinrich Siesmayer (1817–1900) aus Frankfurt-Bockenheim schuf im Auftrag der Familie Lauteren einen Park im Stil des späten Englischen Landschaftsgartens unter Integration angrenzender Nutz- und Weingärten. Siesmayer hat unter anderen auch den berühmten Frankfurter Palmengarten und den Kurpark von Bad Nauheim gestaltet.

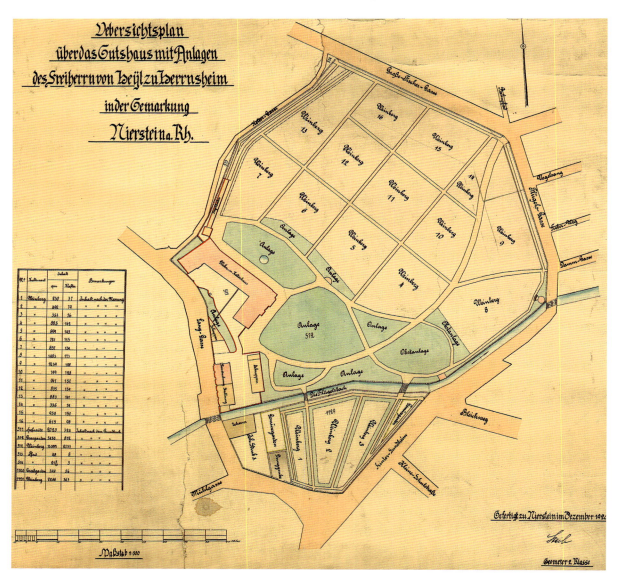

Abb. 1   Plan der Gartenanlage von 1920

von Heyl'sches Weingut

Abb. 2 Ansicht der Villa von der Gartenseite

In der Gartenanlage des Weinguts findet sich noch immer die typische Gestaltung des Englischen Landschaftsgartens wieder.
Das auffallendste Merkmal ist die geschwungene, unregelmäßige Wegeführung, die den Besucher durch die Garteninszenierung führt. Diese sogenannten „Brezelwege" sind bei Siesmayer besonders deutlich ausgeprägt. So fährt man von der nordöstlichen Garteneinfahrt durch eine große Weinbergfläche, die schon im Entree offenbart, dass es sich hier um ein renommiertes Weingut handelt. Die Einbeziehung der Rebflächen in die Gartengestaltung ist ein weiteres Merkmal des Landschaftsgartens. Es wurden auch landwirtschaftliche Flächen gestalterischer Bestandteil einer gartenkünstlerischen Planung.

Blickbeziehungen sind ein weiteres wesentliches Mittel zur Ausgestaltung der Parkanlage. Blickachsen verbinden Gebäude und Gartenräume im Park optisch miteinander. Außerdem spielen häufig Blickbeziehungen in die umgebende Landschaft eine große Rolle. Auf diese Weise wird der Garten in die Landschaft aufgeweitet und besondere Landmarken und Gebäude mit einbezogen. Leider sind die wesentlichen Blickbeziehungen in Nierstein durch Bebauung im Außenraum nicht mehr erlebbar. Die Standorte der Kleinarchitekturen waren häufiges Ziel von den Blickbeziehungen, denn sie sollten nur von festgelegten Stellen wahrgenommen werden und für Überraschungseffekte im Garten sorgen. Auch die Pflanzenverwendung spielte eine bedeutende Rolle. So pflanzte man undurchsichtige

von Heyl'sches Weingut

Abb. 3   Blick in den Garten

Abb. 4   Blick vom Turm in den Garten

Nadelgehölze, um Dunkelheit und Undurchdringlichkeit zu erzeugen. Ebenso legte man Wert auf das Farbenspiel der unterschiedlichen Grüntöne der Laubgehölze, deren Farbwirkung durch die gezielte Anpflanzung von Blütenpflanzen und Stauden noch gesteigert werden sollte.

Der Entwurf Heinrich Siesmayers für den Garten liegt nicht vor. Jedoch weisen die noch im Park erhaltenen typischen Gestaltungsmerkmale wie die Wegeführung und der in verzierter Holzbauweise errichtete Pavillon auf Siesmayer als Gartenkünstler hin. Zusätzlich wird der Garten in der Referenzliste der Gebrüder Siesmayer aufgeführt.

1861 wurde im Zusammenhang mit dem Bau der heutigen Hofgebäude als asymmetrisches dreiflügliges Anwesen durch Christian Ludwig Lauteren ein Lageplan erstellt. Die Straße verlief im ehemaligen Bett des Flügelsbachs direkt an den Gebäuden vorbei. Das Gartenareal wird als „Gartenfeld" bezeichnet, was auf einen Nutzgarten schließen lässt. Zum Lageplan ist noch die Fassadenansicht der Straßenseite des Architekten Carl Wetter erhalten.
Das gesamte Anwesen mit allen Gartenbereichen war von einer über 2 m hohen verputzten Bruchsteinmauer umgeben und hat eine vieleckige, ungleichmäßige Form.

Der einzige erhaltene Gesamtplan der Gartenanlage stammt aus dem Jahr 1920 (Abb. 1). Die Garteneinfahrt führte von den Weingärten in den südlichen Teil des Parks weiter zur Veranda am Wohnflügel des Gutshauses (Abb. 2) und von dort mit einer Schleife nach Norden durch den Park zurück zu den Weinbergen. Zusätzlich führte der Fahrweg am nordöstlichen Rand des Parks zur Kegelbahn. Diese lag an der westlichen Gartenmauer direkt neben dem Eingang zum ältesten Gebäudeteil. Der angrenzende quadratische Pavillon aus dünnen Holzlatten dürfte einer der letzten im Original erhaltenen Siesmayer-Pavillons in Deutschland sein. Ein kleines rundes Becken mit einem Springbrunnen lag vor dem Speisezimmer. Der Brunnen wurde nach 1965 mit einer Flachdachhalle zur Weinproduktion überbaut.

von Heyl'sches Weingut

Am heutigen Hauptzugang von der Langgasse gibt ein zweiflügliges Tor aus weißlackierten eisernen Staketen den Blick frei auf das Weingut. Über den Hof gelangt man durch ein weiteres Tor neben den Arbeiterhäusern in den Englischen Landschaftsgarten.

Es bietet sich eine prachtvolle Kulisse mit zahlreichen Bäumen aus der Entstehungszeit des Gartens dar, die um ein vor der zentralen Veranda liegendes Rasenoval gruppiert ist (Abb. 3 und 4).

Abb. 6   Sanierungsbedürftiger Pavillon nach Siesmayer, 2004

Abb. 5   Ansicht der Villa von der Gartenseite, um 1900, mit kunstvoller Holzverzierung der Veranda nach Siesmayer

Abb. 6a Wirtschaftsfläche mit Siesmayer-Pavillon und ältestem Gebäudeteil, 2004

von Heyl'sches Weingut

Der Weg führt vor der Gartenfassade des Wohnhauses vorbei, der leider heute die hölzernen Rankgitter und Balkongeländer im Siesmayer-Stil fehlen (Abb. 5). Von der Veranda aus blickt man auf eine von altem Baum- und Strauchbestand umrahmte, unregelmäßig ovale Rasenfläche.

Das gartenhistorisch bedeutsame Areal hinter der Kelterhalle mit Gartenpavillon und Kegelbahn wird heute mit einem 1,80 m hohen Maschendrahtzaun abgetrennt und als Lagerplatz genutzt. Besonders gut kann man hier die Reste einer ca. 120 Jahre alten Hainbuchenhecke in Form von drei in einer Reihe stehenden, zu Bäumen ausgewachsenen Hainbuchen erkennen. Direkt neben dem Eingang zum ältesten Gutshausflügel steht der zuvor beschriebene Gartenpavillon in der für Gartenarchitekt Siesmayer typischen Bauweise (Abb. 6). Er ist wahrscheinlich der letzte in Deutschland im Original erhaltene Siesmayer-Pavillon und bedarf dringend der Sanierung und Pflege. Hier schloss sich früher eine

Abb. 7   Siesmayer-Pavillon am Parkplatz um 1910

Kegelbahn an, deren Standort heute mit einem provisorischen Lagerschuppen überbaut ist (Abb. 6a). Von diesem Pavillon aus gelangt man durch eine nachträglich angebrachte Tür in einen schmalen Gartenstreifen neben der Keltergasse, in dem eine Kirsche und eine Aprikose wachsen.

Über zwei kleine Brücken über den Flügelsbach kommt man in den früheren Nutzgartenbereich, der heute mit einem Hotel überbaut ist. Hinter der letzten Brücke im Bereich der früheren Obstanlage überquert eine Mauer mit einer fensterartigen Nische den Bach. Sie ist ein Rest der historischen Gartenmauer.

Von hier aus führt ein gepflasterter Fußweg entlang des Flügelsbachs zum Parkplatz und an den ehemaligen Standort des gemauerten quadratischen Pavillons. Ein weiterer sechseckiger Pavillon stand in der heutigen Grünanlage an dem Parkplatz (Abb. 7). Der Standort ist als Erdhügel im Gelände ablesbar. Die früheren Blickbeziehungen zur nordöstlichen Garteneinfahrt, zum Landschaftspark und zum Kirchturm sind heute nicht mehr nachvollziehbar.

Gartenkunstwerke sind als lebende „Bauwerke" einem ständigen Wandel ausgesetzt. Ihre denkmalgerechte Pflege muss daher einem langfristigen Konzept unterliegen. Fehlt die kontinuierliche Pflege, so gehen dem Park zugrunde liegende Gestaltungsprinzipien, ursprüngliche Ideen und Proportionen im Laufe der Zeit verloren. Sind die Gestaltungsprinzipien nicht erforscht, können Fehlplanungen, Eingriffe und Baumaßnahmen im Laufe der Jahre das Kunstwerk zerstören.

Abb. 8   Entwurf für den Garten ohne Weinbergsflächen

Parkpflegewerke sollen die vorhandenen Parkbestandteile schützen und die ursprüngliche Gestaltung fördern. In einem 2004 angefangenen Parkpflegewerk wird vorrangig der in Nähe der Wohngebäude liegende Bereich des Englischen Landschaftsgarten behandelt. Die daran angrenzenden Nutz- und Weingärten als Bestandteil der Gesamtgartenkomposition werden in die Untersuchung mit einbezogen. Gemäß den Ideen der Englischen Gartenkunst verbindet sich hier das ästhetische Element des Ziergartens mit dem pragmatischen Nutzgarten zu einer einzigartigen Parkgestaltung (Abb. 8).

Schloss Weingut Lüll in Wachenheim/Rheinhessen

Das heutige Weingut Lüll (Abb. 1) gründet auf einer um 1500 entstandenen Burg, dem sogenannten Oberschloss. Neben dieser Burg erbauten die Ritter von Wachenheim einen weiteren Sitz, das Unterschloss, das jedoch bereits während der Bauernkriege im Jahre 1525 zerstört wurde. Der älteste Bauteil des heutigen, mehrfach veränderten Gebäudekomplexes ist der mittelalterliche Wohnturm im Stil der „Normannentürme" (Abb. 2), von denen im 15. und 16. Jahrhundert in Rheinhessen mehrere gebaut wurden. Er bildet jedoch unter ihnen eine Ausnahme, da er als einziger Turm beheizbar war. Umfangreiche Änderungen der baulichen Anlagen entstanden ab etwa 1570 unter dem damaligen Besitzer Freiherr Heinrich von Morschheim und ab 1669 unter Burggraf Wolfgang Adolf von Carben aus Friedberg an der Wetterau.

1732 heiratete die Witwe Luise von Carben den Generalmajor Adolf Ludwig Eberhard von Botzheim, der in der Umgebung sehr einflussreich war. So gelangten die von Botzheims später sogar in den Besitz des gesamten Ortes Wachenheim, der sich bis zu diesem Zeitpunkt im Besitz der Grafen von Leiningen zu Dürkheim (bis 1794, ab 1803 Sitz in Amorbach) befunden hatte.

Abb. 1   Blick auf das Wohnschloss

Abb. 2   Gebäude mit Wohnturm, vom Park aus

Abb. 3   Blick auf den Keller mit Brunnen und oberhalb liegende Gartenanlage

Der Generalmajor veränderte das Oberschloss in großem Umfang. Im Jahre 1747 ließ er das bis heute den Rundturm umgebende Gebäude im Stil des Spätbarock (Rokoko) erbauen. Ebenfalls aus dieser Zeit stammt ein begrüntes Kellergebäude. Es ist an der dem Garten zugewandten Seite mit einem Wandbrunnen in der für das Rokoko typischen Muschelform (Rocaille) verziert (Abb. 3). Im Anschluss an das Kellergebäude befand sich der eigentliche Parkeingang.

Der Park wurde neu angelegt und mit einer soliden Steinmauer umgeben. An der Südseite des Parks entstand das barocke Gartenhaus, das sogenannte Kavaliershäuschen, das auch heute noch vorhanden ist (Abb. 4). Eine Wegeachse verbindet das Kavaliershäuschen mit dem südlichen Teil des Hauptgebäudes. In ihrem Mittelpunkt befindet sich ein rundes Wasserbecken mit Sandsteineinfassung. Weitere aus dieser Zeit erhaltene Parkarchitekturen sind ein für die Zeit des Rokoko typischer sogenannter Schneckenberg, ein Aussichtshügel mit spiralig angeordneten Wegen und eine Grotte aus hellem Kalksandstein.

Abb. 4   Barocke Achse mit Kavaliershäuschen

Weingut Lüll

Abb. 5 Parkweg im Landschaftsgarten

Abb. 6 Eingang zur Parkanlage

Abb. 7 Weinkeller mit obenliegendem Garten

Der letzte von Botzheim'sche Eigentümer des Oberschlosses beschäftigte als Schlossgärtner Johann Friedrich Lorenz, der zahlreiche bisher unbekannte Obstbäume aus Frankreich importierte und aufpflanzte.

Nach 1819 erfuhr das Gut mehrere Besitzerwechsel. Unter Friedrich Wilhelm Steeg aus Frankfurt am Main wurden ab 1824 Ställe und Scheunen erneuert und die Burgwohnung an der Südostseite des Komplexes entfernt.

Der Park selbst wurde zwischen 1747 und 1889 im landschaftlichen Stil umgestaltet. Dabei wurde die barocke Achse mit Kavaliershäuschen und dem zentralen Brunnenbecken in die Gestaltung integriert. Eine Abbildung von 1889 zeigt den Beginn eines geschwungenen Rundweges im westlichen Teil des Gartens, wie er auch heute noch erhalten ist (Abb. 5).

1889 wurde das Gut an Jakob Heinrich Stauffer verkauft, der dem Schlossgut sein heutiges Erscheinungsbild gab. So ließ er 1901 das nördlich gelegene barocke Gebäude durch einen gründerzeitlichen Bau der Architekten Haldewang und Bruckmann aus Worms ersetzen.

Der Errichtung von Schuppen, Scheunen und Maschinenhallen fielen die Reste einer Wehrmauer und eines Rundturmes zum Opfer. Auch das Hauptportal zur Hauptstraße und der Hof wurden umgestaltet.

Die Parkanlage erhielt die heutige Gestalt mit der am Eingangsportal (Abb. 6) gebauten Bruchsteinmauer mit Sitznischen. Um 1899 wurden die begrünten Keller erweitert und das Dach mit einem Wegesystem ausgestattet (Abb. 7).

Abb. 8 Verborgene Laube

Abb. 9 Knüppellaube

Heute bewirtschaftet die Familie Lüll, Nachfahren von Jakob Heinrich Stauffer, das Gut in erster Linie als Weingut. Die Parkanlage lebt heute noch von den zahlreichen stimmungsvoll arrangierten Parkarchitekturen, die sich dem Besucher beim Durchwandern nach und nach erschließen (Abb. 8). Zu ihnen zählt auch eine zierliche Knüppel-Laube (Abb. 9), die auch auf die Umgestaltungsphase um 1890 zu datieren ist. Sie hat große Ähnlichkeit mit dem aus Birkenhölzern erbaute Teehäuschen des Karl-Bittel-Parks in Worms, der auch unter Mitwirkung des Architekten Haldenwang angelegt wurde. Die Verwendung von Buchen- statt Birkenholz hat ihr jedoch eine längere Lebensdauer beschieden.

Die Villa Sachsen in Bingen

Abb. 1 Gesamtansicht

Abb. 3 Pergola

Am Hang des Binger Rochusberges mit Blick zum Rheingau liegt die „Villa Sachsen" inmitten von Weinbergen und umgeben von einer außergewöhnlichen Parkanlage (Abb. 1). Das Anwesen wurde 1843 für die Adelsfamilie von Bühlow erbaut und war zunächst nicht als Weingut, sondern als vornehme, zurückgezogene Wohnung in landschaftlich schöner Lage gedacht.

Nach mehrfachem Besitzerwechsel und dadurch bedingten Namensänderungen gelangte das Anwesen im Jahre 1898 in den Besitz des Leipziger Fabrikanten Ernst Mey, der die Villa mit dem Namen seiner Heimat bedachte.
Er veränderte seine „Villa Sachsen". So entstanden um 1910 die heute nicht mehr vorhandenen Gewächshäuser. Obstanlagen wurden angelegt und das vorhandene Gärtnerhaus erweitert. Obergärtner A. Schmidt zeichnete 1923 einen Plan der Gartenanlage, der wohl auch ihrem Aussehen um 1900 entspricht (Abb. 2).
Dieser Plan stellt bis heute die Grundlage für den Erhalt und die Rekonstruktion der wertvollen Gartenschöpfung dar.

Villa Sachsen

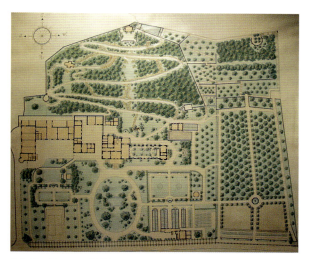

Abb. 2   Plan von 1862

Wie eine Aufnahme von 1999 zeigt, wird der dem herrschaftlichen Gebäude vorgelagerte Parkbereich zum Rhein hin von einer 150 m langen, weißen Pergola begrenzt (Abb. 1 und 3). Die Gestaltung sah zu beiden Seiten der Auffahrt eine streng geometrische Aufteilung vor und enthielt linker Hand den von Kurt Kluge 1918 entworfenen Nibelungenbrunnen und einen benachbarten weißen Holzpavillon. Unterhalb von Pavillon und Brunnen wurde im typischen Stil der Jahrhundertwende ein Tennisplatz in die Gartenanlage integriert. In diesem Gartenbereich wachsen zahlreiche einheimische und exotische Gehölze, die um 1900 gepflanzt wurden. Auch im rechten Teil ist noch ein um 1900 gebauter Pavillon zu finden, der einst zur Unterbringung von Bienenstöcken diente. Er befindet sich neben einer kleinen, in sich geschlossenen barocken Gartenanlage, deren Rasenfläche durch axial verlaufende Wege begrenzt wird. Am Treppenaufgang der Mittelachse befindet sich die Skulptur eines Mädchens,

Abb. 4   Statue

Villa Sachsen

Abb. 5   Nadelgehölz aus der Zeit der Erstanlage des Gartens

die zu den Gewächshäusern am Rande des großen Laubengangs überleitet (Abb. 4). Zum Hauptportal führt eine inzwischen gepflasterte, ellipsenförmige Auffahrt, in deren Zentrum eine Teichanlage geschaffen wurde. Die Bäume direkt vor dem Haus ließ Meys Schwiegersohn Curt Berger pflanzen, der die Villa Sachsen 1910 erwarb. Unter ihnen befinden sich Mammutbäume, Judas- und Feigenbäume, die in dieser Region eher selten zu finden sind (Abb. 5). Am bewaldeten Berghang an der Rückseite der Villa liegt die spätromantische Parkanlage. In diesem Gartenteil bilden zahlreiche mit Naturstein eingefasste Bäche (Abb. 6) ein verzweigtes Wasserlaufsystem, das mit vielen Kaskaden im Teich des früheren Wintergartens endet. Das weiß-blau gekachelte Becken (Abb. 7), ursprünglich als Wasserreservoir vorgesehen, liegt im Wald 50 m oberhalb der Villa und wurde später zum Schwimmbad ausgebaut. Es ist heute noch gut erhalten. Der Weg in den Landschaftsgarten beginnt am Wintergarten und verläuft, vorbei an einer filigranen Volière im orientalischen Stil, in Serpentinen den Hang hinauf zu einer Aussichtsplattform, die über Treppen zugänglich ist. Der

Abb. 6   Wasserlauf

Abb. 7   Schwimmbad

Abb. 8   Kapelle

Abb. 9   Kapelle, Detail

Abb. 10   Florale Motive im Holz der zerstörten Kapelle

nächste Aussichtspunkt in östlicher Richtung wird von einem Rosenbeet umgeben, das die schöne Aussicht mit Rosenduft untermalen soll.

Von dort aus gelangte man zur Borkenkapelle (Abb. 8 und 9). Nach einem schweren Sturm im Frühjahr 2003 waren nur noch Teile ihrer Holzkonstruktion erhalten. Heute sind auch die Fassaden zusammengebrochen. Die Holzbauteile wurden von den Besitzern nach Möglichkeit geborgen und verwahrt. Die Außenverkleidung des schmalen Baus bestand aus Borkenstücken, die mit unterschiedlichen Mustern verziert waren (Abb. 10). Im Innern der Kapelle findet man noch einige schöne, in das Holz eingebrannte florale Zeichnungen, die den romantischen Charakter der im Wald verborgenen Gartenarchitektur steigern sollten. Es handelt sich um ein besonders außergewöhnliches Bauwerk, das in Rheinland-Pfalz seinesgleichen sucht. Daher ist eine Rekonstruktion wünschenswert, wenn auch nur mit technischem Know-how und in einem entsprechenden finanziellen Rahmen leistbar.

Den oberen Abschluss der Parkanlage bildet eine künstliche Burgruine mit einem fünfeckigen Burgfried, die sich auf dem höchsten Punkt des Anwesens befindet (Abb. 11). Von hier aus hatte man einen wunderschönen Blick auf den Rheingau. Leider ist der Zugang seit einem Brand im Jahr 2002 nicht mehr sicher.
Einen wesentlichen Bestandteil der Anlage stellten die Blickachsen dar. Eine große Achse von Norden nach Süden wird von der Villa selbst unterbrochen und führt bis hoch zum Bergfried. Einen weiteren Blickpunkt bildet die „Venus Italica", eine Skulptur, die sich direkt vor der Pergola befindet. Besonders erwähnenswert ist die Anlage eines Wintergartens direkt unterhalb des heutigen Landschaftsparks. Er ist jedoch seit den letzten Umbaumaßnahmen nicht mehr erhalten.
Nach unterschiedlicher Nutzung im 20. Jahrhundert (zuletzt als Weingut) wurde die Villa Sachsen von einer buddhistischen Religionsgemeinschaft erworben, die in Zusammenarbeit mit der Stadt Bingen auch öffentliche Veranstaltungen in der Villa durchführt.

Villa Sachsen

Abb. 11 Ruine

Villa Huesgen in Traben-Trarbach an der Mosel

Die Villa A. Huesgen in Traben-Trarbach zeigt ein besonders gelungenes und auch außergewöhnlich gut erhaltenes Beispiel der Gattung „Villengärten" (Abb. 2). Das Grundstück der in den Jahren 1902–1904 erbauten Villa musste während des Bauens durch Tausch und Kauf erst so abgerundet werden, dass sich ein Garten anlegen ließ. Das Haus liegt ab von Hauptstraße und Bahn an einer Nebenstraße und von Gärten umschlossen (Abb. 1). Das sanft ansteigende Gelände ermöglichte die Anlage von Terrassen, sodass sich von einer Plattform und den Haupträumen des Hauses Ausblicke auf die Orte Streckenburg und Trarbach boten. Vom sogenannten Kneipzimmer im Inneren des Hauses gelangte man zur Gartenhalle, die im Winter als Orangerie und Wintergarten genutzt wurde. Sie enthielt ferner einen Raum für Garten- und Spielgeräte.

Noch heute sind im Garten alle Elemente eines Landschaftsparks aufs Beste erhalten. So ist die Raumkantenbildung mit farblich abgestimmten Gehölzen ebenso deutlich sichtbar wie axiale Pflanzungen und die geschwungene Wegeführung (Abb. 3).

Wertvolle alte Gehölze, als Solitäre gepflanzt, bieten schattige Rückzugsmöglichkeiten im Garten. Auch in den Parkarchitekturen wie Werkzeugschuppen und Aussichtspavillons ist die ästhetisch anspruchsvolle Gestaltung beibehalten.

Die zusätzliche Integration eines Bauerngartens (Abb. 4) innerhalb der alten Bruchsteinmauerterrassen unterstreicht den perfekten Charme der Villa mit Garten. Nicht zuletzt zeugt die Verwendung historischer Gartengeräte wie einer Rasenwalze (Abb. 5) vom liebevollen Umgang der Besitzer mit dem einzigartigen Ensemble.

Abb. 2   Ansicht Villa Huesgen

Abb. 3   Englischer Landschaftsgarten mit Rasen und Gehölzrand

Abb. 1   Blick über den Garten ins Moseltal

Eine zusätzliche Besonderheit ist das Brunnenbecken, das an eine Warmwasseranlage angeschlossen ist und so als Freibad genutzt werden kann.

Abb. 4   Gartenhaus

Abb. 5   Historische Rasenwalze

Villengärten

Rhein-Anlagen

9. Die Rheinanlagen

Gleichzeitig mit der Anlage der Rheinpromenade in Koblenz (1856) unter der Schirmherrschaft Kaiserin Augustas und in den folgenden Jahrzehnten ergriff der „Volksgartengedanke" auch weitere Städte entlang des Rheins. So wurden die Uferbereiche in den Ortschaften von Bingen bis Bonn als Grünanlagen im landschaftlichen Stil konzipiert und zur öffentlichen Nutzung für die Bevölkerung angelegt. Man orientierte sich an dem Ideengut des Landschaftsgartens, pflanzte seltene Gehölze – vorrangig Koniferen – und plante breite Alleen, in denen promeniert und gespielt werden konnte. Somit sind die Rheinanlagen als Vorreiter der ersten allgemeinen öffentlichen Grünanlagen in der Mittelrheinregion zu werten.

Die Stadt Boppard nimmt dabei eine Vorreiterposition ein, da sie noch vor Koblenz, nämlich bereits 1849, eine Grünanlage entlang des Rheins mit Hilfe des ortsansässigen Verschönerungsvereins entwickelte. Erst um 1900 folgten weitere Anlagen in Bingen, Bacharach, St. Goar, Kaub und Andernach. Bis heute haben sich, außer in Koblenz, Gehölzpflanzungen und Wegesysteme weitestgehend erhalten. Lediglich die Einschnitte durch den Bau der Eisenbahn und der Bundesstraße (B9) führten zum teilweisen Verlust wesentlicher gartengestalterischer Elemente. Die kleinen Plätze und Nischen sowie liebevoll gestaltete Baulichkeiten wie Trinkhäuschen sollten den Besuchern einen angenehmen Aufenthalt ermöglichen.

Auch heute sind diese Plätze auffindbar und viel besucht. Daher kann man mit Recht behaupten, dass sich der Volksgartengedanke, nämlich einer breiten Schicht Grünflächen zu Erholungszwecken zur Verfügung zu stellen, insbesondere im Bereich der Rheinanlagen bis heute bewahrt hat.

Durch gezielte Entnahme von Einzelbäumen in den zu stark verbuschten Flächen und durch einen Pflegeplan wäre es möglich, langfristig den Erhalt der historischen Blickbeziehungen zwischen Rhein und Stadt zu sichern. Die vorhandenen Alleen sollten sorgsam gepflegt werden. Mit Pflegeplänen kann man den Erhalt und die Wiederherstellung der bedeutenden Gartenanlagen für die Zukunft sichern und die Reduzierungen der Anlagen durch Straßen- und Eisenbahnbau erträglich machen.

Im Folgenden werden einzelne Rheinanlagen dargestellt. Die Konzeption sowie Material- und Pflanzenauswahl belegen, dass es sich um Denkmäler der Gartenkunst handelt. Eine Gesamtbetrachtung der Rheinanlagen von Bingen bis Köln bietet sich daher an, kann im Rahmen dieses Buches aber nur angedeutet werden.

Bingen

Die Rheinanlagen erreicht man linker Hand von der Innenstadt über eine breite Platanenallee, die den Bahnübergang Richtung Rhein quert und das Denkmal des Großherzogs Ernst Ludwig IV. einrahmt. Das Denkmal wurde zeitgleich mit der Eröffnung der Stadthalle 1913 eingeweiht (Abb. 1 und 1a). Daher ist anzunehmen, dass auch die weitere Gestaltung der Rheinanlagen in Bingen erst um 1913 erfolgte.

Rechts fassen niedrige Hecken die Grünanlage mit ihren geometrisch geraden Hauptwegen, die von schmalen, geschwungenen Pfaden gekreuzt werden, ein. Die Hauptachsen werden von 100-jährigen Alleen flankiert und die Rasenflächen mit wertvollen Gehölzen gegliedert. Entlang der Wege finden sich kleine Plätze, die in den Jahren von 1950 bis 1980 angelegt wurden und die durch Materialauswahl und Bepflanzung ein Spiegelbild des jeweilig vorherrschenden Geschmacks sind (Abb. 2). Durch das starke Wachstum der Bäume seit der Anlage des Parks sind viele Bereiche verschattet.

Im Zuge der Vorbereitungen zur Landesgartenschau in Bingen 2008 sind die Rheinanlagen Bestandteil und erste bauliche Maßnahme des Landesgartenschaukonzeptes geworden. Wesentliche Teile wie das Wegekonzept, die Sitzplätze, die alten Gehölze und die Trinkhalle (Abb. 3) sollen hierin enthalten bleiben.

Abb. 1   Postkartenansicht Stadthalle

Abb. 1a   Stadthalle

Abb. 2 Gehölzbestand

Abb. 3 Trinkhalle

Bacharach

Nach Vorlage des sogenannten Geisenheimer Plans (Abb. 1), der von der Königlichen Gartenlehranstalt Geisenheim unentgeltlich gefertigt worden war, billigte der Stadtrat in Übereinstimmung mit dem Verschönerungsverein 1900 den Bau der Rheinanlagen.

Mit der Ausführung der Arbeiten wurde die Firma Klein aus Wiesbaden betraut, die eigens ein Modell der Anlagen hergestellt hatte. Insgesamt wurde eine Fläche von 17 000 m² mit den im Plan vorgesehenen Sträuchern, Bäumen, Fußwegen und Grünflächen gestaltet und im Mai 1902 fertiggestellt. Sie wurde durch einen Vereinsbeschluss des ortsansässigen Verschönerungsvereins noch im selben Monat der Stadt Bacharach zur weiteren Pflege und Betreuung übergeben.

Die ursprüngliche Planung sah eine Wegeführung im Stil des Englischen Landschaftsparks vor, immer wieder begleitet von Gehölzgruppen mit wertvollem Baumbestand und großzügig angelegten Freiflächen (Abb. 2). Die hier verwendeten Exoten wie der Maulbeerbaum, der zur Seidenraupenzucht verwendet wurde, und insbesondere die zahlreichen Nadelgehölze verwandeln den Park in ein Arboretum.

Die frühere doppelreihige Allee aus Kastenlinden an der stadteinwärts orientierten Seite und der Musikpavillon mussten in den 60er-Jahren der Erweiterung der Bundesstraße (B9) weichen. Durch die Reduktion der Gesamtfläche um ein Drittel beim Ausbau der Straße ist der ursprüngliche Charakter einer großzügigen Parkanlage heute verloren. Jedoch ist

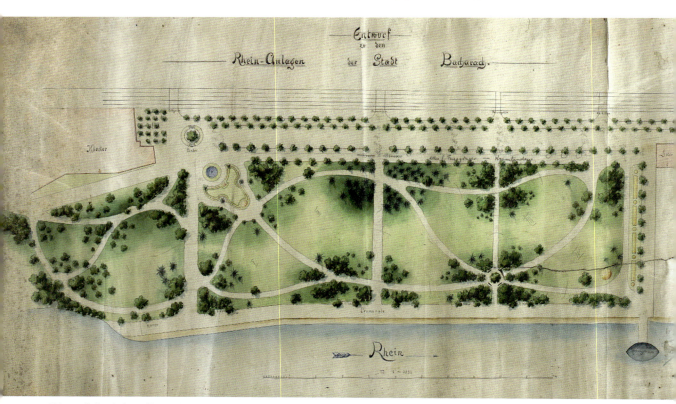

Abb. 1   Geisenheimer Plan, um 1900

Bacharach

Abb. 2   Ansicht der Rheinanlagen in Bacharach; Postkarte ca. 1939

mit den vorhandenen Gehölzen und auf der Grundlage des weitgehend intakten Wegesystems der Rheinpark noch erlebbar. Im Laufe der Jahre wurden, ohne Rücksichtnahme auf den zugrunde liegenden Plan, die Freiflächen mit den verschiedensten Gehölzen weiter aufgepflanzt (Abb. 3). Daher sind die Sichtachsen zwischen Rheinufer und Stadtkern nicht mehr erkennbar.

Die Erstellung eines Pflegeplans, der sich an der historischen Anlage orientiert, wäre zur Sicherung des Gartendenkmals notwendig.
Auf Initiative des „Verschönerungs-Vereins" ist die Problematik der Rheinanlagen inzwischen erkannt worden und es wird nach Möglichkeiten der Wiederherstellung gesucht.

Abb. 3   Ansicht der Rheinanlagen

Boppard

Die Rheinanlagen in Boppard weisen die gleichen Charakteristika wie die verwandten Anlagen in Bingen oder Bacharach auf. Der ortsansässige Verschönerungsverein wurde schon ab 1849 mit dem damaligen Bürgermeister Syrée tätig. Ein Gedenkstein für den Vereinsvorsitzenden Theodor Scheppe am Eingang der Anlage und Stadtratsprotokolle geben hiervon Zeugnis. Somit handelt es sich hier um die nachgewiesen früheste gartenkünstlerische Gestaltung des Rheinufers.

Ein Teil des heute noch vorhandenen Baumbestandes ist sicherlich noch auf die Zeit der Ursprungsanlage zurückzuführen. Besonderes Zeugnis hiervon gibt eine Pappel, die schon vielen Liebenden Schutz gewährt hat und die in die Neuanlage eines Tennisplatzes integriert worden ist. Die Verwendung von exotischen Bäumen innerhalb großzügiger Rasenflächen (Abb. 1), Alleepflanzungen und kleinen Plätzen, zum Teil mit Überformungen (Springbrunnen), oder die Verwendung moderner Wegebaumaterialien sowie die obligatorische Einfassung mit einer niedrigen Hecke zeigen die Ähnlichkeiten. Da hier jedoch keine Eingriffe durch Straßen- oder Eisenbahnbau stattgefunden haben, präsentiert sich die Parkfläche weitestgehend in ihrem ursprünglichen Sinn.

Abb. 1 Blick in die Rheinanlagen Boppard

Koblenz

Die Rheinpromenade wurde ab 1856 auf Initiative der mit Koblenz eng verbundenen späteren Kaiserin Augusta neu geplant und gestaltet. Auf ihren Wunsch hin wurde auch die Umgebung des Koblenzer Stadtschlosses in die Gestaltung mit eingebunden (Abb. 1). Augusta wurde von dem namhaften Gartenkünstler Fürst Pückler-Muskau und dem Kgl. Gartenbaudirektor Peter Joseph Lenné beraten. Der Entwurf zur Uferpromenade stammt von Peter Joseph Lenné. Neben kleinteiligen ornamentalen Ziergärten und Partien im englischen Stil bot der ausgedehnte Volksgarten verschiedene Einrichtungen, die der körperlichen Ertüchtigung dienen sollten. Seine besondere Qualität erhielt der Park durch die zahlreichen Ausblicke, die sich von der Uferpromenade ins Rheintal boten.
Mit der Entlassung der renommierten Firma der Gebrüder Siesmayer aus „Bockenheim-Frankfurt/Main" aus dem Pflegevertrag im Jahre 1916 ging die Pflege der Rheinanlage für die nächsten Jahrzehnte in die Hände des städtischen Garten- und Friedhofsamtes über. Trotzdem hielt man bis nach dem Zweiten Weltkrieg am Gestaltungskonzept von Peter Joseph Lenné fest.
Das heutige Erscheinungsbild geht zurück auf den Entwurf des Koblenzer Gartenbaudirektors Mutzbauer, der den im Krieg stark beschädigten Rheinanlagen ein neues Aussehen verlieh.

Weite Rasenflächen mit einigen Solitärgehölzen und Gebüschgruppen säumen die geradlinig verlaufene Promenade und laden zum Verweilen ein. Die frühen Schmuckplätze mit ihren Blumenarrangements (Abb. 2) und der ehemalige alleeartige Charakter sind verschwunden. Einzig der Bereich um das Kaiserin-Augusta-Denkmal (Abb. 3) mit der an-

Abb. 1   Rheinanlagen mit Koblenzer Stadtschloss

Koblenz

Abb. 2   Aquarell von Caspar Scheuren (1810–1887)

schließenden Platanenallee sowie ein aufwendig verzierter Pavillon (Abb. 4) vermitteln heute noch einen Eindruck des Lenné'schen Gestaltungskonzepts. Der funktionalen neuen Planung entsprechend entstand an der Stelle der früheren Trinkanlage der heutige Bau „Café Rheinanlagen".
Die größte Veränderung im Vergleich zum Lenné-Entwurf liegt jedoch im Bereich zwischen Pegelhäuschen und Pfaffendorfer Brücke. Durch die Verlegung der Promenade von der Schlossmauer weg direkt an den Rhein gelang es Mutzbauer, das Schloss und die efeuberankte Mauer optisch in die Gesamtanlage zu integrieren.

Abb. 3   Kaiserin-Augusta-Denkmal

Abb. 4 Gartenpavillon

Abb. 5 Büste von Peter Joseph Lenné

In der Anlage stehen bis heute einige bemerkenswerte Denkmäler wie die Büste des Freiheitsdichters Max von Schenkendorf, gefertigt von dem in Koblenz geborenen Bildhauer Johann Hartung, die Büste des Gartenbaudirektors Peter Joseph Lenné von Christian Daniel Rauch (Abb. 5), das im Jahre 1896 enthüllte Denkmal der Kaiserin Augusta, das 1928 enthüllte „Görresdenkmal" und das Fischerrelief von Ludwig Cauer (1915) im Mauergürtel des Schlosses, das vier Fischer beim Fang zeigt.
Trotz der massiven Eingriffe in die ursprüngliche Gestaltung konnte bis heute der Volksparkcharakter der viel genutzten Anlage gewahrt werden.

10. Vom Kirchhof zum Friedhof

Da die Begriffe Friedhof und Kirchhof häufig synonym verwendet werden, diese jedoch grundsätzlich verschiedene Objekte bezeichnen, bedarf es zunächst einer genauen Definition. Unter Kirchhof versteht man den eine Kirche umgebenden Bereich, der unter anderem auch zu Bestattungszwecken genutzt wird. Die Kirche nimmt meist eine zentrale Stelle innerhalb des Ortes ein. Der Friedhof hingegen ist eine Weiterentwicklung des Kirchhofs und bezeichnet eine reine Bestattungsanlage, die zumeist außerhalb des Wohn- und Lebenszentrums angelegt ist.

Die Kirche mit dem sie umgebenden Raum bildete im Mittelalter das Lebenszentrum des Einzelnen in der Gesellschaft. Nicht nur Trauerfeierlichkeiten wurden hier abgehalten, sondern das ganze Spektrum gesellschaftlicher Ereignisse eines Menschenlebens – von Taufe über Hochzeit bis zum Tod – verliehen dieser Stätte ihre besondere Bedeutung. Dieser alltägliche Umgang mit kirchlichen Stätten ging so weit, dass auf den Kirchhöfen Handel getrieben wurde und Feiern mit Spielleuten und Tanzveranstaltungen stattfanden. Somit stellte der damalige Kirchhof das Zentrum des dörflichen Lebens dar. Heiligster Ort war lediglich der Baukörper der Kirche selbst, da gemäß einem frühchristlichen Brauch jeder Altar mit Reliquien bestückt wurde. Die Bestattung innerhalb der Kirchenmauern war zunächst nur Geistlichen und Adligen vorbehalten. Mit Zunahme des Kreises der Bevorzugten wurde der Innenraum der Kirche zu klein, sodass die Beerdigungen sich allmählich nach außen in den Kirchhof verlagerten.

Der sehr ausgeprägte Totenkult der katholischen Kirche spiegelt sich auf den Kirchhöfen der vorreformatorischen Zeit wider. Neben seiner Funktion als Kommunikationszentrum wurden auf dem Kirchhof Predigten abgehalten und Rechtsgeschäfte abgeschlossen. Diese Funktionsvielfalt führte auch zum Bau anderer wichtiger Gebäude wie Pfarrhöfe und Büchereien in direkter Nähe der Kirche. Jede Kirche verfügte für ihren Kirchhof über eigene Statuten und Friedhofsordnungen. Schon hier wurde zwischen „Turnusgräbern, Eigengräbern, Erb- und Familiengräbern" unterschieden.

Grundbestandteil des Kirchhofs ist immer die ihn umgebende Einfriedung, wobei diese als Dornhag, Graben, Zaun oder Mauer ausgeprägt ist. Während der sogenannte Dornhag, eine Abgrenzung aus Weißdorn oder Wildrosen, die wohl ursprünglichste Form darstellt, ist die Mauer aus ortsüblichem Gestein die am häufigsten anzutreffende. In einigem Abstand entlang der Mauer verlief ein sogenannter „Prozessionsweg". Weitere Wege zu Gräbern oder Grabfeldern waren nicht vorhanden.

Innerhalb dieser um die Kirche verlaufenden Kreise gab es vom Kircheninnern ausgehend eine strenge Hierarchie der Bestatteten: Die bevorzugten Grabstätten lagen im Kircheninnern (in Reliquiennähe), die weniger bevorzugten zwischen Kirche und Prozessionsweg und die der „Armen" zwischen Prozessionsweg und Mauer. Außerhalb der Mauer in „ungeweihter Erde" wurden die von der kirchlichen Gemeinschaft Ausgeschlossenen und Selbstmörder in der sogenannten Selbstmörderecke verscharrt. Mit der Reformation fand eine Umkehrung dieser Hierarchie statt, was dazu führte, dass die bevorzugten Bestattungsplätze jetzt an der Außenmauer lagen. Diese Umkehrung entsprach dem neuzeitlichen reformierten Weltbild und verdeutlicht die Abkehr von der früheren Stellung der Kirche.

Außer der im Mittelalter üblichen reinen Rasenfläche im Kirchhof finden sich auf den katholischen Kirchhöfen schmückende Stauden, Sträucher und Großbäume wie Eiben, Wacholder, Holunder, Weißdorn und Linden. Der wachsenden Bevölkerungszahl stand die eingegrenzte Kirchhoffläche gegenüber, die durch ihre Lage im Zentrum nicht mehr erweiterungsfähig war. Durch Erdaufschüttungen wurde die Beerdigungskapazität erhöht, was im Laufe der Zeit zu einem höheren Erdniveau innerhalb des Kirchhofs führte.

Baulicherseits bekämpfte man diesen Platzmangel mit einem sogenannten Beinhaus oder Kärner (lateinisch: carnarium = Fleischbehälter), in den die Schädel und Knochen der Verstorbenen einige Jahre nach der Erdbestattung zur weiteren Aufbewahrung gebracht wurden. Häufig wurden die Karnerwände mit Laternen geschmückt.

Licht spielte immer eine besondere Rolle in dem spätmittelalterlichen Friedhof. Am bedeutendsten hierbei waren die sogenannten Totenleuchten oder Armenseele-Lichter, die steinerne oder gemauerte, runde, vier- oder vieleckige Säulen oder Pfeiler mit einem laternenartigen überdachten Aufsatz, in dem das Licht brennt, waren.

Eine weitere Sonderausstattung stellten die kleinen Toten- oder Kirchhofskapellen dar, die zumeist einem Heiligen gewidmet waren.

Das signifikanteste Merkmal jedoch war das in der Mitte oder am zentralen Punkt des Kirchhofs aufgestellte Hochkreuz, das stellvertretend und dominierend für alle hier vorhandenen Grabkreuze steht.

Mit der Reformation veränderte sich die Einstellung des Menschen zum Tod. Man nahm Abschied von der Mystifikation des Todes und nahm den sich zersetzenden Leichnam bewusst zur Kenntnis.

Obwohl die Kirche ihre zentrale Funktion verloren hatte, blieb sie doch noch immer bevorzugter Begräbnisort für reiche Bürger und Geistliche.

Mit dem Gedankengut der Aufklärung bahnte sich im Friedhofs- und Bestattungswesen eine weiterführende Änderung an. Neue Erkenntnisse über Hygiene und Krankheiten führten letztendlich zur Schließung der Kirchhöfe gegen Ende des 18., Anfang des 19. Jahrhunderts. Durch das starke Bevölkerungswachstum und die Enge der Lebensgemeinschaften konnten sich Epidemien und Seuchen ungehindert ausbreiten, was schon sehr bald zu einer bedrohlichen Überfüllung der ohnehin schon viel zu begrenzten, nicht mehr erweiterungsfähigen Kirchhofe führte.

Aus Angst und Halbwissen nahm man an, dass die Kirchhöfe Brutstätten der Seuchen seien und legte die neuen Bestattungsanlagen außerhalb der Städte an. Intensive Untersuchungen zu Bodenverhältnissen, Medizin und Hygiene ermöglichten ab der Mitte des 19. Jahrhunderts die gezielte Planung neuer Friedhofsanlagen.

Jedoch erst um die Jahrhundertwende verlor der Friedhof seine stark funktionale Bedeutung. Es fand die Umwandlung der bisher geometrisch angelegten Friedhöfe in dem englischen Landschaftsgartenstil angepasste Parkanlagen statt, womit eine Verbindung zwischen Funktion, Ästhetik und Erholung gefunden war.

Die folgenden Beispiele belegen auch diese Entwicklung.

Lediglich die Außenanlagen der Katharinenkirche, obwohl als eine ganz typische Kirchhofsanlage bis heute erkennbar, werden unter Punkt 3, „Gärten an Klöstern und Kirchen", behandelt.

Der Burgkirchhof in Oberingelheim

Das Selztal, an dessen Hängen Oberingelheim liegt, war schon in der Jungsteinzeit (ca. 4000–1750 v. Chr.) besiedelt. Archäologische Funde sowohl aus der Bronze- als auch aus der Kelten- und Römerzeit belegen die Kontinuität der Siedlungsgeschichte. Im 6. und 7. Jahrhundert gelangte das Gebiet um Ingelheim unter fränkische Herrschaft.

Die evangelische Burgkirche in Oberingelheim, ehemals St. Wigbert, entstand auf einem fränkischen Reihengräberfeld. Dies belegen archäologische Funde. So wurden im Jahre 1904 zwei Skelette aus fränkischer Zeit unter dem romanischen Turm aufgefunden. Beim Bau des Kriegerdenkmals unterhalb der Burgkirche entdeckte man mit Steinplatten umstellte fränkische Gräber.
Das erste Kirchengebäude wurde vermutlich im 7./8. Jahrhundert auf dem bestehenden fränkischen Friedhof als schlichte Holzkirche errichtet. Diese Kirche war eine sogenannte „Eigenkirche", das

Abb. 1 Ansicht der Burgkirche, um 1950

Abb. 2 Grabmale des 19. Jahrhunderts mit Kunstgusseinfassungen

heißt, sie gehörte dem Besitzer des Hofes, auf dessen Grund sie gebaut wurde. Als solche konnte Karl der Große sie dem Kloster Hersfeld übergeben (BÖHNER 1980, 32/35 und 1964, 53/54).

Im Verlauf des 10. und 11. Jahrhunderts wurde der Bereich der Burgkirche und ihres Friedhofes mit einer Mauer umgeben. Seitdem diente die „Wehrkirche" den Bewohnern der umliegenden Höfe als Schutz in Notzeiten. Auf dem Kirchengelände stand zudem eine kleine Kapelle, die dem hl. Michael geweiht war und die im Untergeschoss als Beinhaus diente.

Vermutlich in der Mitte des 12. Jahrhunderts, also in frühstaufischer Zeit, wurde der ursprüngliche Bau nach einigen Erweiterungen durch einen Neubau ersetzt. Aus romanischer Zeit stammen erste Elemente des Wehrcharakters am Gebäude; dazu gehören neben dem Turm auch Teile der Westwand.

Auf den Ausbau der Wehranlagen im 12. und im 13. Jahrhundert geht der heute noch in großen Teilen erhaltene Mauerring mit Türmen und Toren und dem stärker befestigten Wehrbezirk um die Kirche herum zurück. Die gut erhaltene Friedhofsmauer stammt überwiegend aus dem 15. Jahrhundert und war Teil der Oberingelheimer Stadtbefestigung mit Zinnenkranz, Wehrgang und einer Verstärkung aus Rundtürmen und niedrigerer Zwingermauer.

In den Jahren 1404 bis 1462 erfolgte der Umbau der Kirche im gotischen Stil (Abb. 1). Die Kirche diente über drei Jahrhunderte (ca. 1442–1666) adeligen Familien von Ingelheim und Rheinhessen als Grablege, wovon auch heute noch kunsthistorisch wertvolle Epitaphien zeugen.

Auf der Friedhofsfläche findet sich eine Fülle von kunsthistorisch und geschichtlich wertvollen Grabsteinen. Die meisten stammen aus dem 19. Jahrhundert. Der älteste noch vorhandene Grabstein für Carl Hartmann weist auf das Jahr 1710 zurück.

Die vollständig erhaltene Wehrmauer aus dem Mittelalter umgibt den früheren Kirchhof. Die Burgkirche wird von der evangelischen Kirche regelmäßig zum Feiern von Gottesdiensten genutzt. Der Friedhof hingegen wird nur noch für Bestattungen in Wahlbegräbnissen genutzt. Es schien, als sei er vor vielen Jahren in einen Dornröschenschlaf gefallen, aus dem er 2004 erweckt wurde. Mit einer gartenhistorischen Untersuchung wurde festgelegt, welche Maßnahmen notwendig sind, um den einstigen Kirchhof wieder öffentlich erlebbar zu machen. Auf einer Fläche von ca. 3500 m² wurden sehr schöne und alte Exemplare von Taxus baccata (Eibe), Buxus sempervirens (Buchsbaum) und Thuja occidentalis (Lebensbaum), die zum Teil ein Alter von über 100 Jahren aufweisen, vom umgebenden Wildwuchs befreit. Die gut erhaltenen Grabdenkmäler mit ihren teilweise kunstvollen schmiedeeisernen Grabeinfassungen und die Zugänge zu den Gräbern wurden freigestellt (Abb. 2). Einige der Sämlinge, die direkt neben den Grabsteinen wuchsen, waren zwischenzeitlich zu stattlicher Größe herangewachsen und bedrohten die Standfestigkeit der Grabsteine. Um den Stein nicht weiter zu schädigen, mussten sie behutsam entfernt werden. Andere Sträucher bedecken ganze Grabstätten (Abb. 3). Der überwiegende Teil der vor Ort wachsenden Gehölze sind Eiben. Sie

Abb. 3 Grabdenkmale im Dornröschenschlaf

Burgkirchhof Oberingelheim

Abb. 4 Grabsäule: abgesägter Baumstumpf mit Rosen

Abb. 5 Kunstvolles eisernes Grabkreuz

sind meist mehrstämmig und für eine Grabanlage nach einigen Jahrzehnten überdimensioniert. Einige von ihnen überdachen mit ihrem Kronenvolumen die Gräber, was zwar schön anzusehen ist, aber auch Gefahren für Grabsteine und Einzäunungen birgt.

Um den Friedhof auch weiterhin als Gedenkstätte und Platz der Besinnlichkeit erhalten zu können, wurde im letzten Jahr eine Grundsanierung, die auch die wertvollen Grabsteine und Grabumfassungen einschließt, begonnen (Abb. 4 und Abb. 5). Dabei wurde nicht nur der umlaufende Rundweg wiederhergestellt, sondern auch ein kleiner Platz an der Einfassungsmauer geschaffen. An der Mauer wurden unter dem Schutz eines Daches die ältesten und wertvollsten Epitaphe befestigt (Abb. 6).

Abb. 6 Epitaphienwand, 2005

Vom Kirchhof zum Friedhof

Hauptfriedhof Worms

Der oberhalb der Stadt Worms mit wunderbarem Blick auf die Stadt und den Rhein liegende Hauptfriedhof verdankt seine bevorzugte Lage der in immer kürzeren Zeiträumen erfolgten Neuanlage und Schließung früherer Friedhöfe. Nachdem schon Ende des 18. Jahrhunderts erkannt wurde, dass die Anlage von Begräbnisstätten im Stadtzentrum für den Ausbruch und die Verbreitung von Krankheiten mitverantwortlich waren, ging man dazu über, die Friedhöfe außerhalb der Städte anzulegen. Ein weiterer Grund für die Anlage des neuen Friedhofs auf der Hochheimer Höhe in Worms lag in dem hohen Grundwasserspiegel in Rheinnähe. Man befürchtete zu Recht eine Verunreinigung des Wassers, wenn man die Toten in einem Gelände mit einem hohen Grundwasserspiegel bestattete. So musste der in Rheinnähe liegende Rheingewannfriedhof, der erst 1874 eröffnet worden war, bereits im Jahre 1902 wieder geschlossen werden.

Der neue Friedhof auf der Hochheimer Höhe wurde am 22. März 1902 als landschaftliche Gesamtanlage eingeweiht (Abb. 2).
Mit seiner großzügigen Ausstattung als Parkanlage ist der Friedhof eine Besonderheit unter den vielen interessanten Friedhofsanlagen in Rheinland-Pfalz. Schon beim Eintritt durch das aus rotem Sandstein erbaute Portal wird dem Besucher der Eindruck von Ruhe und Erhabenheit vermittelt. Die von 1899 bis

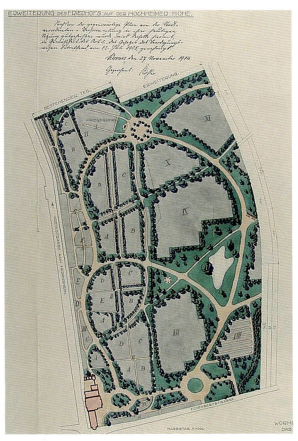

Abb. 2 Erweiterungsplan von 1914

Abb. 1 Haupteingang um 1900

1904 errichtete Trauerhalle mit Nebengebäuden im romanischen Stil sind erst in den letzten Jahren saniert worden (Abb. 3).
Auch die Bestattungskapazität des „Friedhofs am Bahnhof" (1840–1878), heutiger Albert-Schulte-Park, war um 1890 erschöpft. Daher wurde 1898 die Anlage eines neuen Friedhofs auf der Hochheimer Höhe im neu eingemeindeten Vorort Worms-Hochheim beschlossen (Abb. 1).

Schon 1899 begann man nach Plänen des Stadtbaumeisters Karl Hofmann mit den Arbeiten am Pförtnerhaus, das sich im romanischen Stil an die Leichenhalle und die Kapelle anschließt.
Am 4. September 1900 beschlossen die Stadtverordneten statt der bisher üblichen geometrischen Kon-

Vom Kirchhof zum Friedhof   233

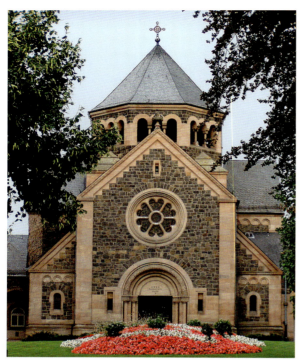

Abb. 3   Trauerhalle

Abb. 4   Fichtenallee mit dem Grabmal der Familie Robert Arnold

zeption die parkartige Ausgestaltung der Friedhofsanlage nach den Plänen des Stadtbaumeisters Georg Metzler und des Stadtgärtners Beth (Abb. 2). Der Verwaltungsrechenschaftsbericht beschreibt ausführlich die Geländegestaltung im landschaftlichen Parkstil mit entsprechenden Wegebreiten und Standorten für Gehölz- und Rasenpflanzungen:
„Ein Hauptweg von 5 Metern Breite, wird der einst den ganzen Friedhof auftheilen, während durch 2 1/2 Meter breite bekieste Fußwege die Abgrenzung der einzelnen Friedhofsfelder bewirkt wird ... dem Wesen des Parkes entsprechend, sind die Begräbnisfelder mit Gras eingesät worden, während sie entlang den Wegen mit Baum- und Gebüschgruppen eingepflanzt sind ... Vor der Friedhofskapelle erstreckt sich ein reichlich bemessener Platz, der von Rasenanlagen und Gesträuchgruppen vollständig umschlossen wird ... Die Wegeführung schmiegt sich der Gestaltung der Landschaft an und indem sie die Steigungen des Geländes durch leichte Schwingungen der Wege leichter überwindet."

Es wurde Wert darauf gelegt, dass die in bester Lage vorgesehenen Bereiche der Erbbegräbnisse sich mit einer besonders großzügigen Platzgestaltung deutlich von der Anlage der Reihengrabfelder abheben. Ein besonderes Augenmerk galt der Möglichkeit einer abschnittsweisen Erbauung des „Friedhofsparks".
Für die gärtnerische Anlage liefert die Fa. Velten aus Speyer 1900 zunächst 450 Hochstämme, Halbstämme, Pyramidenbäume, 473 Koniferen, Fichten und 2200 Decksträucher sowie die Stadtgärtnerei mehrere 100 Eichen, Eschen, Ulmen und 1500 Sträucher. Auch die Ausstattungselemente wie Bänke und Brunnen wurden mit einer besonderen Liebe zum Detail für die einzelnen Standorte ausgewählt.
Im Jahr 1900 waren die Arbeiten am Friedhof „in vollem Gang": Nach Erstellung der Einfriedungsmauer entlang der Eckenbert- und Höhenstraße erfolgte 1901 die Anpflanzung einer einreihigen Lindenallee an der Höhenstraße. Die heute noch vorhandene Allee ist seit 1983 als Naturdenkmal ausgewiesen.

Obwohl 1902 erst die Verwalterwohnung und der Sektionsraum erstellt waren, wurde der Friedhof am 22. März 1902 feierlich vom Oberbürgermeister Köhler eingeweiht. 1903 schlossen sich die gleichfalls in rotem Sandstein gehaltenen fehlenden Gebäude wie Kapelle, Leichenhalle, Nebenanlagen und Kolumbarienhalle an. Aber erst 1905 war das gesamte Gebäudeensemble fertiggestellt. Obwohl

Abb. 5   Detail, Grabmal Familie Robert Arnold

Abb. 6   Grabmal mit Reliefdarstellung

die Umsetzung des Metzler'schen Friedhofsplans sich bis 1917 hinzog, wurden schon in diesem Zeitraum erste Erweiterungen des von 2 ha auf 19 ha angewachsenen Geländes nötig.

Schon 1925 war auch die im Grundkonzept vorgesehene Aufnahmekapazität der Erweiterungsflächen ausgeschöpft, sodass der von 1917 bis 1933 amtierende Gartenbaudirektor Hans Thierolf eine neue Konzeption für zukünftige Erweiterungsflächen entwickelte. Diese streng geometrische Anlage sah eine Ausweitung des Friedhofs um 5 ha vor, indem drei großzügig bemessene Achsen an den landschaftlichen Bereich anschließen; gleichzeitig spiegelt sie die neue Sachlichkeit der damaligen Zeit wider (Abb. 4).

Sie läutete den neuen Zeitgeist ein, der auch unter dem Nachfolger Thierolfs, Georg Lorenz, stets pragmatischen Überlegungen den Vorzug vor ästhetischen Konzeptionen gab. Dies spiegelt sich in den Erweiterungsbereichen der 50er- und 60er-Jahre deutlich wider. Im Zuge der Funktionalisierung wurde in der Nachkriegszeit auch der angelegte Teich

Abb. 6a   Grabmal mit wildem Wein

Abb. 7 Trauernde mit spätgotischem Kruzifix im Hintergrund

Abb. 8 Trauernde aus Muschelkalk

im südlichen Friedhofsbereich entfernt. Mit Beginn der 70er-Jahre orientierte sich die Gestaltung der notwendigen Erweiterungsflächen nur an ökonomischen und pragmatischen Vorgaben.

Die heute noch vorhandenen, aus der Entstehungszeit der Anlage stammenden Bäume sind überwiegend einheimische Arten wie Ahorn, Ulme, Linde, Birke und Esche. Allerdings sind auch etliche botanische Besonderheiten wie der Judasbaum (Cercis siliquastrum), der Blauglockenbaum (Paulownia tomentosa), der Blasenbaum (Koelreuteria paniculata) oder der Urweltmammutbaum (Metasequoia glyptostroboides) vertreten. Diese stattlichen Großgehölze verleihen dem Friedhof auch heute noch seinen landschaftlichen Parkcharakter, der durch Anpflanzungen von meist blühenden Ziersträuchern innerhalb der wegebegleitenden Rasenflächen noch betont wird.

Zur Sicherung des hohen Wertes dieser Friedhofsanlage wurde in den letzten Jahren ein Parkpflegewerk, erstmalig auch unter Einbeziehung ökologischer Inhalte, erarbeitet. Somit sind auch für Brachflächen, seltene Arten und Tiervorkommen Rückzugsgebiete und Pflegepläne festgelegt worden (Abb. 14).

Abb. 14 Erweiterungsfläche mit artenreicher Wiese

Abb. 9   Grabmal der Familie August Müller nach der Restaurierung 2006

Wegbegleiter der Friedhofsanlage sind die besonders kunstvollen Grabdenkmale, die von dem früheren Stadtarchivar der Stadt Worms, Fritz Reuter, ausführlich beschrieben werden. Auch findet sich stets ein großer interessierter Personenkreis für die von ihm angebotenen Führungen. Hier ist nur exemplarisch eine kleine Auswahl vorgestellt (Abb. 5–8). Ein ungewöhnliches Grabdenkmal in Form einer dorischen Säulenhalle wurde erst dieses Jahres nach historischen Vorbild instand gesetzt (Abb. 9).

Eines der kunsthistorisch bedeutsamsten Elemente des Friedhofs ist die Skulptur Jesu am Kreuz mit bearbeitetem Sandsteinunterbau aus dem 15. Jahrhundert. Dieses Kunstwerk des Meisters Thomas aus Worms wurde 1909 nach der Schließung des ehemaligen Friedhofs am Bahnhof auf dem neuen Wormser Hauptfriedhof an exponierter Stelle wieder aufgestellt. Ihm gegenüber hängt die alte Glocke, die in früheren Zeiten die Friedhofsbesucher zum Verlassen des Friedhofs aufforderte.

Ehrenfriedhöfe

Auch die Ehrenfriedhöfe wurden schon unter Gartenbaudirektor Thierolf beispielhaft in die Gesamtkonzeption integriert, wie folgende Beschreibung des Begräbnisplatzes der Kriegsteilnehmer von 1870/71 wiedergibt:

„Der neue Kriegerfriedhof mit dem wundervoll und sinnig ausgeführten Denkmal des betenden Kriegers … ist ebenfalls durch eine Lindenhecke abgeschlossen. Durch Heckentore kommt man in den eigentlichen Kriegerfriedhof, in welchem die Grabstellen teils in Heckengängen, teils in kleinen Gartenräumen angeordnet wurden. Die Zwischenfelder sind in kleine Rosengärten umgewandelt … Hier und da verzieren … kleine Laufbrünnchen das Bild." (Abb. 10)

Hauptfriedhof Worms

Abb. 10 Denkmal des betenden Soldaten am Ehrenfriedhof

Abb. 11 Alliierten-Friedhof

Schon drei Wochen nach der Eröffnung des Friedhofes wurde mit der Belegung des ersten Feldes für Kriegsteilnehmer begonnen. Es wurde den Veteranen des damals bereits drei Jahrzehnte zurückliegenden Deutsch-Französischen Krieges gewidmet und diente bis 1941 als Ruhestätte für die Kriegsopfer. Die historischen Abbildungen zeigen einfache, mit Stein gefasste Grabfelder und die einheitlichen Eisernen Kreuze, die bis heute erhalten sind. Sie tragen auf dem Sockel den Text „Gott war mit uns", und auf der Rückseite ist der Stifter des Kreuzes eingetragen.

Während des Ersten Weltkriegs in Worms untergebrachte russische Kriegsgefangene wurden auf einem eigens eingerichteten Gräberfeld beigesetzt. Bis 1917 verstarben im ehemaligen Kriegsgefangenenlager an der Alzeyer Straße 303 Menschen, die in Einzelgräbern bestattet wurden. Zu Beginn des Jahres 1918 waren im Kriegsgefangenenlager auch Franzosen, Briten, Italiener und Rumänen untergebracht, die aufgrund der schlechten Versorgungslage in großer Zahl an Tuberkulose, Typhus, Cholera und Ruhr starben. Die Beisetzungen auf dem Alliierten-Friedhof fanden daher nur noch in Massengräbern statt. So wurden bis Anfang des Jahres 1919 mehr als 2000 Kriegsgefangene beerdigt. Im Zweiten Weltkrieg wurden auf dem Alliierten-Friedhof polnische Kriegsgefangene bestattet (Abb. 11).

Der Eingang zum Alliierten-Friedhof wurde durch zwei mit Kugeln bekrönte Sandsteinpfosten betont, die ein kunstvoll gestaltetes schmiedeeisernes Gittertor trugen. Eine zentrale Wegeachse verlief bis zu einem noch während des Ersten Weltkrieges aufgestellten Steinrelief aus der Wormser Bildhauerwerkstatt Hippler und Werner, das im oberen Teil einen in der Fremde sterbenden Soldaten zeigt. Die Achse wurde unterbrochen durch ein mit säulenförmigen Gehölzen bepflanztes Rondell, dessen Mittelpunkt eine steinerne Urne ziert. Die großen Rasenflächen waren mit niedrigen Hecken eingefasst, und kugelförmige Gehölze, möglicherweise Eiben, begrenzten die Fläche nach Osten und Westen.

Hauptfriedhof Worms

Abb. 12 Grabmal der Sinti und Roma

Abb. 13 Grabmal der Sinti und Roma mit gemauertem Rundbogen

Sondergrabstätten – Roma und Sinti

Zu den kulturellen Besonderheiten zählen sicherlich die entlang der alten Friedhofsmauer an der Höhenstraße gelegenen Grabstätten der Roma und Sinti auf dem Friedhof Hochheimer Höhe. Gerade hier bestätigt sich die vorherige Aussage, dass die Grabdenkmale die Seele des Zeitgeists als auch der Kultur und der Region widerspiegeln.

Die Gräber der Roma und Sinti des Wormser Hauptfriedhofs fallen in ihrer Andersartigkeit jedem Besucher auf. Sie sind Spiegel andersartigen Totengedenkens und andersartiger Trauersitten. Sie liegen alle im bevorzugten Bereich der alten Friedhofsmauer zwischen den Erbbegräbnissen. Die Grabstätten sind sehr groß, mit den gemauerten Gruften eine Besonderheit auf diesem Friedhof und nur den Roma und Sinti vorbehalten. Die gemauerten Gruften sind bis zu 3,5 x 5 m groß und bieten Platz für mehrere Särge. Die Deckplatten auf den Gruften bestehen überwiegend aus poliertem Marmor. Zur Gestaltung der Grabmonumente gehören häufig Marien- und Christus-Statuetten aus Bronze oder Keramik, aber auch Kreuze und Engeldarstellungen. Zur aufwendigen Prachtentfaltung der Grabsteine dienen auch zumeist in Gold eingelegte vertiefte Schriften und stilisierte Abbildungen von Rosen, hier und da kleine Medaillons mit den Porträts der Verstorbenen. Gelegentlich geben Requisiten wie eine Geige, Gitarren oder Pferde Hinweise auf den Beruf des geliebten Verstorbenen (Abb. 12 und Abb. 13). Neben der aufwendigen Architektur der Gruftgräber lässt sich die besondere Intensität des Totengedenkens und der Trauerkultur auch an dem üppigen Grabschmuck und den vielen brennenden Kerzen erkennen. Ganze Sippenverbände nehmen an besonderen Feiertagen und zu den Totengedenktagen an Trauerzeremonien zu Ehren der Verstorbenen teil. Vom Friedhof in Hamburg-Ohlsdorf berichtet man, dass an Totengedenktagen im November auch leere Flaschen auf den Gräbern zu finden sind, da man so mit den Toten als auch mit den Lebenden zusammen feiert und Speis und Trank teilt.

Aber nicht nur zu den Totenfeiertagen wird der Verstorbenen gedacht, sondern auch zu Weihnachten wird ein großer Aufwand betrieben. Die massiven Grabplatten werden bedeckt mit Rosensträußen und Trauergestecken, geschmückten Weihnachtsbäumen, aber auch bunten Nikolaustellern mit Mandarinen, Süßgebäck und Schokolade.

Der Tod bedeutet nicht das Ende des Lebens, sondern lediglich eine veränderte Form des Weiterlebens mit der Familie. Den Verstorbenen wird der gleiche Respekt gezollt wie zu ihren Lebzeiten. Daher wird der Leichnam auch nicht in der Erde bestattet, wo er den Lebenden unangemessen erscheinenden Verwesungsvorgängen ausgesetzt wäre, sondern darf ausschließlich in einer Gruft beigesetzt werden.

Der Wormser Hauptfriedhof in nur den wenigen hier dargelegten Facetten – ein Kaleidoskop unseres Lebens und unserer Gesellschaft, ein wertvolles Kulturgut und einen Besuch wert.

Die geometrische Anlage des neuen Jüdischen Friedhofs in Worms

Der direkt an den Hauptfriedhof angrenzende neue Jüdische Friedhof wurde der israelitischen Kultusgemeinde am 20. November 1911 durch die Stadtverwaltung übergeben.

Im Verwaltungsrechenschaftsbericht von 1911 wird die in der Festschrift zur Eröffnung veröffentlichte Baubeschreibung zitiert:

„Die an der Eckenbertstraße für Friedhofszwecke hergerichtete Fläche bildet nur einen Teil der zukünftigen israelitischen Friedhofsanlage; sie ist indessen bei dem geringen Bedarf an Gelände für Gräber auf eine lange Reihe von Jahren für Beerdigungszwecke der Religionsgemeinde ausreichend. Die spätere Erweiterung der Anlage soll in der Weise erfolgen, dass sie mit der städtischen Friedhofsanlage auf der Hochheimer Höhe dereinst ein einheitlicher Friedhofshalle mit zugehörigen Nebenräumen, sowie des Wohngebäudes für einen Friedhofswärter, wurde in gewissem Grade durch die schmale Abmessung des zunächst verfügbaren Geländes beeinflusst. Sie führte dazu, das Wohngebäude für den Friedhofswärter unmittelbar neben dem Eingang, die Friedhofsanlage jedoch in einer Zentralanlage in der Achse der Einfahrt unter Belassung eines Vorhofes zu errichten (Abb 1). Dieser Vorhof ist mit Platanen umpflanzt worden, die, im Schnitt gehalten, einen geschickten Abschluss des Vorplatzes und einen guten Rahmen für das Gebäude abgeben werden. Der mit einem Rasenschmuckplatz versehene Vorplatz soll gleichzeitig der Trauerversammlung Platz zur Aufstellung vor dem Gebäude bieten. Nach rückwärts führen beiderseits des Gebäudes Straßen nach dem Beerdigungsplatz hin. Straßen und Vorplatz werden durch land-

Abb. 1   Eingangsportal mit restaurierter Trauerhalle

heitliches landschaftliches Ganzes bildet, wobei gleichwohl die Möglichkeit offen gelassen wird, die beiden Friedhofsanlagen mittelst Hecken und Gebüschanlagen für sich abzuschließen. Die Ordnung und Gestaltung der Friedhofsbauten, und zwar der

Abb. 2   Denkmal für die jüdischen Kriegsteilnehmer des 1. WK

Abb. 3 Ehrenfeld der russischen kriegsgefangenen Juden im 1. Weltkrieg

schaftliche Anlagen mit Baum- und Gebüschpflanzungen nach den Beerdigungsfeldern geschlossen, dass der Eingang zum Friedhof einen feierlichen Eindruck erweckt, ohne dem Eintretenden alsbald die mehr oder weniger gut unterhaltenen Gräber mit ihrem Beiwerk zu zeigen."

Das Gelände wurde um etwa 1 m aufgeschüttet, um das Friedhofsgebäude im Darmstädter (Jugend-)Stil besser „zur Erscheinung zu bringen".
Die Trauerstelle ist in den letzten Jahren erst aufwendig saniert worden.
Ein Plan des Friedhofes von 1910 zeigt recht deutlich die beiden unterschiedlichen Zonen der Anlage: den im landschaftlichen Stil dekorativ eingerahmten und mit Platanen bestandenen Vorhof und den durch Buschwerk davon abgetrennten eigentlichen Begräbnisbereich.

Die erste Beerdigung auf dem Jüdischen Friedhof fand im Februar 1912 statt. Es handelte sich dabei um Siegfried Deutschmann, der am 21. Februar 1912 gestorben war. Die Bestattungen auf dem Friedhof erfolgten in Ostrichtung.

Für die im Ersten Weltkrieg gefallenen jüdischen Wormser wurde ein bogenförmiges Denkmal unmittelbar hinter der Trauerhalle errichtet (Abb. 2). Hier wurden die Namen der Toten mit Dienstgrad und Alter eingemeißelt. Acht der Gefallenen wurden in der Nähe des Denkmals beigesetzt.
Weitere Kriegsgräberstätten, unter anderem für russische Gefangene jüdischen Glaubens, finden sich auf dem kleinen Friedhof (Abb. 3).
Die überwiegende Anzahl der Grabdenkmäler ist ähnlich wie die Trauerhalle der Kunststilrichtung des Darmstädter Jugendstils zuzuordnen (Abb. 4).

Abb. 4 Jugendstilgrabmal

Die geometrische Anlage des Hauptfriedhofs Mainz

Abb. 1   Hauptallee 1980

Der Mainzer Hauptfriedhof wurde 1803 auf Veranlassung französischer Regierungsstellen „neben dem früher aus dem Münstertor führenden Weg nach Zahlbach am Abhang eines Hügels, im Westen der Stadt" angelegt. Das ursprüngliche Gelände des Mainzer Friedhofes war elf Morgen groß und hatte, wie auf dem Plan de Mayence von 1814 zu sehen ist, einen fast rechteckigen Grundriss.
Ein ordnendes Wegesystem, mit Ausnahme eines Mittelweges, war anfangs nicht vorhanden. Der Plan de Mayence zeigt eine Begräbnisstätte, die weder formalen noch ästhetischen Ansprüchen gerecht wurde. Somit entsprach der Friedhof von Mainz zur Zeit seiner Entstehung dem Typus eines Friedhofes als reiner Zweckeinrichtung.

1831 wurde der Friedhof erstmals erweitert. Zu diesem Zweck kaufte die Stadt Mainz noch acht Morgen hinzu. Durch die erste Erweiterung erhielt der Friedhof einen rechteckigen Grundriss. Rechtwinklig angelegte Wege teilten das Begräbnisfeld in unterschiedlich große rechteckige Felder, wie auf dem „Plan der Bundesfestung Mainz samt der umliegenden Gegend" von J. Türk aus dem Jahre 1840 zu sehen ist.

Die Hauptwege waren zu dieser Zeit schon als Alleen angelegt (Abb. 1). Die Wegebepflanzung betont die klare Struktur der regelmäßigen Grundrisseinteilung auf dem Mainzer Friedhof. In den Jahren 1847–1848 fand eine zweite Friedhofserweiterung statt, und 1873 musste der Friedhof durch den Ankauf weiterer 20 Morgen in Richtung Zahlbach vergrößert werden (Abb. 2).
Durch die letzten beiden Erweiterungen 1893/1894 und 1918 wuchs der Friedhof schließlich auf eine Größe von 75 Morgen an.

Trotz der zahlreichen Erweiterungen, die der Mainzer Hauptfriedhof im Laufe von 100 Jahren erfuhr, wurde der geometrische Grundriss beibehalten und nicht durch den Einfluss landschaftlicher Gestaltungselemente im 19. und 20. Jahrhundert aufgelöst. Der Mainzer Hauptfriedhof kann daher zum Friedhofstypus der geometrischen Vier-Felder-Anlage gezählt werden. Am Beispiel des Mainzer Hauptfriedhofes zeigt sich somit sehr schön, wie die Friedhofsanlagen als Zweckeinrichtung im Laufe der Zeit in dem Friedhofstyp der geometrischen Vier-Felder-Anlage aufgingen, bei der Künstler und Gestaltung in den Hintergrund traten.

Hauptfriedhof Mainz

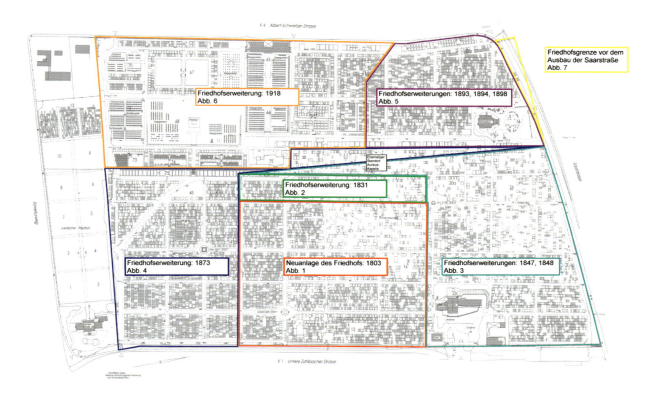

Abb. 1: Neuanlage des Friedhofs: 1803
Planausschnitt: Karte „Plan de Mayence", 1814

Abb. 2: Friedhofserweiterung: 1831
Planausschnitt: Plan der Bundesfestung Mainz
von J. Türk, 1840

Abb. 3: Friedhofserweiterung: 1847, 1848
Planausschnitt: Plan der Umgebung Mainz
von A. Wittich, 1856

Abb. 4: Friedhofserweiterung: 1873
Planausschnitt: Karte Mainz Section BII (Stadt),
1891-1893

Abb. 5: Friedhofserweiterung: 1893, 1894, 1898
Planausschnitt: Hessische Höhenschichtkarte,
hrsg. 1900-1901

Abb. 6: Friedhofserweiterung: 1918
Planausschnitt: Topograph. Karte, Blatt Mainz,
hrsg. 1900-1901, Nachträge bis 1929

Abb. 7: Friedhofsgrenze vor dem Ausbau der Saarstraße
Planausschnitt: Topographische Grundkarte des
Deutschen Reiches (Mainz), 1935

Abb. 2   Entwicklungsplan des Hauptfriedhofes Mainz

Vom Kirchhof zum Friedhof

Hauptfriedhof Mainz

Abb. 3   Krematorium mit Grünfläche um 1910

Die Trauerhalle

1804 erhielt der Mainzer Hauptfriedhof auf Anraten des Anatomieprofessors Ackermann eine Trauerhalle. Der Bau befand sich in der Nord-Ost-Ecke des Friedhofsgeländes. Die schlichte Holzkonstruktion gehörte zu den ersten Bauten dieser Art in Deutschland. Der Bau der Leichenhalle in Mainz war durch die neue Friedhofsordnung der Stadt Mainz notwendig geworden. Danach mussten Tote nach mindestens 24 Stunden aus der Stadt gebracht werden, sollten jedoch erst bei sichtbaren Verwesungserscheinungen begraben werden. So sollte die Bestattung von Scheintoten verhindert werden. In der Friedhofssatzung von Mainz spiegeln sich die beschriebene Hygienediskussion im 19. Jahrhundert und die Reaktion auf die in dieser Zeit grassierende Furcht vor dem Scheintod wider.

1868/69 wurde das Holzgebäude durch eine neugotische Leichenhalle ersetzt. Zwischen 1902 und 1905 kam es im Innern der neugotischen Trauerhalle zu baulichen Veränderungen.

Wie aus dem Grundriss ersichtlich, besaß die Leichenhalle neben einer repräsentativen Halle für religiöse Zeremonien Aufenthaltsräume für den Totengräber und den Friedhofsaufseher, mehrere Leichensäle/-zellen sowie ein Speise- bzw. Aufenthaltszimmer.

Im Zweiten Weltkrieg wurde die Trauerhalle vollständig zerstört. Erst 1952/53, rund sieben Jahre nach Kriegsende, ließ die Stadt eine neue Trauerhalle errichten.

Das Krematorium

Das einzige heute noch erhaltene historische Gebäude ist das Krematorium. Es liegt im nordwestlichen Teil des Friedhofs und wurde 1903 eingeweiht (Abb. 3). Der Entwurf des aus hellem Pfälzer Sandstein im altgriechischen Stil errichteten Baus stammt von den Architekten Albert Wolff (Wiesbaden) und Josef Hassinger.

Das Krematorium präsentiert sich als monumentaler Kuppelbau auf einem kreuzförmigen Grundriss.

Abb. 4 Eingangsportal von 1826

Gekrönt wird das Gebäude von einer mit Kupferblech gedeckten Kuppel mit einer flammenden Urne als Abschluss. Der Kamin der Verbrennungsöfen befindet sich hinter kleinen Pylonenaufsätzen. Dem Eingang des Krematoriums mit seinen Bronzetüren ist ein Säulenportikus vorgelagert, zu dem eine hohe Freitreppe hinaufführt.

Die Auräuskapelle

Bis zur Mitte des 19. Jahrhunderts besaß der Mainzer Hauptfriedhof keine eigene Friedhofskapelle. Im Jahre 1856 wurde schließlich nach einem Entwurf des Dombaumeisters V. Statz aus Köln und unter der Leitung des Mainzer Stadtbaumeisters Laske ein romantisierender Bau aus Holz errichtet. 1896 musste die Kapelle zeitweilig wegen Baufälligkeit geschlossen werden. Im Rahmen der Restaurierungsarbeiten erhielt sie einen 12,5 m hohen Turmhelm. Im Zweiten Weltkrieg wurde die Auräuskapelle bei einem Luftangriff vollständig zerstört und in der Nachkriegszeit nicht wieder aufgebaut.

Abb. 4a Tafel am Eingangsportal zur Begrüßung

Hauptfriedhof Mainz

Abb. 5   Reihe der Grufte 1980

Abb. 7   Detail am Grabmal des Friedhofsgründers

Vegetation
Ein für den Hauptfriedhof charakteristisches Erscheinungsbild sind die Alleen, die als übergeordnetes Gestaltungsbild die Friedhofsanlage durchziehen.

Die Alleen sind bis heute die prägende regelmäßige Vegetationsstruktur der Friedhofsanlage. Auf dem Mainzer Hauptfriedhof findet man zumeist „bedeckte Alleen" mit einem weitgehend geschlossenen

Abb. 6   Historisches Grab

Abb. 1   Trauerhalle des Neuen Jüdischen Friedhofs Mainz

Kronendach und freiem Blick im Stammbereich vor. Der Wechsel von lichteren zu dunkleren Bereichen durchzieht die Gesamtanlage. Die lichteren, mit Solitärbäumen, Baum- und Strauchgruppen bestandenen Rasenflächen sind vorwiegend im Bereich der Grabfelder zu finden, die Alleen nehmen weite Bereiche des Wegenetzes auf dem Friedhof ein. Schon am früheren Haupteingangstor, von der Zahlbacher Straße kommend, blickt man auf eine ältere Alleepflanzung (Abb. 4 und Abb. 4a).

Die Gruftenreihe und weitere bedeutende Grabdenkmäler

Eine Besonderheit auf dem Mainzer Friedhof stellt die lange Reihe der bedeutenden Gruftkapellen dar, die etlichen prominenten Mainzer Bürgern gehören. Aber auch außerhalb dieser Reihe finden sich zahlreiche im kunsthistorischen Sinn bedeutsame Grabdenkmale auf dem Friedhof. Deshalb werden zu den Totengedenktagen häufig fachkundige Führungen über den Friedhof angeboten (Abb. 5–7).

Der Neue Jüdische Friedhof Mainz

Nach der Schließung des alten jüdischen Friedhofs an der Mombacher Straße in Mainz im Jahre 1880 erfolgte im Januar 1881 die Eröffnung des Neuen Jüdischen Friedhofs. Er schloss sich südlich an den Mainzer Hauptfriedhof im Zahlbachtal an.

Am Eingangstor an der Unteren Zahlbacher Straße baute Stadtbaumeister Kreyßig 1880/81 die orientalisch anmutende Leichenhalle (Abb. 1). Dabei handelt es sich um einen eingeschossigen Backsteinbau mit farbigen Ziegelornamenten und Eckpfeilern, die mit Zwiebelkuppeln bekrönt sind.

Eine Allee erschließt mittig das in Ost-West-Richtung gelegene Friedhofsgelände. Die Belegung erfolgte von der Friedhofshalle aus nach Westen. Die Grabsteine orientieren sich zur Allee hin und sind meist sehr schlicht oder im klassizistischen Stil verziert.

Die Besonderheit dieses Friedhofs machen sicherlich die Grabstätten für bestattete Ehepaare aus, bei denen zwei gleich gestaltete Grabmale direkt nebeneinander aufgestellt wurden. Die ehemalige Umfriedung dieser Doppelgräber aus reich verzierten schmiede- oder gusseisernen Zäunen wurde leider im Sommer 1985 entfernt, sodass der ursprüngliche Zusammenhalt der Gräber verloren ging. Die Grabsteine stehen heute inmitten von Rasenflächen.

11. Jüdische Friedhöfe – Ewige Ruhe

Der Jüdische Friedhof in Bingen

Die Binger Juden bestatteten ihre Toten bis 1570 auf dem Mainzer Judensand. Dann erhielten sie vom zuständigen Mainzer Domkapitel das heutige Friedhofsgelände, das sich zu einem der bedeutendsten Jüdischen Friedhöfe im Mittelrheingebiet entwickelte.

Das fast 270 m lange Gelände liegt am Nordhang des Rochusberges in einem bewaldeten Areal oberhalb des allgemeinen Friedhofs. Dieses alte Friedhofsgelände zählt heute 610 markierte Grabstätten, deren Grabstelen aus Sandstein gearbeitet und ausschließlich hebräisch beschriftet sind (Abb. 1). Der älteste datierte Grabstein ist der des Gemeindevorstehers Hirz Bingen von 1602. Nach wiederholten

Abb. 1   Übersicht über den älteren Teil

Im Gegensatz zum alten Teil des Friedhofs zeichnet sich der neue Bereich durch regelmäßige Parzellierung mit Wegesystem und Grabeinfassungen aus. Die Grabsteine selbst passten sich mehr dem allgemeinen Zeitgeschmack an und erhielten vielgestaltige Verzierungen. Am oberen Weg wurden auch Familiengrablegen und Ehrengräber gebaut.

Abb. 2 „Alter Friedhofsbereich" mit einheitlichen Grabsteinen

Abb. 3 Neuere Gräber

Störungen der Totenruhe wurde der gesamte Friedhof ab 1731 ummauert. Vermutungen zufolge soll das Gelände in Teilbereichen aufgefüllt und neu belegt worden sein. Die erhaltenen Steine stehen heute zum Teil eingesunken und sind von Efeu und anderem Grün überwuchert (Abb. 2).

Im Jahr 1856 wurde der Friedhof nach Westen erweitert und der alte Eingang im Südosten des Geländes zugemauert. Der neue Eingangsbereich im Südwesten erhielt 1878 eine Trauerhalle im Anschluss an die obere Begrenzungsmauer (Abb. 3). Sie wurde bis 1970 größtenteils abgerissen. Heute lagern hier vier Steine aus der 1938 geschändeten und ausgebrannten Synagoge.

Am Südwestende der Anlage erhielt die orthodoxe Gemeinde ab 1872 ihr eigenes Gräberfeld.

Der Jüdische Friedhof in Bendorf

Auf einem Hügel im Wald des Wenigerbachtals liegt seit etwa 1700 der Jüdische Friedhof Bendorf. Hier wurden auch Juden aus Sayn, Engers und Grenzhausen beerdigt.

Nach einer Friedhofserweiterung im Jahre 1873 umfasst das Gelände heute eine Fläche von 7000 m². Im Jahr 1913 stiftete Salomon Feist zu seinem 70. Geburtstag eine mit aufwendigen Pflastermosaiken gestaltete und von Lebensbäumen flankierte Friedhofstreppe (Abb. 1).

Abb. 1   Ansicht der Treppe mit Lebensbäumen

Abb. 2   Detail: Mosaikpflaster „Siebenarmiger Leuchter"

Abb. 3   Detail: Mosaikpflaster „Sanduhr"

Diese Mosaike, aus weißem Marmor in schwarzem Basalt gelegt, zeigen Symbole des jüdischen Glaubens, darunter den siebenarmigen Leuchter (Abb. 2 und 3). Die Treppe wurde im Jahr 2004 saniert.

Unter den heute auf dem umzäunten Gelände stehenden 116 Grabsteinen ist das Grabmal der Familie Moses Feist besonders hervorzuheben (Abb. 4).

Abb. 4   Friedhofsgelände

Die Gartenkünstler

die in diesem Buch erwähnt sind

Peter Joseph Lenné (1789–1866)

Lenné stammte aus einer alten Gärtnerfamilie. Ausgebildet wurde er von seinem Vater und von seinem Onkel Clemens Weyhe. Nach seiner Ausbildung zum Gärtner folgten Studienreisen u. a. nach Paris, wo er von dem Gartenarchitekten Gabriel Thouin unterrichtet wurde. In München arbeitete er unter Friedrich Ludwig Sckell.

1816 wurde er zum „Gärtnergesellen" in Potsdam ernannt und bereits 1824 zum Königlichen Gartendirektor, später Generalgartendirektor berufen.

Zu seinen zahlreichen Schöpfungen gehören die Anlagen in Charlottenburg und Schönhausen (ab 1830). Bis 1840 folgten die Anlagen von Glienicke und die Umgestaltung des Berliner Tiergartens zum Volkspark. Außerhalb von Potsdam gestaltete er u. a. Volksparks in Leipzig, Breslau, Dresden, Lübeck, München und Wien. Der Garten der Burg Stolzenfels sowie die Rheinpromenade in Koblenz zählen zu seinen Projekten am Rhein. 1853 wurde er zum Ehrenmitglied der Preußischen Akademie der Künste ernannt. Lenné verstarb 1866 in Potsdam.

Peter Joseph Lenné war der Landschaftsarchitekt des deutschen Klassizismus. Ein halbes Jahrhundert hindurch, von 1816 bis zu seinem Tode 1866, hat er die Gartenkunst in Preußen geprägt.

Unzählige Anlagen, man spricht von mehreren hundert, gehen auf ihn zurück. Vorbild seiner Parks waren die englischen Landschaftsgärten.

An die Stelle der abgezirkelten Blumenbeete, Rabatten und Spaliere des feudalen Barock und Rokoko traten große, zusammenhängende Rasenflächen und weiträumige, oft von Schlängelwegen durchzogene Haine oder malerisch angeordnete Baumgruppen; die Bauten und die Gewässer wurden in die Landschaft eingebettet, Sichtachsen vermittelten den Ausblick in die umgebende Natur.

Sein herausragendes Merkmal war die Einbeziehung der gesamten aufgefundenen Landschaft, auch der landwirtschftlichen Flächen als Stilelement der Gartenkunst. In dieser Art schuf er gerade in Berlin und Potsdam unübertroffene Gartenlandschaften.

Gartendirektor Johann Metzger (1789–1852)

Bei Hofgärtner Friedrich Schweickardt in Karlsruhe machte er 1802 bis 1806 seine Gärtnerlehre.
Von 1807 bis 1809 war er als Gärtner-Obergeselle im Schlossgarten von Schwetzingen bei Gartendirektor Johann Michael Zeyher tätig und schon 1812 wurde Metzger per Dekret als Universitätsgärtner zum verantwortlichen Gärtner des Heidelberger Schlossgartens sowie des Botanischen Gartens berufen.
Er erhielt 1830 den Titel Garteninspektor und wurde 1843 zum Gartendirektor ernannt.

Zu seinen Aufgaben als Garteninspektor und -direktor gehörte die weitere Ausgestaltung des Heidelberger Schlossgartens. Dazu erarbeitete er 1826 einen Generalplan für die Fortschreibung und Vollendung der schon 1804 begonnenen Neugestaltung. Hierzu veröffentlichte Metzger 1829 zusammen mit Conrad Caspar Rodorf die „Beschreibung des Heidelberger Schlosses und Gartens". Sein Wirken erstreckte sich auf die gesamte Stadt Heidelberg, die er zu einer großen Gartenstadt umgestaltete. 1834 legte er den Botanischen Garten der Universität Heidelberg und den ökonomischen Garten des Landwirtschaftlichen Vereins vor dem Mannheimer Tor an. Den Heidelberger Bergfriedhof der heutigen Südstadt am Hang des Gaisbergs legte er 1842 an. Dieser zählt mit seinen stimmungsvollen Grabanlagen berühmter Persönlichkeiten und seinem wertvollen Baumbestand zu den schönsten Friedhöfen.

Neben seinen Publikationen zum Weinbau und den landwirtschaftlichen und obstbaulichen Aktivitäten plante und realisierte er 1843/1847 die Kuranlage Bad Dürkheim unter Einbeziehung der Gartenanlage Klosterruine Limburg an der Haardt. Fast zeitgleich legte er den Ruinengarten auf dem Disibodenberg in der Nähe der Kurstadt Bad Kreuznach an. Daneben schuf er zahlreiche private Park- und Gartenanlagen wie 1833/34 den Landschaftspark Friedrich von Gienanth im nordpfälzischen Eisenberg.

Gartenkünstler

Johann Ludwig Petri (1714–1794)

Johann Ludwig Petri gilt als einer der prominentesten Gartenkünstler des Barockgartens in Südwestdeutschland. Er entstammte einer bedeutenden Gärtnerfamilie aus Sachsen, ebenso wie Johann Arndt Koellner, dessen Schüler und Schwiegersohn er seit seiner Heirat mit Sophie Charlotte Koellner 1741 war.

Seine gartenkünstlerische Laufbahn begann um 1740 in Saarbrücken am Hof von Wilhelm Heinrich von Nassau. Dort legte er als Nassau-Saarbrücker Hofgärtner den Park des Jagd- und Lustschlosses Neunkirchen (Jägersberg) und zusammen mit seinem Schwager Ludwig Wilhelm Koellner die Sommerresidenz in Kirchheimbolanden an. 1742 übernahm er das Amt des Pfalz-Zweibrücker Gartenbaudirektors von seinem Schwiegervater Koellner und stieg bis zum Regierungsrat auf.

Mit Johann Arndt Koellner (1676–1742), der von 1731 bis 1742 der erste Pfalz-Zweibrücker Hofgärtner war, begann die Periode der großen Gartenkunst im Herzogtum. Diese lockte viele junge Gärtner in die Pfalz. Petri führte das Werk seines Vorgängers fort und konzipierte die ausgedehnten Anlagen des Schlossgartens in Zweibrücken, die Umgestaltung des Tschiffliker Gartens, die Gärten der Schlösser Jägersburg und Pettersheim. Als Hofgärtner von Kurfürst Carl Theodor von der Pfalz plante er 1753 in Schwetzingen zusammen mit Nicolas de Pigage Teile des bekannten Schwetzinger Schlossgartens.

Petris Parkanlagen tragen eine eigene und unverwechselbare Handschrift. Beinahe in jedem seiner Entwürfe befinden sich große regelmäßige Boskette, ausgedehnte Alleenanlagen und gleichmäßige Schlängelwege, mit denen er die Entwicklung zum Stil des englischen Landschaftsgartens im Südwesten einleitete.

Friedrich Ludwig von Sckell (1750–1823)

Friedrich Ludwig von Sckell wurde am 13. September 1750 in Weilburg an der Lahn geboren. Nach seiner Ausbildung in der Hofgärtnerei in Schwetzingen bei Mannheim unternahm er Studienreisen nach Frankreich und England.
In England traf er mit den bekannten Gartenkünstlern Lancelot Brown und William Chambers zusammen und beschäftigte sich eingehend mit den Englischen Landschaftsgärten.
Nach seiner Rückkehr nach Deutschland 1776 bestand seine erste Aufgabe in der Umgestaltung und Erweiterung des kurfürstlichen Gartens in Schwetzingen. 1797 wurde er zum leitenden Gartenarchitekten in Schwetzingen und ab 1799 zum Gartendirektor für die Rheinpfalz und Bayern ernannt. Um 1785 gestaltete er in Aschaffenburg für den Mainzer Kurfürsten und Erzbischof Friedrich Carl Joseph von Erthal den Park Schönbusch in einen Englischen Landschaftsgarten um.
Es folgten 1799 die Anlage des Englischen Gartens in München. Dort vollendete er als Intendant der Königlichen Gärten den Englischen Garten und gestaltete den landschaftlichen Teil des Gartens von Schloss Nymphenburg. Daneben zählen zu seinen Gartenschöpfungen auch der bekannte Biebricher Schlosspark in Wiesbaden und zahlreiche kleinere Privatgärten in der Pfalz, wie der Kellergarten in Dirmstein.
Sckell gilt als Begründer des klassischen Englischen Landschaftsgartens in Deutschland. Er verstarb 1823 in München.

Franz Heinrich Siesmayer (1817–1900)

Franz Heinrich Siesmayer wurde 1817 als mittlerer Sohn des Kunstgärtners Jakob Philipp Siesmayer in Mainz-Mombach geboren. Er ging zusammen mit seinen beiden Brüdern Nicolaus und Karl Friedrich bei dem Frankfurter Landschafts- und Handelsgärtner Sebastian Rinz in die Lehre, der unter anderem die Frankfurter Wallanlagen zu Promenaden umgestaltete, den Park der Günthersburg anlegte und ab 1808 den Posten des Stadtgärtners innehatte.

Im Mai 1840 gründete er mit seinem Bruder zunächst eine Baumschule in Frankfurt-Bockenheim, mit der er erst nur kleinere Aufträge abwickelte und für Gartenarchitekten wie Carl Friedrich Thelemann, Gartendirektor in Wiesbaden, Ausführungsarbeiten erledigte.

Sein Bruder Nicolaus Siesmayer war in der Firma für die Anzucht aller benötigten Pflanzen zuständig, während Heinrich Siesmayer die gartenkünstlerischen Tätigkeiten versah. Diese Aufgabenteilung war die Grundlage für den geschäftlichen Erfolg der Brüder. Ebenso stellte die Firma auch die Gartenarchitekturen wie Pavillons, Gewächshäuser und Brücken her, sodass die sie ihren Kunden ein umfassendes Angebot aus einer Hand bereitstellten. Zu ihren Leistungen erstellten sie auch die entsprechenden Werbemaßnahmen wie z. B. einen Katalog über die Holzpavillons oder Referenzlisten der von ihnen geplanten und ausgeführten Gartenanlagen.

Mit der Anlage des Kurparks in Bad Nauheim (1857–1859) und des Palmengartens in Frankfurt (1868) erhielt die Firma einen ungeheuren Aufschwung. Insgesamt hat die Firma Siesmayer etwa 250 bis 350 größere Anlagen geschaffen. Zu ihrem gärtnerischen Schaffensbereich gehörten nicht nur die Anlage von landschaftlichen Schloss-, Villen-, Stadt- und Kurparks, sondern auch Zoos, Friedhöfe, Stadtplätze, Wintergärten, Orangerien, regelmäßige Blumenbeete, temporärer Schmuck für Feste und die Herstellung der Kleinarchitektur und Gewächshäuser in den gärtnerischen Anlagen. Oftmals übernahm die Firma auch die Pflege der Gärten, sodass eine Entwicklung im Sinne der Gartenkunst gewährleistet war.

Schon Heinrich Siesmayers Zeitgenossen bescheinigten ihm einen individuellen und perfekt an die jeweilige Örtlichkeit angepassten Stil. Typisch sind seine in großen Bögen geführten „Brezelwege", die oft wirken, als wären sie mit dem Kurvenlineal gezogen. Diese Wegverläufe und die daraus entstehenden Formen der Pflanzflächen ergeben ein eigenes und unverwechselbares Bild.

1890 übernahm sein Sohn Philipp Siesmayer die Firma, da sich sein Gesundheitszustand stark verschlechterte. Das von Heyl'sche Weingut in Nierstein dürfte eine der letzten Gartenschöpfungen von Heinrich Siesmayer sein. Er starb im Jahr 1900 in Frankfurt-Bockenheim. Die meisten Firmenunterlagen gingen im 2. Weltkrieg verloren, sodass nur sehr wenige und an verschiedensten Standorten verteilte Pläne erhalten sind.

Gartenkünstler

Architekt Jonas Erickson Sundahl (1678–1762)

Jonas Erickson Sundahl hat das barocke Stadtbild Zweibrückens mit seinen Bauwerken entscheidend geprägt.
Der aus Schweden stammende Architekt wuchs mit den Bauten der bedeutenden norddeutschen Architektenfamilie Tessin auf, deren Schule ihn bei seinen späteren Bauten in Zweibrücken beeinflusst hat. Nach dem Studium in Uppsala und einer Studienreise nach Paris wurde er vom schwedischen König Karl XII., der zugleich auch Herzog von Pfalz-Zweibrücken war, nach Zweibrücken entsandt, um beim Aufbau des kriegsgeschädigten Zweibrücker Herzogtums mitzuhelfen.

Zu seinen herausragenden Werken zählen das Schloss, die Karlskirche, das ehemalige Archiv und das Hofgärtnerhaus in Zweibrücken, das Schloss in Blieskastel und vieles mehr.
Als Gartenkünstler tritt er nur in Tschifflik in Erscheinung. Dort hat er wahrscheinlich viele Anregungen seines Auftraggebers Stanislas Leszczynski übernommen. Dieser ließ sich später als Herzog von Lothringen Gartenanlagen mit ähnlich exotischem Charakter wie Tschifflik erbauen.

Karl Friedrich Thelemann (1811–1889)

Karl Friedrich Thelemann wurde am 5. September 1811 in Aschaffenburg geboren. In den Jahren 1821 bis 1824 besuchte er die lateinische Vorbereitungsschule und das Progymnasium der Königlichen Studienanstalt in Aschaffenburg. Nach seiner Ausbildung zum Kunstgärtner fand er eine Anstellung als Obergärtner bei Karl Freiherr von Hügel in Hützing bei Wien. Danach folgten ab 1839 Anstellungen bei verschiedenen Fürstenhäusern. Schließlich wird Thelemann zum Gartenbaudirektor zu Wiesbaden-Biebrich ernannt und steht nun im Dienste von Herzog Adolph v. Nassau.
Wenig später geht er nach St. Petersburg, um dort als Direktor des botanischen Gartens unter Zar Alexander zu arbeiten. Während dieser Zeit entwirft er den Schlosspark Sayn und lässt diesen Entwurf von Heinrich Siesmayer umsetzen.
1850 kehrt Thelemann nach Nassau zurück und wird nun herzoglich-nassauischer Gartendirektor. Während dieser Zeit gestaltet er die Außenanlage der Schaumburg in Dietz an der Lahn. Mit Heinrich Siesmayer plante und baute er den Palmengarten in Frankfurt a. M.. Am 5. April 1889 stirbt Thelemann in Karlsruhe.
Wenn auch von geringerem Bekanntheitsgrad, gehen einige der bedeutendsten Landschaftsgärten wie Sayn und Schaumburg, auf seine Planung zurück.

Johann Michael Zeyher (1770–1843)

Johann Michael Zeyher wurde am 26. November 1770 in Obernzenn bei Ansbach als Sohn des Seckendorff'schen Hofgärtners und Kaiserlichen Geheimen Rates Johann Michael Zeyher geboren. Von 1784 bis 1787 absolvierte er seine Lehrzeit als Gärtner beim Hof- und Lustgärtner des Markgrafen von Brandenburg zu Ansbach, Johann Kern.
Nach der Lehre wirkte Zeyher bei der Umgestaltung der Gartenanlagen des Lustschlosses Triesdorf in einen Englischen Landschaftspark mit und wurde somit bereits mit dem neuen landschaftlichen Stil vertraut.
Es folgten Tätigkeiten in Ludwigsburg und Karlsruhe, wo er als Volontär des gerade aus England zurückgekehrten Hofgärtners Schweickart tätig war.

Ab 1801 trat Zeyher als Hofgärtner in den Dienst des badischen Markgrafen. Neben seiner Tätigkeit im markgräflichen Schloss in Basel gestaltete er zahlreiche Gärten in der Schweiz, u. a. in St. Gallen, Schaffhausen und Solothurn.

Doch schon 1804 wurde Zeyher durch den Kurfürsten Karl Friedrich als Nachfolger Friedrich Ludwig Sckells zum Hofgärtner nach Schwetzingen berufen. 1805 bis 1812 gestaltete Zeyher zusammen mit Baudirektor Dyckerhoff den neuen Mannheimer Schlossgarten. Auch die Erneuerung und Erweiterung des unter Friedrich Sckell entstandenen Landschaftsparks in Worms-Herrnsheim erfolgte zugleich zu dem Umbau des Schlosses durch Dyckerhoff. 1806 erhielt er als Gartenbaudirektor und Nachfolger Schweickarts die „Oberleitung sämtlicher Gartnereyen". Sein Aufgabenbereich umfasste die Vollendung des Schwetzinger Schlossgartens, insbesondere des Großen Weihers und des Arboretums als forstbotanischen Garten, die Erweiterung der Baumschulanlagen, die Verschönerung Mannheims und Karlsruhes.

6) Cytissus labarnum
7) Evonimus verucos..
8) Fraxinus pendula
9) Lonicera caprifo..
10) Fraxinus aurea
11. Hippophae rham..
12) Mespilus pyracan..
13) Lonicera tatarica
14) Phyladelphus cor..
15) Prunus padus
16) Ptelea trifoliata
17) Pyrus spectabilis
18) Rhus cotinus
19) " typhinum
20) Sorbus aucuparia

Anhang

Glossar

Achse
Geradlinige Ausrichtung, z. B. von etwas Gebautem oder Gepflanztem.

Allee
Seit dem 17. Jahrhundert wichtiges Gestaltungsmittel in der Garten- und Stadtbaukunst; mit ein-, zwei- oder mehrfach parallelen Baumreihen bestandene Wege. In der Gartenkunst sind häufig die Achsen als Alleen ausgebildet.

Barockgarten / Französischer Garten
Der in Frankreich insbesondere durch André Le Nôtre (1613–1700) und den Schlossgarten von Versailles ausgeprägte Prototyp des streng geometrisch-axialen Barockgartens.

Belvedere, Bellevue
(ital. bzw. franz. „schöne Aussicht")
Architektonisch gestalteter Aussichtspunkt als Teil eines Gebäudes oder als selbstständiger Pavillon am erhöhten Punkt in einem Park oder in einer Landschaft, von dem aus der Ausblick in den Garten oder die Umgebung ermöglicht wird.

Blickachse
Bezugslinie vom Standpunkt des Betrachters zum Betrachtungsobjekt.

Boskett
Bereich seitlich oder hinter Parterre gelegen, mit raumbildenden Wänden aus geschnittenen Hecken, Sträuchern oder Bäumen.

Brücke
Parkelement zum Überqueren von Wasserläufen und Schluchten sowie zur Weckung exotischer, historisierender oder schwindelerregender Gefühle.

Burg im Landschaftspark
Dem im späten 18. Jahrhundert aufkommenden idealisierten Bild hoher Sittlichkeit des Ritterlebens und des Mittelalters entsprechende Behausung, die als Staffage in die Parks Einzug hielt, aber auch als Wohn-, Lust- oder Jagdhaus diente.

Glossar

Englischer Garten
In England im 17. Jahrhundert aufgekommener, von der idealisierenden Landschaftsmalerei – später auch von der ostasiatischen Gartenkunst – beeinflusster Gartenstil, der seit Ende des 18. Jahrhunderts in Deutschland den geometrischen Garten verdrängt. Sein Ziel ist geprägt von einem neuen Verständnis der Natur und dient ihrer Verschönerung und Überhöhung.

Ensemble
(franz. „ein Ganzes")
Zusammenspiel, in der Gestaltung aufeinander abgestimmte städtebauliche Einheiten, Architekturen.

Eremitage
Nachahmung einer Einsiedelei.

Fasanerie
Fasanengarten. Eingegrenztes, unmittelbar am Schlosspark gelegenes Waldstück für die Fasanenhaltung.

Gehege
Umfriedetes Areal innerhalb der Parkanlage, in dem Tiere als „lebendige" und stimmungserzeugende Parkausstattungen gehalten wurden.

Giardino segreto
(ital. „geheimer Garten")
Abgeschiedener, privater Garten in der Nähe des Wohngebäudes oder Schlosses, der von einer Mauer umgeben, vor Blicken geschützt und nur für die Bewohner zugänglich ist.

Grotte
Als bizarre Nachgestaltung von Höhlen oder künstlerischer Nymphengrotten seit der Renaissance beliebt. Zur Ausgestaltung des Inneren kamen Muscheln, Schnecken und Mineralien in natürlicher und künstlicher Form zur Anwendung.

Kaskade
(ital. „Fall, Sturz")
In der Gartenkunst gebräuchlicher Begriff für eine Wassertreppe, bei der das Wasser über natürliche oder künstlich geformte Stufen herabfällt.

Kompartimente
Durch Achsen klar voneinander geschiedene Abteilungen innerhalb einer Gesamtanlage.

Kulisse
Raumbildendes Element, Tiefe erzeugend, der Bühnenmalerei entlehnter Begriff, malerisch sentimentale Stimmungen hervorrufender Hintergrund. Beim Landschaftspark werden Baumgruppen, Ruinenarchitekturen, Dörfer u. Ä. als Kulisse in der Landschaft verwendet.

Laubengang
Schattenspendender, gewölbter Gang, der mit eigens gezogenen Bäumen überwachsen ist und auch als gliederndes Raumelement eines Gartens dient.

Orangerie
Gebäude zur Unterbringung von exotischen Pflanzen während der kalten Jahreszeit.

Parterre
Vor einem Gebäude befindlicher Gartenbereich mit symmetrisch angeordneten Beeten.

Pavillon
(franz. „Zelt, Gartenhaus")
Kleines freistehendes, mit einem Zeltdach oder Baldachin versehenes Gartenhaus, das in barocken Anlagen häufig an Schnittpunkten oder am Ende von Alleen steht, während es in englischen Landschaftsgärten oft in hervorgehobener Lage als Teil eines Landschaftsbildes fungiert.

Pleasureground
(engl. „Vergnügungsplatz")
Vorfläche des Schlosses im Landschaftspark, Wiesengelände, das vom Gartenteil in Schlossnähe zum Park überleitet.

Point de Vue
(franz. „Blickpunkt")
Markanter Blickpunkt in einer Haupt- oder Nebenachse des Gartens. Als Point de Vue konnte ein Landschaftsprospekt ebenso gelten wie eine Statuengruppe, ein Gebäude oder ein Brunnen.

Glossar

Promenade
Spazierweg, in der Gartenkunst meist von einer Allee begleitet und am Rande eines Fahrwegs.

Rabatte
Blumenbeet, das meist ein Rasenstück einfasst.

Rondell
Von franz. *rondelle*, „runde Scheibe". Rundplatz im Boskett mit strahlenförmig in alle Richtungen führenden Wegen.

Ruine
Bauwerk in künstlichem Verfall, das seit dem späteren 18. Jahrhundert in der Gartenkunst sehr beliebt war und als romantisch-historisierende Staffage diente.

Säkularisation
Aufhebung der geistlichen Güter durch Napoleon.

Schneise
Blick- oder Sichtachse, die allein durch Abholzung eines Geländestreifens erzeugt wird, nicht von Wegen oder Alleen begleitet sein muss und den Blick auf ein entferntes Bauwerk, einen See oder einfach in die freie Landschaft lenkt.

Solitärstellung
Einzelstellung von Gewächsen, vor allem Bäumen und Sträuchern, im Gegensatz zur Stellung in der Gruppe oder im geschlossenen Verband.

Staffage
Beiwerk, Ausstattung; der Landschaftsmalerei entlehnter und auf den Landschaftsgarten bezogener Begriff.

Tiergarten
Menagerie oder Wildgehege. Seit der Renaissance als Menagerie Schaugarten zur Haltung exotischer Tierarten, als Wildgehege und waldartiges Jagdrevier in der Nähe eines Gartens oder Parks.

Villa rustica
Römischer Bauernhof mit zugehörigen Nebenbauten, Wirtschaftshöfen und Gärten.

Wasserkunst, Wasserspiele
Aus Wasser gebildete Kunstwerke in Garten- und Parkanlagen, wie Fontäne, Kaskade, Kanal, Bassin, Quelle, Wasserfall, Teich oder Graben.

Zwinger
Raum zwischen den Mauern der Befestigungsanlage einer Burg oder Stadt.

Literaturverzeichnis

Altmann, Bernd/Caspary, Hans: Kreis Bitburg-Prüm. Stadt Bitburg, Verbandsgemeinden Bitburg-Land und Irrel (Kulturdenkmäler in Rheinland-Pfalz, Band 9.2); Worms 1997

Archiv der Deutschen Burgenvereinigung: Mappe Burg Rheinfels; Koblenz 2002

Arens, Fritz: Die Katharinenkirche in Oppenheim. Bau und Ausstattung, in: St. Katharinen zu Oppenheim, Lebendige Steine – Spiegel der Geschichte, hg. v. Servatius, Carlo/Steitz, Heinrich/Weber, Friedrich; Alzey 1989, S. 9–37

Backes, Magnus: Staatliche Burgen, Schlösser und Altertümer in Rheinland-Pfalz. Edition Burgen, Schlösser, Altertümer, Führungsheft 7; Regensburg 2003

Bender, Karl: Ortsgeschichte Osterspai; Osterspai 1993

Bleuler, Johann Ludwig: Der Rhein von den Quellen bis zur Mündung; Basel 1996

Bornheim gen. Schilling, Werner: Schloß Stolzenfels. Führer der Verwaltung der staatlichen Schlösser Rheinland-Pfalz, Heft 4; Mainz, 3. Aufl., 1980

Brönner, Wolfgang: Das 19. Jahrhundert am Mittelrhein (Wegweiser Mittelrhein, Heft 8); Koblenz 1999

Brommer, Peter/Krümmel Achim: Klöster und Stifte am Mittelrhein (Wegweiser Mittelrhein, Heft 6); Koblenz 1998

Brommer, Peter/Krümmel, Achim/Werner, Kristine: Momentaufnahmen – Burgen am Mittelrhein in alten Zeichnungen und neuen Fotografien; Koblenz 2000

Caspary, Hans/Götz Wolfgang u. a.: Dehio Rheinland-Pfalz - Saarland; München, 2. bearb. u. erweit. Aufl., 1984

Literaturverzeichnis

Caspary, Hans/Werner, Karl von: Schloß Bürresheim. Führer der Verwaltung der staatlichen Burgen, Schlösser und Altertümer Rheinland-Pfalz, Heft 2; Mainz 1992

Demandt, Karl E.: Rheinfels und andere Katzenelnbogener Burgen als Residenzen, Verwaltungszentren und Festungen 1350–1650; Darmstadt 1990

Deutsche Burgenvereinigung (Hrsg.): Burgen in Mitteleuropa – ein Handbuch, 2 Bände; Stuttgart 1999

Deutscher Heimatbund (Hrsg.): Erfassung der historischen Gärten und Parks in der Bundesrepublik Deutschland; Meckenheim 1992

Dorn, Hans/Junker-Mielke, Stella: Schloßpark Dodenburg. Gartendenkmalpflegerische Untersuchung und Konzeption; Frankfurt am Main 1997

Eltester, Leopold von: Chronik der Burg Cochem; Cochem 1878

Enders, Brigitta: Klein-Versailles – Der „vergessene" Schlosspark Carlsberg bei Käshofen/Homburg-Saar, in: Baudenkmäler in Rheinland-Pfalz 2002, hg. v. Landesamt für Denkmalpflege Rheinland-Pfalz; Mainz 2003, S. 31–34

Glatz, Joachim/Glatz, Ulrike: Trechtingshausen. Burg Rheinstein (Schnell Kunstführer Nr. 2538); Regensburg 2003

Günther, Harri: Peter Joseph Lenné – Gärten, Parks, Landschaften; Berlin 1991

Günther, Harri/Harksen Sibylle: Peter Joseph Lenné – Katalog der Zeichnungen; Tübingen/Berlin 1993

Gothein, Marie Luise: Geschichte der Gartenkunst, Band 1; Jena 1926

Hohenbeck: „Geschichte d. Schlosses Klopp", 1882

Holdorf, Martina: Burgen und Schlösser am Mittelrhein (Wegweiser Mittelrhein, Heft 5); Koblenz 1999

Hübner, Paul: Der Rhein - Von den Quellen bis zu den Mündungen; Frankfurt am Main 1974

Institut für Freiraumplanung an der FH Weihenstephan (Hrsg.): Gartenkunst in Rheinland-Pfalz. Forschungsergebnisse; Freising 1984

Karn, Georg Peter/ Mertzenich, Rolf: Kreis Bad Dürkheim. Stadt Bad Dürkheim, Gemeinde Haßloch, Verbandsgemeinden Deidesheim, Lambrecht, Wachenheim (Kulturdenkmäler in Rheinland-Pfalz Band 13.1); Worms 1995

Knoll, Gabriele M.: Burgen und Schlösser am Rhein, Bildatlas Sonderausgabe; Hamburg 1999

Lahr, Rudolf: Die ehemalige Prämonstratenser-Abtei Rommersdorf. Führer zur Besichtigung des Klosterbezirks und der historischen Gebäude; Rommersdorf o. J. [1977]

Lahr, Rudolf: Rommersdorf, das geschenkte Kloster - Ein Beispiel erfolgreicher privater Denkmalpflege; in: Burgen und Schlösser, 30. Jg. 1989; S. 48–54

Landeshauptarchiv Koblenz (Hrsg.): Sayn. Ein Schloß der Romantik am Mittelrhein (1848–1851), Bau und Einrichtung; Koblenz 1983

Landesamt für Denkmalpflege Rheinland-Pfalz, Burgen, Schlösser, Altertümer Rheinland-Pfalz (Hrsg.): „Wer will des Stromes Hüter sein?", 40 Burgen und Schlösser am Mittelrhein; Regensburg 2002

Landesamt für Denkmalpflege Rheinland-Pfalz (Hrsg.): Das Rheintal von Bingen und Rüdesheim bis Koblenz. Eine europäische Kulturlandschaft, 2 Bände; Mainz 2001

Landesmuseum Koblenz (Hrsg.): Der Geist der Romantik in der Architektur. Gebaute Träume am Mittelrhein; Koblenz 2002

Literaturverzeichnis

Lohmeyer, Karl/Dahl, Julius: Das barocke Zweibrücken und seine Meister; Zweibrücken 1955

Meister, Robert: Diez-Oranienstein; Diez 1933

Ministerium für Umwelt und Forsten Rheinland-Pfalz (Hrsg.): Park- und Gartenanlagen in Rheinland-Pfalz; Mainz 2000

Neu, Heinrich/Weigert, Hans: Die Kunstdenkmäler des Kreises Neuwied (Die Kunstdenkmäler der Rheinprovinz 16. II); Düsseldorf 1940

Ortsgemeinde Balduinstein und Heimatverein Balduinstein: Balduinsteiner Blätter; Limburg 1999 ff.

Ottendorff-Simrock, Walther (Hrsg.): Burgen am Rhein; Bonn 1989

Pauly, Nicolaus: Stadt und Burg Cochem; Cochem 1883

Pfeiffer, Stefanie: Die Burg Lahneck unter dem Einfluß von sozialen, kulturellen und geschichtlichen Aspekten in Entstehungszeit und Gegenwart; Koblenz 1994

Rathke, Ursula: Preußische Burgenromantik am Rhein. Studien zum Wiederaufbau von Rheinstein, Stolzenfels und Sooneck (1823–1860); München 1979

Rathke, Ursula: Burg Sooneck, Führer der Verwaltung der staatlichen Schlösser Rheinland-Pfalz, Heft 8; Mainz, zweite Aufl., 1983

Reck, Hans Hermann: Kreis Bitburg-Prüm. Verbandsgemeinden Kyllburg und Speicher (Kulturdenkmäler in Rheinland-Pfalz Band 91.); Worms 1991

Rode, Christian: Burg Rheinstein. Erstellung eines Führers durch die Burg Rheinstein (Staatsexamensarbeit); Neuss 1995

Röcke, Matthias: Burgen und Schlösser an Rhein und Ahr; Bad-Neuenahr-Ahrweiler 1991

Rümler, Roland: Der Park von Schloß Molsberg. Historische Entwicklung und heutige Planung; in: Burgen und Schlösser, 43. Jg. 2002; S. 32–35

Schumacher, Angela/Wegner, Ewald: Stadt Mainz. Stadterweiterungen des 19. und frühen 20. Jahrhunderts (Kulturdenkmäler in Rheinland-Pfalz Band 2.1); Worms, 2. Aufl., 1997

Soka Gakki International Deutschland (SGID) (Hrsg.): Die Villa Sachsen in Bingen am Rhein; Berlin 2001

Stadtverwaltung und Verkehrs- und Verschönerungsverein St. Goar (Hrsg.): St. Goar mit Burg Rheinfels; St. Goar 1959

Stadt Koblenz (Hrsg.): Die Rheinanlagen Koblenz. Von den Anfängen bis heute; Koblenz 2000

Wegner, Ewald: Kreis Trier-Saarburg. Verbandsgemeinden Ruwer, Schweich, Trier-Land (Kulturdenkmäler in Rheinland-Pfalz Bd. 12.2); Worms 1994

Welchert, Hans-Heinrich: Burgen und Dome am Rhein; Frankfurt am Main 1992

Abbildungsnachweis

Büro Junker-Mielke
Malberg Abb. 4a, 5, 6, 7, 8, 10, 11, 12
St. Florin Abb. 1–5
Bürresheim Abb. 4
Philippsburg Abb. 4
Rheinfels Abb. 3, 4
St. Thomas Abb. 2, 2a, 4, 5
Rommersdorf Abb. 4, 5, 7
Hirzenach Abb. 4
Katharinenkirche Abb. 1, 7
Dodenburg Abb. 1–7
Tschifflik Abb. 14, 15
Molsberg Abb. 1–9
Herrnsheim Abb. 1, 3
Pfrimmpark Abb. 13, 14
Dirmstein Abb. 2, 4, 5
Disibodenberg Abb. 6, 7a, 8, 8a, 9, 10
Rheinstein Abb. 2
Villa Lindner Abb. 3, 5
Reichsburg Cochem Abb. 10
Landschaftspark F. v. Gienanth Abb. 5a, 6a
Sayn Abb. 2, 3
Landschaftsgarten der Alten Schmelz Abb. 4a, 5–8
Villa Liebrecht Abb. 1–3, 5–7
von Heyl'sches Weingut Abb. 8
Rheinanlagen Bingen Abb. 1
Rheinanlagen Boppard Abb. 1
Burgkirchhof Oberingelheim Abb. 2–6
Hauptfriedhof Worms Abb. 4, 11, 14
Hauptfriedhof Mainz Abb. 2

Europäisches Burgeninstitut
Marksburg Abb. 1, 2
Philippsburg Abb. 2, 3
Ahrenthal Abb. 1 (Czerwinski), 2 (Archiv)
Sooneck Abb. 2
Lahneck Abb. 6

Fischer, Gerd
St. Florin Abb. 6, 8, 9, 10
Bürresheim Abb. 4
St. Thomas Abb. 3, 6
Kloster Marienberg Abb. 1–8
Oranienstein Abb. 1–5
Tschifflik Abb. 3, 10–13
Herrnsheim Abb. 2, 4, 7, 8
Rommersdorf Abb. 4, 5, 7
Pfrimmpark Abb. 6, 7, 8, 11, 12
Stolzenfels Abb. 3, 4, 7–10
Rheinstein Abb. 3, 4, 7, 8
Weilerbach Abb. 3, 6, 8, 9
von Heyl'sches Weingut Abb. 2, 3, 4, 6, 6a
Hauptfriedhof Worms Abb. 3, 5, 6, 6a, 7–10, 12, 13
Jüdischer Friedhof Worms Abb. 1, 3, 4

Schardt, Michael
Bürresheim Abb. 1
Springiersbach Abb. 1–3
Martinskirche Abb. 1–9
Liebeneck Abb. 1, 3, 3a, 4–10
Schaumburg Abb. 1a, 2, 5, 6–15
Limburg Abb. 1, 6–9
Rheinstein Abb. 6
Klopp Abb. 3, 4
Reichsburg Cochem Abb. 2–9
Eisenberg Abb. 1, 2, 6, 8, 13
Schlossweingut Lüll Abb. 1–9
Villa Sachsen Abb. 2–11
Villa Huesgen Abb. 1–5
Rheinanlagen Bingen Abb. 1a, 2, 3

Abbildungsnachweis

Landesamt für Denkmalpflege (LAD)
Fotoarchiv
Malberg Abb. 4
Bürresheim Abb. 3
Philippsburg Abb. 1
Rheinfels Abb. 1, 2
Rommersdorf Abb. 2
Hirzenach Abb. 1–3
Föhren Abb. 1
Bekond Abb. 2, 3, 5
Dirmstein Abb. 3
Disibodenberg Abb. 1, 2, I, II, 4, 11
Limburg Abb. 2–5
Stolzenfels Abb. 1, 2, 5, 6, 6a
Sooneck Abb. 1
Rheinstein Abb. 1
Klopp Abb. 1
Villa Lindner Abb. 1
Elfenley Abb. 2, 6
Reichburg Cochem Abb. 1
von Heyl'sches Weingut Abb. 1, 5, 7
Villa Sachsen Abb. 1
Rheinanlagen Bacharach Abb. 1
Burgfriedhof Ingelheim Abb. 1
Jüdischer Friedhof Worms Abb. 2
Hauptfriedhof Mainz Abb. 1, 3–7
Jüdischer Friedhof Bingen 1–3
Jüdischer Friedhof Bendorf 1–4
LAD Straeter
Bürresheim Abb. 2
Karlsberg Abb. 1–5
Rheinstein Abb. 5
Elfenley Abb. 1, 3–5
Landschaftspark F. v. Gienanth Abb. 3a, 4, 7, 9–12
Rheinanlagen Bacharach Abb. 2, 3
Rheinanlagen Koblenz Abb. 1–5
LAD Dr. Stanzl
Disibodenberg Abb. 7
LAD Müller
Föhren Abb. 2–4
Bekond Abb. 1, 4
LAD Fitting
Lahneck Abb. 1, 3, 7

Sonstige
Schmidt, C., Kyllburg
Malberg Abb. 1
KV-Bitburg-Prüm
Malberg Abb. 9
Weilerbach Abb. 1, 2, 4, 5, 7
Familien Schlags, Mayen
St. Florin Abb. 7
Bischöfliches Priesterhaus St. Thomas
St. Thomas Abb. 1 (1984, Hrsg.)
Katharinenkirche – Archiv der Kirchengemeinde
Katharinenkirche Abb. 3, 4, 5
Feilberg, Wolfgang, Darmstadt
Katharinenkirche Abb. 2, 6
v. Preuschen, Henriette
Liebeneck Abb. 2
Lahneck Abb. 2, 4, 5
Stadtarchiv Zweibrücken
Tschifflik Postkartensammlung Abb. 2, 4, 6, 7, 9
Stadtbauamt Zweibrücken
Tschifflik Abb. 2, 5, 8
Balduinsteiner Blätter
Schaumburg Abb. 1, 3, 4
Haderer, Eva, Freiburg
Herrnsheim Abb. 5, 6, 9–11
Stadtarchiv Worms
Pfrimmpark Abb. 1–4, 9, 10
Hauptfriedhof Worms Abb. 1, 2
Kulturverein St. Michael e.V.
Dirmstein Abb. 1, 7, 9–12
Archiv Maria Christina Freifrau Dael von Koeth-Wandtscheidt
Dirmstein Abb. 6, 8
Familie von Racknitz
Disibodenberg Abb. 2, 5, 5a
Foto Marburg
Klopp Abb. 2 (Negativ-Nr. 23935)
Fotoarchiv Mallmann
Villa Lindner Abb. 2, 4
Familie von Gienanth
Landschaftspark F. v. Gienanth Abb. 3, 4
Archiv Gabriela Fürstin zu Sayn-Wittgenstein-Sayn
Sayner Hütte mit Schlosspark Abb. 1
Initiative „Alte Schmelz" St. Ingbert e.V.
Alte Schmelz Abb. 1–4
Archiv Familie Müller, Bodenheim
Villa Liebrecht Abb. 4
Stiftung Abtei-Rommersdorf
Rommersdorf Abb. 1, 3, 6

Mathilde Grünewald, Klaus Baranenko (Fotos und Gestaltung)

Nibelungenkochbuch

160 Seiten, zahlreiche Abbildungen, Format 24 x 26 cm
Kunstverlag Josef Fink, Lindenberg, ISBN 3-89870-281-2, Euro 24,80 / sFr 43.50

Wer wüsste nicht gerne, was Kriemhild speiste, was Königin Ute zum Frühmahl serviert wurde? Oder wie die „Schnitten" aussahen, mit denen Küchenmeister Rumold im Nibelungenlied die Könige verwöhnte? Leider hat uns der Dichter des Nibelungenliedes weder Menüfolgen noch Rezepte überliefert. Es wird uns allein berichtet, dass am Hofe der sagenhaften Burgunden in Worms kein Mangel herrschte und jeder Gast nach seinem Stand reichhaltig bewirtet wurde. In der Zeit zwischen 800 und 1200 n. Chr. kochte man ohne Sahne und kannte noch keinen Zucker.

Zarte Hühnchen am Spieß und helles Weizenbrot aßen die reichen Leute. Der einfache Mann dagegen ernährte sich von Haferbrei, Eiern und vielleicht einem Suppenhuhn. Rohes Obst galt noch nicht als gesund und Vollkorngetreide nicht als vornehm. Heute kochen wie im Mittelalter: Das bedeutet einerseits die Rückkehr zu einer schlichten Küche mit bodenständigen Zutaten je nach der Jahreszeit. Andererseits wurden Hühner damals zeitaufwendig entbeint und wieder gefüllt und reichhaltige Saucen angerührt.

Mathilde Grünewald ist Archäologin und hat viel Erfahrung mit der antiken Küche gesammelt. Sie beschreibt die einzelnen Arbeitsgänge und hat sämtliche Rezepte in der eigenen Küche gekocht. Hier ist das Buch aus der Küche für die Küche, für alle, die Interesse am Mittelalter haben und sich dieser Zeit auch in der Küche nähern möchten. Vieles ist zu entdecken: Rübchen mit Ingwer und Erbsenbrei mit Speck und Zwiebeln sind von überraschendem Wohlgeschmack. Auch süße Schnitten können Sie fortan nach Nibelungen-Rezept servieren.